시 대 에 듀

독학사 3단계

— 심리학과 —

인지심리학

SD에듀
(주)시대고시기획

머리말

심리학은 결코 멀리에 있는 학문이 아닙니다. 심리학은 굳이 전문용어로 다루지 않더라도 이미 우리가 일상 속에서 늘 접하고 있고 행하고 있는 모든 행동, 태도, 현상 등의 연장선상에 있습니다.

심리학 공부란 다른 공부도 그렇겠지만, 우리가 이미 알고 있는 것을 좀 더 체계화하고 세분화하며, 나에게 입력된 지식을 말로 풀어 설명할 수 있게 하고, 더 나아가 이를 실생활에서 응용하기 위하여 필요한 것입니다.

본서는 독학사 시험에서 심리학 학위를 목표로 하는 여러분들을 위하여 집필된 도서로 3단계 전공심화 과목을 다루고 있으며, 시험에 응시하는 수험생들이 효과적인 학습을 할 수 있도록 다음과 같이 구성하였습니다.

01 본서의 구성 및 특징
본서는 독학사 심리학과 3단계를 공부하시는 독자분들을 위하여 시행처의 평가영역 관련 Big data를 분석하여 집필된 도서입니다. 내용이 방대하면서 생소한 심리학의 이론을 최대한 압축하여 가급적이면 핵심만 전달하고자 노력한 것을 특징으로 합니다.

02 단원 개요
핵심이론을 학습하기에 앞서 각 단원에서 파악해야 할 중점과 학습목표를 정리하여 수록하였습니다.

03 핵심이론 및 실제예상문제
독학학위제 평가영역과 관련 내용을 면밀히 분석한 핵심이론을 제시하였고, 실제예상문제를 풀면서 앞서 공부한 이론이 머릿속에 잘 정리되었는지 확인해 볼 수 있도록 하였습니다. '실제예상문제'를 통해 핵심이론의 내용을 문제로 풀어보면서 3단계 객관식 문제와 주관식 문제를 충분히 연습할 수 있게 구성하였습니다.

04 최종모의고사
최신출제유형을 반영한 최종모의고사 2회분으로 자신의 실력을 점검해 볼 수 있습니다. 실제시험에 임하듯이 시간을 재고 풀어보면 시험장에서 실수를 줄일 수 있습니다.

심리학은 독자의 학습자세에 따라 흥미롭고 매력적인 학문일 수도 아닐 수도 있습니다. 사실, 어떻게 보면 심리학은 지나칠 정도로 방대하고 어렵습니다. 왜 자신이 심리학이라는 분야에서 학위를 받기로 결심하였는지를 우선 명확히 하시고, 그 결심이 흔들릴 것 같으면 그 결심을 바로 세운 뒤에 계속 도전하십시오. 본서를 선택해 주신 분들께 감사의 말씀을 드립니다.

편저자 드림

BDES
독학학위제 소개

독학학위제란?

「독학에 의한 학위취득에 관한 법률」에 의거하여 국가에서 시행하는 시험에 합격한 사람에게 학사학위를 수여하는 제도

- ✓ 고등학교 졸업 이상의 학력을 가진 사람이면 누구나 응시 가능
- ✓ 대학교를 다니지 않아도 스스로 공부해서 학위취득 가능
- ✓ 일과 학습의 병행이 가능하여 시간과 비용 최소화
- ✓ 언제, 어디서나 학습이 가능한 평생학습시대의 자아실현을 위한 제도
- ✓ 학위취득시험은 4개의 과정(교양, 전공기초, 전공심화, 학위취득 종합시험)으로 이루어져 있으며 각 과정별 시험을 모두 거쳐 학위취득 종합시험에 합격하면 학사학위취득

독학학위제 전공 분야 (11개 전공)

국어국문학　영어영문학　심리학　경영학　법학　행정학

컴퓨터공학　가정학　유아교육학　정보통신학　간호학

※ 유아교육학 및 정보통신학 전공 : 3, 4과정만 개설
※ 간호학 전공 : 4과정만 개설
※ 중어중문학, 수학, 농학 전공 : 폐지 전공으로 기존에 해당 전공 학적 보유자에 한하여 응시 가능

※ SD에듀는 현재 4개 학과(심리학과, 경영학과, 컴퓨터공학과, 간호학과) 개설 완료
※ 2개 학과(국어국문학과, 영어영문학과) 개설 진행 중

독학학위제 시험안내

과정별 응시자격

단계	과정	응시자격	과정(과목) 시험 면제 요건
1	교양	고등학교 졸업 이상 학력 소지자	• 대학(교)에서 각 학년 수료 및 일정 학점 취득 • 학점은행제 일정 학점 인정 • 국가기술자격법에 따른 자격 취득 • 교육부령에 따른 각종 시험 합격 • 면제지정기관 이수 등
2	전공기초		
3	전공심화		
4	학위취득	• 1~3과정 합격 및 면제 • 대학에서 동일 전공으로 3년 이상 수료 (3년제의 경우 졸업) 또는 105학점 이상 취득 • 학점은행제 동일 전공 105학점 이상 인정 (전공 28학점 포함) → 22.1.1. 시행 • 외국에서 15년 이상의 학교교육과정 수료	없음(반드시 응시)

응시 방법 및 응시료

- 접수 방법 : 온라인으로만 가능
- 제출 서류 : 응시자격 증빙 서류 등 자세한 내용은 홈페이지 참조
- 응시료 : 20,400원

독학학위제 시험 범위

- 시험과목별 평가 영역 범위에서 대학 전공자에게 요구되는 수준으로 출제
- 시험 범위 및 예시문항은 독학학위제 홈페이지(bdes.nile.or.kr) – 학습정보 – 과목별 평가영역에서 확인

문항 수 및 배점

과정	일반 과목			예외 과목		
	객관식	주관식	합계	객관식	주관식	합계
교양, 전공기초 (1~2과정)	40문항×2.5점 =100점	–	40문항 100점	25문항×4점 =100점	–	25문항 100점
전공심화, 학위취득 (3~4과정)	24문항×2.5점 =60점	4문항×10점 =40점	28문항 100점	15문항×4점 =60점	5문항×8점 =40점	20문항 100점

※ 2017년도부터 교양과정 인정시험 및 전공기초과정 인정시험은 객관식 문항으로만 출제

합격 기준

• 1~3과정(교양, 전공기초, 전공심화) 시험

단계	과정	합격 기준	유의 사항
1	교양	매 과목 60점 이상 득점을 합격으로 하고, 과목 합격 인정(합격 여부만 결정)	5과목 합격
2	전공기초		6과목 이상 합격
3	전공심화		

• 4과정(학위취득) 시험 : 총점 합격제 또는 과목별 합격제 선택

구분	합격 기준	유의 사항
총점 합격제	• 총점(600점)의 60% 이상 득점(360점) • 과목 낙제 없음	• 6과목 모두 신규 응시 • 기존 합격 과목 불인정
과목별 합격제	• 매 과목 100점 만점으로 하여 전 과목(교양 2, 전공 4) 60점 이상 득점	• 기존 합격 과목 재응시 불가 • 1과목이라도 60점 미만 득점하면 불합격

시험 일정

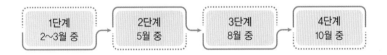

1단계
2~3월 중
→
2단계
5월 중
→
3단계
8월 중
→
4단계
10월 중

• 심리학과 3단계 시험 과목 및 시험 시간표 (2022년 기준)

구분(교시별)	시간	시험 과목명
1교시	09:00~10:40 (100분)	• 상담심리학 • 심리검사
2교시	11:10~12:50 (100분)	• 산업 및 조직심리학 • 학습심리학
중식	12:50~13:40 (50분)	
3교시	14:00~15:40 (100분)	• 인지심리학 •중독심리학
4교시	16:10~17:50 (100분)	•건강심리학 • 학교심리학

※ 시험 일정 및 시험 시간표는 반드시 독학학위제 홈페이지(bdes.nile.or.kr)를 통해 확인하시기 바랍니다.

※ SD에듀에서 개설되었거나 개설 예정인 과목은 빨간색으로 표시했습니다.

독학학위제 과정

대학의 교양과정을 이수한
사람이 일반적으로 갖추어야 할
학력 수준 평가

1단계
교양과정
01

02
2단계
전공기초

각 전공영역의 학문을 연구하기
위하여 각 학문 계열에서 공통적
으로 필요한 지식과 기술 평가

3단계
전공심화
03

각 전공영역에서의 보다
심화된 전문 지식과 기술 평가

04
4단계
학위취득

학위를 취득한 사람이 일반적으로
갖추어야 할 소양 및 전문 지식과
기술을 종합적으로 평가

GUIDE

독학학위제 출제방향

국가평생교육진흥원에서 고시한 과목별 평가영역에 준거하여 출제하되, 특정한 영역이나 분야가 지나치게 중시되거나 경시되지 않도록 한다.

교양과정 인정시험 및 전공기초과정 인정시험의 시험방법은 객관식(4지택1형)으로 한다.

단편적 지식의 암기로 풀 수 있는 문항의 출제는 지양하고, 이해력·적용력·분석력 등 폭넓고 고차원적인 능력을 측정하는 문항을 위주로 한다.

독학자들의 취업 비율이 높은 점을 감안하여, 과목의 특성상 가능한 경우에는 학문적이고 이론적인 문항뿐만 아니라 실무적인 문항도 출제한다.

교양과정 인정시험(1과정)은 대학 교양교재에서 공통적으로 다루고 있는 기본적이고 핵심적인 내용을 출제하되, 교양과정 범위를 넘는 전문적이거나 지엽적인 내용의 출제는 지양한다.

이설(異說)이 많은 내용의 출제는 지양하고 보편적이고 정설화된 내용에 근거하여 출제하며, 그럴 수 없는 경우에는 해당 학자의 성명이나 학파를 명시한다.

전공기초과정 인정시험(2과정)은 각 전공영역의 학문을 연구하기 위하여 각 학문 계열에서 공통적으로 필요한 지식과 기술을 평가한다.

전공심화과정 인정시험(3과정)은 각 전공영역에 관하여 보다 심화된 전문적인 지식과 기술을 평가한다.

학위취득 종합시험(4과정)은 시험의 최종 과정으로서 학위를 취득한 자가 일반적으로 갖추어야 할 소양 및 전문지식과 기술을 종합적으로 평가한다.

전공심화과정 인정시험 및 학위취득 종합시험의 시험방법은 객관식(4지택1형)과 주관식(80자 내외의 서술형)으로 하되, 과목의 특성에 따라 다소 융통성 있게 출제한다.

독학학위제 단계별 학습법

1단계
평가영역에 기반을 둔 이론 공부!

독학학위제에서 발표한 평가영역에 기반을 두어 효율적으로 이론 공부를 해야 합니다. 각 장별로 정리된 '핵심이론'을 통해 핵심적인 개념을 파악합니다. 모든 내용을 다 암기하는 것이 아니라, 포괄적으로 이해한 후 핵심내용을 파악하여 이 부분을 확실히 알고 넘어가야 합니다.

2단계
시험 경향 및 문제 유형 파악!

독학사 시험 문제는 지금까지 출제된 유형에서 크게 벗어나지 않는 범위에서 비슷한 유형으로 줄곧 출제되고 있습니다. 본서에 수록된 이론을 충실히 학습한 후 '실제예상문제'를 풀어 보면서 문제의 유형과 출제의도를 파악하는 데 집중하도록 합니다. 교재에 수록된 문제는 시험 유형의 가장 핵심적인 부분이 반영된 문항들이므로 실제 시험에서 어떠한 유형이 출제되는지에 대한 감을 잡을 수 있을 것입니다.

3단계
'실제예상문제'를 통한 효과적인 대비!

독학사 시험 문제는 비슷한 유형들이 반복되어 출제되므로 다양한 문제를 풀어 보는 것이 필수적입니다. 각 단원의 끝에 수록된 '실제예상문제'를 통해 단원별 내용을 제대로 학습했는지 꼼꼼하게 확인하고, 실력점검을 합니다. 이때 부족한 부분은 따로 체크해 두고 복습할 때 중점적으로 공부하는 것도 좋은 학습 전략입니다.

4단계
복습을 통한 학습 마무리!

이론 공부를 하면서, 혹은 문제를 풀어 보면서 헷갈리고 이해하기 어려운 부분은 따로 체크해 두는 것이 좋습니다. 중요 개념은 반복학습을 통해 놓치지 않고 확실하게 익히고 넘어가야 합니다. 마무리 단계에서는 '최종모의고사'를 통해 실전연습을 할 수 있도록 합니다.

COMMENT

합격수기

> 저는 학사편입 제도를 이용하기 위해 2~4단계를 순차로 응시했고 한 번에 합격했습니다.
> 아슬아슬한 점수라서 부끄럽지만 독학사는 자료가 부족해서 부족하나마 후기를 쓰는 것이 도움이 될까 하여
> 제 합격전략을 정리하여 알려 드립니다.

#1. 교재와 전공서적을 가까이에!

학사학위취득은 본래 4년을 기본으로 합니다. 독학사는 이를 1년으로 단축하는 것을 목표로 하는 시험이라 실제 시험도 변별력을 높이는 몇 문제를 제외한다면 기본이 되는 중요한 이론 위주로 출제됩니다. SD에듀의 독학사 시리즈 역시 이에 맞추어 중요한 내용이 일목요연하게 압축·정리되어 있습니다. 빠르게 훑어보기 좋지만 내가 목표로 한 전공에 대해 자세히 알고 싶다면 전공서적과 함께 공부하는 것이 좋습니다. 교재와 전공서적을 함께 보면서 교재에 전공서적 내용을 정리하여 단권화하면 시험이 임박했을 때 교재 한 권으로도 자신 있게 시험을 치를 수 있습니다.

#2. 아리송한 용어들에 주의!

강화계획은 강화스케줄이라고도 합니다. 강화계획은 가변비율계획(또는 변동비율계획), 고정비율계획, 가변간격계획(또는 변동간격계획), 고정간격계획으로 나눌 수 있습니다. 또 다른 예를 들어볼까요? 도식은 스키마, 쉐마라고 부르기도 합니다. 공부를 하다보면 이렇게 같은 의미를 가진 여러 용어들을 볼 수 있습니다. 내용을 알더라도 용어 때문에 정답을 찾지 못할 수 있으니 주의하면서 공부하시기 바랍니다.

#3. 시간확인은 필수!

쉬운 문제는 금방 넘어가지만 지문이 길거나 어렵고 헷갈리는 문제도 있고, OMR 카드에 마킹까지 해야 하니 실제로 주어진 시간은 더 짧습니다. 1번에 어려운 문제가 있다고 해서 시간을 많이 허비하면 쉽게 풀 수 있는 마지막 문제들을 놓칠 수 있습니다. 문제 푸는 속도도 느려지니 집중력도 떨어집니다. 그래서 어차피 배점은 같으니 아는 문제를 최대한 많이 맞히는 것을 목표로 했습니다.

① 어려운 문제는 빠르게 넘기면서 문제를 끝까지 다 풀고 ② 확실한 답부터 우선 마킹한 후 ③ 다시 시험지로 돌아가 건너뛴 문제들을 다시 풀었습니다. 확실히 시간을 재고 문제를 많이 풀어봐야 실전에 도움이 되는 것 같습니다.

#4. 문제풀이의 반복!

여느 시험과 마찬가지로 문제는 많이 풀어볼수록 좋습니다. 이론을 공부한 후 실제예상문제를 풀다보니 부족한 부분이 어딘지 확인할 수 있었고, 공부한 이론이 시험에 어떤 식으로 출제될 지 예상할 수 있었습니다. 그렇게 부족한 부분을 보충해가며 문제유형을 파악하면 이론을 복습할 때도 어떤 부분을 중점적으로 암기해야 할 지 알 수 있습니다. 이론 공부가 어느 정도 마무리되었을 때 시계를 준비하고 최종모의고사를 풀었습니다. 실제 시험시간을 생각하면서 예행연습을 하니 시험 당일에는 덜 긴장할 수 있었습니다.

학위취득을 위해 오늘도 열심히 학습하시는 동지 여러분에게도 합격의 영광이 있으시길 기원하면서 이만 줄입니다.

이 책의 구성과 특징

01

단원 개요

핵심이론을 학습하기에 앞서
각 단원에서 파악해야 할 중점과
학습목표를 수록하였습니다.

핵심이론

독학사 시험의 출제 경향에 맞춰 시행처의
평가영역을 바탕으로 과년도 출제문제와
이론을 빅데이터 방식에 맞게 선별하여
가장 최신의 이론과 문제를 시험에
출제되는 영역 위주로 정리하였습니다.

02

제1편 인지심리학 입문

제 1 장 **감각, 지각, 인지의 관련성과 차이점**

제 1 절 **감각과 지각**

1 감각의 개념

(1) 감각(sensation) 〔변형〕 ※

① 감각이란 외부 환경으로부터 물리적 에너지를 탐지하여 신경신호로 변환시키는 과정으로, 감각기관의 자극에 기인한 자극을 의미한다.

② 우리를 둘러싸고 있는 수많은 물리적 자극들 중 우리가 경험할 수 있는 자극은 극히 일부로서, 감각기관을 통해 탐지할 수 있는 자극만을 경험하게 된다.

③ 예를 들어, 눈에 있는 감각세포에 특정 영역의 빛(전자기 에너지[가시광선])이 도달하게 되면 신경변화를 통해 신경신호가 발생하고, 이 신경신호는 뇌로 전달된다. 자외선이나 적외선, X선 등에는 우리의 눈에 있는 감각세포들이 반응하지 않으며, 그 결과 우리는 볼 수 없다. 감각은 시각경험의 첫 단추이다.

④ 각각의 감각기관들은 특정 물리적 에너지를 탐지하도록 전문화된 기관들로, 우리가 살아가는 데 필요한 정보를 나름대로 효과적으로 획득하도록 진화되어 왔다.

03

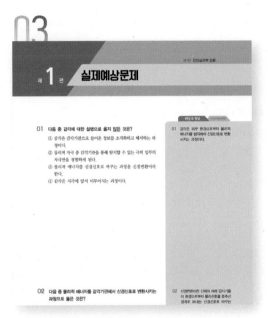

제 1 편 **실제예상문제**

실제예상문제

독학사 시험의 경향에 맞춰 전 영역의 문제를
새롭게 구성하고 지극히 지엽적인 문제나
쉬운 문제를 배제하여 학습자가 해당 교과정에서
필수로 알아야 할 내용을 문제로 정리하였습니다.
'실제예상문제'를 통해 핵심이론의 내용을 문제로
풀어보면서 3단계 객관식 문제와 주관식 문제를
충분히 연습할 수 있게 구성하였습니다.

04

최종모의고사

'핵심이론'을 공부하고, '실제예상문제'를
풀어보았다면 이제 남은 것은 실전 감각
기르기와 최종 점검입니다. '최종모의고사
(총 2회분)'를 실제 시험처럼 시간을 두고
풀어보고, 정답과 해설을 통해 복습한다면
좋은 결과가 있을 것입니다.

제 1 회 **최종모의고사** | 인지심리학

CONTENTS
목 차

제 **1** 편

인지심리학 입문

- 감각, 지각, 인지의 관련성과 차이점에 대해 확인하고, 특징과 과정에 대해 알아본다.
- 인지심리학의 정의와 역사, 연구분야, 연구방법에 대해 알아본다.
- 인지신경과학의 개념과 연구방법에 대해 알아보며, 신경계의 특징과 구조에 대해 확인하고, 대뇌반구의 기능전문화에 대해 알아본다.

출제 경향 및 수험 대책

- 감각의 연구방법과 과정에 대해 이해하고, 감각정보를 선택, 조직화, 해석하는 과정에 대해 학습한다.
- 인지심리학의 연구분야를 이해하고, 과학적 심리학의 시작과 인지심리학의 탄생과정에 대해 학습한다.
- 인지심리학 연구방법과 인지신경과학 연구방법의 특징과 한계에 대해 학습한다.
- 뉴런의 정보전달 과정과 신경계의 구조와 기능에 대해 이해하고, 대뇌반구의 기능전문화에 대한 증거에 대해 학습한다.

혼자 공부하기 힘드시다면 방법이 있습니다.
시대에듀의 동영상강의를 이용하시면 됩니다.
www.sdedu.co.kr ➜ 회원가입(로그인) ➜ 강의 살펴보기

제 1 장 감각, 지각, 인지의 관련성과 차이점

제 1 절 감각과 지각

1 감각의 개념

(1) 감각(sensation) 중요 ★

① 감각이란 외부 환경으로부터 물리적 에너지를 탐지하여 신경신호로 변환시키는 과정으로, 감각기관의 자극에 기인한 자각을 의미한다.

② 우리를 둘러싸고 있는 수많은 물리적 자극들 중 우리가 경험할 수 있는 자극은 극히 일부로서, 감각기관을 통해 탐지할 수 있는 자극만을 경험하게 된다.

③ 예를 들어, 눈에 있는 감각세포에 특정 영역의 빛전자기 에너지(가시광선)가 도달하게 되면 신경변환을 통해 신경신호가 발생하고, 이 신경신호는 뇌로 전달된다. 자외선이나 적외선, X선 등에는 우리의 눈에 있는 감각세포들이 반응하지 않으며, 그 결과 우리는 볼 수 없다. 감각은 시각경험의 첫 단추이다.

④ 각각의 감각기관들은 특정 물리적 에너지를 탐지하도록 전문화된 기관들로, 우리가 살아가는 데 필요한 정보를 나름대로 효과적으로 획득하도록 진화되어 왔다.

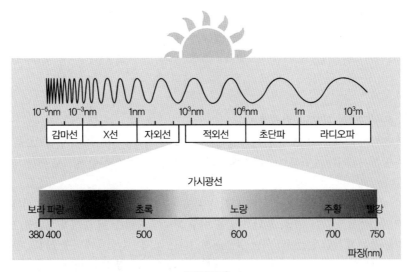

[가시광선]

(2) 정신물리학(psychophysics) 중요 ★

① 구스타프 페흐너(Gustav Fechner, 1801~1887)에 의해 시작되었으며 물리적 자극과 주관적 경험과의 관계를 밝히려는 학문이다. 물리적 자극을 체계적으로 변화시켜 경험을 보고하게 함으로써 신체의 작동과 경험과의 관계를 알아본다.

② 정신물리학은 우리가 어떤 자극을 탐지할 수 있는지, 어느 정도의 자극 강도를 탐지할 수 있는지(**절대역**), 또 자극 변화에 얼마나 민감한지(**차이역**)에 관심이 있었다.

③ 일부 심리학자들 사이에서는 정신물리학을 인간의 내적 과정에 대해 수량화, 즉 정신에 대해 최초로 체계적이고 과학적인 접근을 했기 때문에 최초의 과학적 심리학으로 보기도 한다.

2 감각의 과정

(1) 절대역(absolute threshold) 중요 ★★

① 우리가 알아차릴 수 있는 최소한의 자극 강도를 의미한다. 즉 빛, 소리, 압력, 냄새, 맛 등의 자극을 탐지하는 데 필요한 최소한의 강도를 말한다.

② 절대역의 기준은 자극을 제시했을 때 50%를 탐지할 수 있는 정도의 자극 강도를 말한다. 어떤 자극을 100번 제시했을 때 50번은 알아차리고, 50번은 못 알아차리는 자극의 강도를 절대역으로 정한다.

(2) 차이역(difference threshold) 중요 ★★

① **최소식별차이**(JND : Just Noticeable Difference)라 불리기도 하며, 사람들이 탐지할 수 있는 두 자극 간의 최소한의 차이를 의미한다.

② 차이역의 기준 역시 두 자극 간의 차이를 50% 정도 탐지할 수 있는 최소한의 차이이다.

③ 베버(Weber)는 두 자극 간의 차이가 있음을 지각하기 위해서는 자극의 강도와 상관없이 두 자극이 일정한 비율 이상의 차이가 나야 함을 발견했고, 이를 **베버의 법칙**(Weber's law)이라 한다. 일반적으로 두 자극 간의 차이를 인식하기 위해선 빛은 0.8%, 무게는 2%, 소리는 0.3%의 차이가 나야 한다.

(3) 역하자극(subliminal stimulus) 중요 ★

① 절대역의 탐지 기준인 50%보다 낮은 수준에서 탐지되는 자극을 의미한다. 일반적으로 자극을 아주 희미하게 제시하거나 순간적으로 제시해서 의식적으로 지각하지 못할 정도로 약한 강도의 자극을 의미한다.

② 자극의 강도가 너무나 약하기 때문에 의식하지 못하지만 종종 암시적인 힘을 발휘하기도 한다.

  ㉠ 참가자들에게 행복한 얼굴, 화난 얼굴을 아주 빠르게 제시한 뒤 중성적 얼굴을 제시하였다.

  ㉡ 참가자들은 행복한 얼굴이나 화난 얼굴을 보았다는 보고가 없었음에도 불구하고 행복한 얼굴 제시 조건에서는 얼굴 근육이 미소 짓는 방향으로 살짝 움직였으며, 화난 얼굴 제시 조건에서는 얼굴 근육이 화난 방향으로 살짝 움직였다.

ⓒ 이러한 결과는 역하로 제시된 자극을 의식하지 못해도 우리에게 영향을 미칠 수 있음을 증명한 것이다(Dimberg, Thunberg & Elmenhed, 2000).

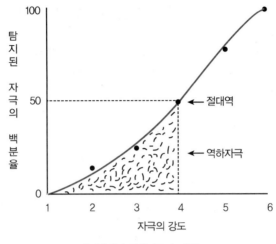

[절대역과 역하자극의 기준]

(4) 신호탐지(signal detection)

① 정신물리학 연구의 한계점은 약한 자극이나 신호를 탐지하는 것은 자극의 물리적 강도뿐만 아니라 개인의 경험, 동기, 기대, 피로도 등 여러 심리적 상태에 따라 변화한다는 점이다.

② 신호탐지 연구자들은 하나의 절대역은 없으며, 사람들이 동일한 자극에 대해 다르게 반응하는지, 동일한 사람이 상황이나 조건에 따라 다르게 반응하는지를 연구한다.

③ 신호판단에 대해 '적중 / 바른 기각 / 누락 / 오경보'로 반응하는 경향에 대해 연구한다.

판단 \ 자극	자극 존재	자극 부재
있다	적중	오경보
없다	누락	바른 기각

(5) 감각순응(sensory adaptation) 중요 ★

① 일정한 자극에 지속적으로 노출됨으로써 자극에 대한 민감도가 줄어드는 현상을 의미한다.

② 예를 들어 향수를 뿌린 직후에는 향수냄새가 강하게 나지만 얼마 지나지 않아 향수냄새가 옅어지게 된다. 또한 안경을 쓴 직후나 양말을 신은 직후에는 안경이나 양말이 느껴지지만 일정시간이 지나면 안경이나 양말에 대한 감각이 사라지게 된다.

③ 이러한 감각순응은 자극에 지속적으로 노출됨에 따라 신경세포의 발화 속도가 느려지게 되고 감각에 대한 민감도가 줄어들어 발생한다.

④ 감각순응의 진화론적 의미는 정보가 없는 일정한 색채, 냄새, 거리의 소음 등에 주의가 분산되지 않고 환경이 유용한 정보에 초점을 기울일 수 있도록 도움을 준다는 점이다.

3 지각의 개념

(1) 지각(perception) 중요 ★

① 지각이란 감각정보를 선택하고 조직화하고 해석하는 과정으로 우리로 하여금 대상과 사상을 인식할 수 있도록 하는 과정이다.

② 감각과 지각의 과정은 자동적으로 연합되어 나타나는 하나의 연속적인 과정으로, 감각은 세상에 대한 자극과 정보가 감각수용기에서 자동적으로 신경변환이 이루어지는 과정인 반면, 지각은 받아들인 자극과 정보에 의식적·인지적인 과정이 더해진 것이다.

(2) 지각적 착각(perceptual illusion)의 연구

① 지각적 착각에 대한 연구는 감각을 조직화하고 해석하는 정상적인 방법을 밝혀주기 때문에 초기 심리학자들에게뿐만 아니라 오늘날에도 주요 연구주제 중 하나이다.

② 주로 시각적 착각을 중요하게 다루어 왔는데, 그 이유는 다른 감각과 시각의 정보가 상충될 때 시각 정보가 더 우세하기 때문이다. 이를 시각의 우세성(visual capture)이라 한다.

③ 허링(Hering)의 착시 그림에서 그림 A의 두 수직선은 실제보다 더 볼록해 보이고, 그림 B는 실제보다 더 오목해 보인다. 또한 뮬러-라이어(Muller-Lyer)의 착시 그림 C에서는 오른쪽의 직선이 더 길어 보인다. 그림 D에서 확인해보면 두 직선의 길이는 동일하다.

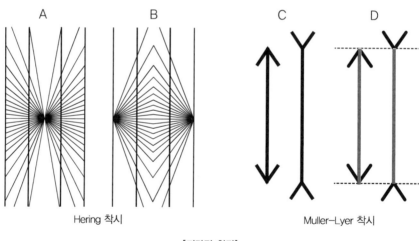

[지각적 착각]

④ 이러한 지각적 착각은 우리의 지각체계가 자극 자체의 물리적 속성을 그대로 지각하는 것이 아니라 주변 특성까지 상대적으로 고려한다는 사실을 보여준다.

4 지각의 과정

(1) 선택적 주의(selective attention) 중요 ★★★

① 지각은 순간순간마다 이루어지며, 하나의 지각이 사라지면 다음 지각이 나타난다. 선택적 주의란 경험할 수 있는 것들 중에서 한 순간에 의식할 수 있는 것이 제한되어 있음을 의미한다.

② 다음 그림에서 지점 A가 앞쪽으로 나와 보이기도 하고, 지점 B가 앞쪽으로 나와 보이기도 한다. 두 지점 모두 앞쪽에 있거나, 모두 뒤쪽에 있다고 경험할 수는 없다. 즉, 선택적 주의로 인해 한 순간에 오직 하나만을 의식적으로 경험할 수 있다.

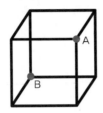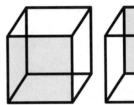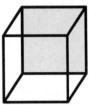

A와 B 중 어느 쪽이 앞쪽으로 나와 있는 형태인가?

[네커 큐브(Necker Cube)]

③ 시각뿐만 아니라 청각도 마찬가지이다. 우리는 수많은 목소리로 시끄러운 곳에서 한 목소리에만 주의를 기울여 의미를 파악할 수 있다. 이러한 현상을 칵테일파티효과(cocktail party effect)라 하며 선택적 주의의 대표적인 예이다.

(2) 지각적 조직화(perceptual organization) 중요 ★★

① 감각정보를 의미 있는 지각으로 변환시키기 위해선 이를 조직화시켜야만 한다. 조직화란 대상을 배경에서 분리하여 의미 있고 일정한 형태를 가진 것으로 파악하며, 거리와 움직임을 판단하는 과정을 의미한다.

② 형태를 지각하기 위해서 가장 먼저 해야 할 일은 배경(ground)으로부터 전경(figure)을 분리하는 일이다. 형태주의(게슈탈트 : gestalt) 심리학자들은 배경으로부터 전경을 의미 있는 형태로 조직화하는 집단화(grouping)의 원리를 제안하였다.

집단화 원리	내용
좋은 형태 (pragnanz)	물체의 모양에 대해 둘 이상으로 해석될 때 가장 단순하고 그럴싸한 해석을 하는 경향 (집단화의 기본 원리)
유사성 (similarity)	색, 밝기, 모양, 결이 비슷한 영역들을 같은 물체로 지각하는 경향
연속성 (continuity)	부드럽게 연속된 패턴을 하나로 지각하는 경향

폐쇄성 (closure)	시각장면에서 빠져 있는 부분을 채워 지각하는 경향
근접성 (proximity)	가까이 있는 물체를 집단화하는 경향

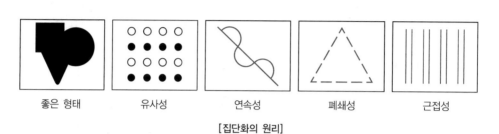

| 좋은 형태 | 유사성 | 연속성 | 폐쇄성 | 근접성 |

[집단화의 원리]

③ **깊이지각(depth perception)**은 대상이 얼마나 멀리 있는지를 추정하는 것이다. 우리의 망막은 2차원 평면으로 멀리 있는 자극이나 가까이 있는 자극이나 모두 망막의 같은 지점에 상이 맺힌다. 그럼에도 불구하고 우리는 각 대상들의 거리를 추정할 수 있는데 이는 **양안단서(binocular cue)**와 단안단서(monocular cue)를 이용하기 때문이다.

㉠ 양안단서는 거리에 따라 양쪽 눈을 통해 제공되는 단서를 말하며, 상대적으로 가까운 거리 내의 깊이를 추정할 때 유용하다.

종류	내용
양안부등 (binocular disparity)	두 눈은 평균 6cm 정도 떨어져 있기 때문에 거리에 따라 두 영상의 차이가 발생하며 이 단서를 통해 거리를 파악한다.
시선수렴 (convergence)	대상이 가까워질수록 두 눈이 가운데로 몰리게 되면서 이때의 신경근육 신호를 단서로 거리를 파악한다.

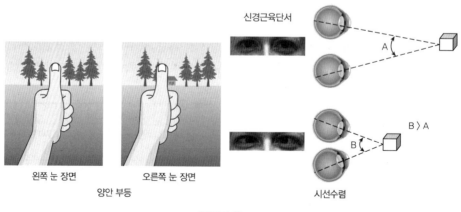

[양안단서]

ⓛ 단안단서는 한쪽 눈만으로도 알 수 있는 단서들로서 상대적으로 먼 거리에 있는 대상의 깊이를 추정할 때 유용하다.

종류	내용
상대적 크기	두 물체의 크기가 비슷하다고 가정할 때 망막에 맺힌 상이 작을수록 멀리 있다고 지각한다.
중첩	한 물체가 다른 것을 부분적으로 가리고 있으면 가려진 것이 더 멀리 있다고 지각한다.
상대적 명확성	윤곽이 뚜렷한 물체보다는 윤곽이 흐릿한 것을 더 멀리 있다고 지각한다.
결의 밀도변화	결의 밀도가 작고 구별이 힘들도록 변화되면 거리가 멀어지는 것으로 판단한다.
상대적 운동	고정된 물체가 자신의 움직임과 반대 방향으로 움직이면 가까이 있다고 지각한다.
선형조망	한 점으로 수렴되는 쪽을 멀리 있다고 지각한다.
상대적 밝기	동일한 대상이 있을 때 밝기가 어두운 것을 더 멀리 있다고 지각한다.

| 상대적 크기 | 중첩 | 상대적 명확성 | 결의 밀도변화 |

| 상대적 운동 | 선형조망 | 상대적 밝기 |

[단안단서]

④ 운동지각(motion perception)이란 외부대상의 속도와 방향을 추론하는 과정이다. 가장 일반적인 설명으로는 물체가 망막의 한 지점을 자극한 뒤, 다른 지점을 자극하게 되면 시간상의 위치변화를 탐지해 속도와 움직임을 탐지하게 된다는 것이다. 하지만 여기서 문제는 우리 역시 움직인다는 점이다. 따라서 제대로 움직임을 탐지하기 위해선 물체의 움직임뿐만 아니라 눈의 위치와 움직임, 머리와 몸의 운동을 고려해야만 정확한 움직임을 탐지할 수 있다.

⑤ 지각항등성(perceptual constancy)은 대상의 자극이 변화하여도 불변하는 것으로 지각하는 것을 의미한다. 바라보는 각도, 거리, 조명과 상관없이 대상의 크기, 형태, 밝기, 색채를 일관성 있게 인식하는 것이다.

ⓐ 크기항등성(size constancy)은 대상의 거리가 변화해도 대상을 일정한 크기로 지각하는 것을 말한다. 예를 들어, 멀리 있는 자동차가 작게 보여도 자동차의 크기가 작아진 것이 아니라 멀리 있기 때문에 작게 보인다고 인식한다.

ⓛ **모양항등성**(shape constancy)은 망막상의 영상이 변화해도 일정한 모양을 지닌 것으로 인식하는 것을 말한다. 예를 들어, 문이 열려진 각도에 따라 망막상의 영상은 변화하지만 우리는 문이 일정한 모양을 지닌 것으로 인식한다.

ⓒ **밝기항등성**(lightness constancy)은 빛 밝기의 변화에도 불구하고 대상의 밝기를 일정하게 지각하는 것을 의미한다. 햇빛 아래 검은 종이는 실내에서보다 100배 이상의 빛을 반사하지만 우리는 똑같은 검은색으로 지각한다.

ⓔ **색채항등성**(color constancy)은 빛 파장 변화에도 불구하고 물체의 고유한 색을 지각하는 것을 의미한다. 예를 들어, 조명이 변화해도 과일 바구니에 담겨있는 오렌지의 색깔은 똑같이 주황색으로 인식된다.

(3) 자극의 해석 중요 ★★★

① 감각정보를 처리하는 능력은 많은 부분이 생득적이다.

② 하지만 경험을 통해서 세상을 지각하는 능력에도 학습이 일어난다. 경험을 통해 지각능력이 자극의 해석에 영향을 준다는 많은 증거들이 있다.

ⓐ 출생 직후부터 일정 기간 어린 고양이와 원숭이의 눈을 가리거나 희미한 빛만 볼 수 있도록 유아기 동안 **감각박탈**(sense deprivation)을 시키면, 시각능력이 심각하게 손상되는 것으로 나타났다. 하지만 어느 정도 성장 이후 감각박탈을 시키면 지각능력에 손상을 주지 않았다.

ⓑ **지각적 갖춤새**(perceptual set)란 어느 하나를 지각하려는 심적 소인으로 물리적 자극뿐만 아니라 기대나 가정, 경험에 의해서도 지각이 영향을 받음을 보여준다. 사람들은 경험을 통해 개념 또는 **도식**(schema)을 형성하게 되는데, 친숙하지 못한 정보를 조직화하고 해석하는 데 도움을 준다.

▶ 왼쪽부터 보면 악기연주자, 오른쪽부터 보면 여자얼굴이 보임

[지각적 갖춤새(Shepard, 1990)]

제 2 절 인지

1 인지의 개념

(1) 인지(cognition)란 감각 및 지각 과정을 통해 물체나 현상을 이해하고 나아가 학습, 기억 및 추론, 판단 등의 사고과정을 통해 결론을 내리거나 문제를 해결하는 정신적인 과정 혹은 활동을 의미한다.

(2) 인지과정(cognitive processing)이란 각종 환경 자극에서 그 자극이 지니는 의미, 정보, 내용을 **심적 표상**(mental representation) 즉, 실제 대상이 아닌 어떤 상징이나 추상적 형태로 다시 구성하여 보유, 변환, 산출, 활용하는 심리적 과정을 의미한다.

2 인지심리학의 개념

(1) 인지심리학의 정의 중요 ★

① 인지심리학(cognitive psychology)은 인간 마음의 특성을 **인지**(cognition)로 보고, 인간이 어떻게 각종 대상을 인식하고, 주의하고, 기억하고, 학습하고, 언어를 사용하고, 문제를 해결하고, 판단하고, 감정을 느끼는지를 과학적 방법을 사용해 연구하는 학문 분야이다.

② 넓은 의미로 '인간의 마음이 어떻게 작용하는가'를 연구하는 학문이고, 좁은 의미로는 '인간의 마음이 어떻게 환경과 자신에 대한 지식을 갖게 되고, 이들 지식을 어떻게 활용하여 과제를 수행해내는가'를 다루는 즉, 인간의 **인지과정**(cognitive processing)을 과학적으로 연구하는 심리학의 한 분야로 정의된다.

(2) 인지심리학의 연구 영역 중요 ★★★

① **신경인지**(neuro-cognition)

ⓐ 인지과정의 특성을 이해하기 위해 뇌를 비롯한 신경계의 생리적, 생물적, 화학적 특성들을 연구하는 분야이다.

ⓑ 인지심리학자, 생리심리학자, 생물심리학자는 신경과학자와 함께 뇌를 비롯한 신경계의 특성은 물론, 그 특성이 특정 인지과정과 어떤 관련이 있는지 연구한다.

② **지각**(perception)

ⓐ 감각정보의 통합과 해석을 수행하는 과정을 지각이라 한다.

ⓑ 지각은 감각, 주의, 의식, 형태재인 및 기억 등의 과정과 연관되며, 지각과정의 연구영역은 대상의 형태, 공간, 색채, 시간 및 운동 등 하위영역으로 세분화된다.

③ **주의**(attention)

ⓐ 주의는 감각과 저장된 기억, 그리고 다른 인지과정들을 통해 이용 가능한 많은 양의 정보들로부터 제한된 양의 정보를 집중적으로 처리해주는 수단이다.

    ⓛ 경계와 탐색, 정보의 선택, 주의의 용량, 주의의 지속성, 주의와 기억과의 관계, 주의와 정서 또는 동기, 행위 실수 등 주의와 관련된 다양한 문제들이 연구된다.

④ **형태재인(pattern recognition)**

    ㉠ 형태재인은 얼굴을 인식한다거나 글자를 알아보는 등 대상의 정체를 파악하는 과정으로 지각된 내용, 즉 지각적 표상에 의미를 부여하는 과정이다.

    ⓛ 신경생리기제와 주의, 기억 등의 인지과정이 연계되어 연구가 이루어지고 있다.

⑤ **학습(learning)**

    ㉠ 학습은 경험에 기초하여 행동 또는 행동잠재력상의 비교적 일관성 있는 변화를 일으키는 과정을 의미한다.

    ⓛ 과거에는 인간과 동물의 행동에 기반한 조건형성이 주로 연구되었다면, 1960년대 이후부터는 인지심리의 원리를 적용한 **인지학습(cognitive learning)**이 강조되었으며, 최근에는 인공지능의 한 분야로 여러 데이터를 이용하여 학습한 내용을 기반으로 새로운 데이터에 대한 적절한 작업을 수행하도록 하는 기계학습 분야가 주목을 받고 있다.

⑥ **기억(memory)**

    ㉠ 기억은 인지심리학에서 가장 중요한 구조이자 과정으로, 인간의 각종 정보처리가 일어나는 마음의 자리인 동시에 정보가 표상으로 저장되는 기능적 구조이다.

    ⓛ 기억의 신경학적 기초, 기억의 구조와 종류, 기억과 망각의 과정, 기억의 오류, 기억과 다른 인지과정과의 관계뿐만 아니라 최근 들어서는 인공지능과 연계되어 연구가 활발히 이루어지고 있다.

⑦ **문제해결(problem solving)**

    ㉠ 문제해결은 어떤 목표를 지향하는 일련의 인지적 처리 혹은 조작을 의미한다.

    ⓛ 문제과제의 표상과정, 문제해결 관련 정보들 사이의 탐색과정, 해결을 위한 규칙 또는 전략의 형성과 이들의 적용과정, 지식의 역할, 전문가와 초보자의 차이 등이 연구되고 있다.

⑧ **추리, 판단 및 의사결정(reasoning, judgment and decision making)**

    ㉠ 인간의 연역적, 귀납적 추리가 어떠한 정보처리 과정에 의해 일어나는지에 초점을 두고 있으며, 추리과정의 일반 원리, 추리 오류의 특성, 추리의 오류를 일으키는 기억의 제약, 지식이나 신념에 따른 편향적 추리, 지식과 맥락 등의 요인들에 대해 연구한다.

    ⓛ 판단과 결정 과정에 대한 연구는 확률적 상황, 불확실한 선택적 상황에 대한 판단과 의사결정의 인지과정적 특성들을 귀납적 추리와 연관 지어 진행되고 있으며 특히 오류와 편향의 특성들에 중점을 두고 있다.

⑨ **언어의 이해 및 산출(language comprehension and production)**

    ㉠ 말과 글을 이해하고 산출해 내는 과정 즉, 언어 정보처리과정이 인지심리학의 주요 연구 문제이다.

    ⓛ 언어의 이해는 낱개 단어들의 사전적 의미를 조합하는 것을 뛰어넘어 각종 지식을 동원 및 적용하여 이를 나름대로 추론하고 해석하는 과정이다. 또한 언어의 산출에는 말이나 글을 산출하려는 의도의 생성, 계획, 수정 및 재편집, 발성기관과의 연결 및 조정 과정이 포함된다.

[인지심리학의 연구 영역]

제 3 절 인지심리학의 역사

1 심리학의 초기 역사

(1) 철학적 심리학

① **고대 그리스**

ㄱ 플라톤(Plato, B.C. 428~348)은 모든 대상이 질료(matter)와 형상(form)으로 구분된다는 **이원론적 세계관**을 지녔으며, 감각을 통해 얻는 지식은 진정한 지식이 아니고 추상적인 관념, 즉 형상만이 진정한 지식의 근본이라 주장하였다. 또한 관념에 대한 모든 지식은 이미 **생득적으로** 지니고 태어나며, 진정한 지식은 **내성(introspection)**을 통해서 얻을 수 있다고 보았다.

ㄴ 반면 플라톤의 제자였던 **아리스토텔레스(Aristoteles, B.C. 384~322)**는 경험적 정보가 모든 지식의 기본을 이룬다고 보았으며, 감각경험에 의해 획득된 관념이 다른 관념을 자극함으로써 세상에 대한 지식을 얻게 된다는 **연합의 법칙(law of association)**을 주장하였다. 즉, 지식 획득에 있어서 경험을 강조하였다.

② **근대 철학적 심리학**

ㄱ 플라톤의 전통을 이어받은 **데카르트(Descartes, 1596~1650)**는 **심신이원론(dualism)**을 통해 마음(mind)과 신체(body)가 서로 분리되어 있으며 상호작용한다고 보았으며, 기계와 같은 인간의 신체가 마음에 의해 움직인다고 보았다. 또한 인간 행동이 일부 감각경험에 의해 유발된 관념에 의해서도 영향을 받는다고 보았지만, 주로 **생득적 관념(innate idea)**에 의해 움직인다는 **생득론**을 주장했다.

  ⓛ 홉스(Hobbes, 1588~1679)는 몸과 마음을 분리될 수 없는 하나로 보았으며, 마음은 뇌 활동 그 자체라고 보았다. 또한 로크(Locke, 1632~1704)는 지식에 대한 생득론적 관점에 반대했으며 인간은 태어날 때 백지상태(tabula rasa)와 같고 경험을 통해 지식이 습득된다고 주장하였다.

  ⓒ 칸트(Kant, 1724~1804)는 생득적으로 가지고 태어나는 마음은 감각경험을 보다 조직화시키고 의미를 부여함으로써 감각경험을 수정한다는 주장을 통해 **생득론(이성주의)의 관점에서 경험론 (경험주의)의 융합**을 시도하였다. 또한 칸트는 심리 현상에는 수학 적용이 불가능하며, 사고 주체를 관찰할 수 없기 때문에 마음을 연구하는 분야는 과학이 될 수 없다고도 주장하였다.

(2) 마음에 대한 과학적 연구의 탄생배경 중요 ★

  ① 첫 번째는 아리스토텔레스의 철학적 전통을 부활시킨 **영국의 경험론**이다. 감각연구를 통해 인간의 본성에 접근할 수 있는 길을 제공했으며, 방법론적으로도 지식획득에 있어서 직접 경험만이 진리에 도달하는 방법이라는 점을 강조했다.

  ② 두 번째는 **데카르트의 기계론적 인간관**이다. 기계론적 인간관은 심리학이 생리학, 물리학 등과 같은 다른 학문들의 연구업적을 인간에게 적용할 수 있는 철학적 배경이 되었다.

  ③ 세 번째는 다윈(Darwin, 1809~1882)의 **진화론**이다. 인간을 동물과 같은 연속선상에 놓음으로써 동물의 연구결과를 인간에게 일반화시킬 수 있는 계기를 마련해 주었다.

  ④ 네 번째는 **연합주의 철학과 과학적 방법의 결합**이다. 과학적 방법이 자연과학의 분야에서 진리를 규명하는 데 성공적으로 적용되자, 연합을 통한 지식의 획득과정을 과학적 방법을 사용해 알아보려는 시도가 이루어지기 시작했다.

---

2 과학적 심리학의 시작

(1) 철학적 심리학과 과학적 심리학의 이정표 중요 ★★★

  ① 1879년 분트(Wundt, 1832~1920)는 독일의 라이프찌히 대학에 세계 최초로 심리학 실험을 위해 계획된 심리학 실험실을 개설함으로써 **철학적 심리학과 과학적 심리학의 이정표 역할**을 담당하였다.

  ② 분트는 복잡한 물질도 화학적 요소로 환원되듯이 심리학자들도 의식의 구성요소를 발견할 수 있다고 주장하였다. 이를 위해 내성법(introspection)을 사용하였는데, 내성법은 일종의 자기보고법으로 잘 훈련된 참가자들에게 자극에 대한 자기의 경험과 사고과정을 기술하도록 하는 기법이다.

  ③ 분트는 내성법을 비롯한 물리학, 생리학 등의 실험법을 적용하여 인간의식의 작용과 구조특성에 대한 물음들을 체계적으로 연구할 수 있음을 보여주었으며, 심리학이 철학으로부터 독립해 독자적인 학문으로 자리 잡는 데 중요한 역할을 하였다.

⚠ 더 알아두기 Q

분트의 업적

분트의 심리학 실험실이 갑자기 혜성처럼 등장한 것은 아니었다. 분트는 인간의 마음에 대한 과학적 탐구에 대해 거의 20여 년을 숙고했으며 당시로서는 큰 모험이었던 심리학 실험실을 개설한 것이었다. 실제로 라이프찌히 대학에서 분트의 심리학 실험실 개설에 대해 2년간 반대한 것으로 알려져 있다. 분트는 직접 심리학 실험에 필요한 여러 과학 도구를 수집하였고, 원하는 장치가 없는 경우에는 설계를 통해 기구를 제작하기도 했다.

분트는 최초의 진정한 심리학 개론서로 불리는 『생리심리학의 원리』를 저술했으며, 180명이 넘는 학생들을 훈련시켜 심리학과 철학의 박사학위자를 배출했다. 또한, 최초의 실험심리학 학술지를 창간했으며, 총 53,735페이지에 달하는 논문과 책을 출간했다. 이러한 분트의 수많은 업적들은 초기 심리학이 독자적인 영역을 지닌 학문으로 자리 잡는 데 큰 역할을 했다.

(2) 구성주의(structuralism) 중요 ★

① 심리학의 최초의 학파로서 분트의 제자인 **티취너**(Tichener, 1867~1927)가 1898년 「구성주의 심리학의 전제(The Postulates of Structural Psychology)」라는 논문을 통해 '구성주의'라는 명칭을 처음 사용함으로써 공식 명칭이 되었다.

② 구성주의 심리학자들은 오로지 인간의 마음 즉, 의식이 어떤 구성요소로 이루어졌는지에 관심이 있었다. 의식의 구조와 내용의 분석을 위해 분트보다 더 엄격한 기준으로 오로지 내성법만을 사용했기 때문에 **순수내성주의 심리학**(pure introspective psychology)으로 불린다.

③ 또한 의식의 기능이나 용도 등 존재이유에는 관심이 없고 오로지 '존재하는 것(Is)'만을 연구했기 때문에 **실존주의 심리학**(existentialism psychology)으로 불리기도 한다.

④ 하지만 구성주의 심리학은 지나치게 의식의 구조와 내용에만 집중함으로써 의식의 기능과 작용을 무시했으며, 객관성이 부족한 내성법을 사용했다는 한계로 인해 결국 1920년을 전후로 사리지게 되었다.

(3) 기능주의(functionalism) 중요 ★

① **제임스**(James, 1842~1910)에 의해 시작된 기능주의 심리학은 의식의 구성요소를 강조했던 구성주의에 반발해 등장했으며, 구성주의와 달리 의식이 어떻게 기능하고 작용하는지에 관심이 있었다.

② 기능주의 심리학은 두 가지의 사상적 배경을 가지고 있다.

　㉠ 첫 번째는 미국의 **실용주의**(pragmatism) 사상에 영향을 받아 심리학도 실질적이고 실용적이어야 한다고 보았다. 구성주의와 달리 의식이 무엇인지 중요하지 않으며 의식이 '왜', '무엇 때문에', '어떻게 기능하는지'를 아는 것이 중요하다고 강조하였다.

　㉡ 두 번째는 진화론 및 자본주의와 어우러진 **적자생존의 원리**(survival of the fittest)의 영향을 받았다. 기능주의 심리학은 자본주의 시대의 사회 환경에 잘 적응해 살아남기 위해 의식의 흐름이 만들어내는 심상, 감각, 기억 등의 정신적 사건이 인간으로 하여금 환경에 적응할 수 있게 하는지에 관심이 있었다.

③ 기능주의 심리학의 마음의 쓰임새에 대한 관심은 자연스럽게 교육과 아동심리, 능력측정에 따른 개인차 연구(지능) 등으로 이어졌으며 이후 심리학이 현실에 도움이 되는 실용학문으로 발전하는 데 기여했다.

④ 하지만 구성주의에 대한 지나친 반대로 의식의 실체 없이 과정이 존재하는 논리적 모순을 보였으며, 연구대상이 의식의 기능과 흐름이었기 때문에 과학적 방법을 적용하는 데 한계가 있었다. 결국 구성주의가 심리학계에서 사라진 뒤 기능주의 역시 학파로서 힘을 잃게 되고 하나의 일반적 사상으로 변하게 되었다.

(4) 행동주의(behaviorism) 중요 ★★

① 행동주의는 구성주의와 기능주의 심리학이 인간의 의식만을 연구하는 것에 반발해 **왓슨**(Watson, 1878~1958)에 의해 주창된 심리학파로, 심리학이 자연과학이 되기 위해선 **관찰 가능하고 측정 가능한 외적 행동**을 연구해야 한다는 점을 강조한 학파이다.

② 왓슨은 심리학을 순수하게 객관적이고 실험적인 자연과학의 일부로 보았으며 심리학의 목적을 행동의 예언과 통제로 보았다. 또한 인간의 의식을 전면적으로 부정하고 오로지 행동연구만을 강조했으며, 행동의 단위를 자극에 대한 반응이라고 가정하였다.

③ 왓슨 이후 등장한 신행동주의자들은 인간의 행동을 강조하면서도 인간의 심리와 내부과정을 인정하였고 인간의 의식과 사회적 행동, 결과에 대한 행동수정도 심리학의 연구대상으로 보았다.

④ 하지만 인간을 이해하는 목적보다는 인간의 행동을 예측하고 통제하는 것을 지나치게 강조하였으며, 학자들마다 정도의 차이는 있었지만 인간을 지나치게 자극에 반응하는 수동적인 존재로 취급하였다. 또한 작게는 아이를 양육하는 것부터, 크게는 이상적인 국가를 만드는 데 있어서도 행동주의 기법을 통해 모든 것이 수정 가능하다고 믿었다.

> **❗ 더 알아두기 Q**
>
> **왓슨의 공포조건형성**
> 러시아의 생리학자였던 파블로프(Pavlov, 1849~1939)의 조건반사 실험(일명 종-밥-침 실험)에 영향을 받은 왓슨은 사람을 대상으로 파블로프의 실험과 유사한 실험을 실시하였다. 이 실험이 바로 심리학사에 등장하는 일반인 중 가장 유명한 사람 중 하나인 꼬마 알버트(little Albert)를 대상으로 한 공포조건형성이다. 왓슨은 알버트가 흰쥐에 대한 공포가 없음을 확인한 뒤, 총 7번에 걸쳐 흰쥐와 공포반응을 일으키는 큰 소리를 짝지어 제시하였다. 그 뒤 흰쥐를 제시하게 되었을 때, 알버트에게서 울음과 회피 등의 공포반응이 나타났다. 또한 흰쥐뿐만 아니라 비슷한 다람쥐, 흰색목화, 심지어 흰색의 산타클로스 수염에 대해서도 흰쥐와 마찬가지로 공포반응을 보였다. 이 연구는 행동의 통제에 있어서 조건형성의 힘을 아주 극적으로 보여주는 예시였으며, 심리학 역사상 가장 많이 인용된 연구 중 하나이다.
> 하지만 불행히도 알버트에 대한 탈조건형성(deconditioning)은 이루어지지 않았으며, 왓슨도 그러한 절차를 진행하려는 의도가 있었다는 증거도 없었다. 실제 공포에 대한 탈조건형성은 알버트에 대한 실험이 있은 후 4년 뒤에 존스(Jones)에 의해 절차가 개발되었다.

3 인지심리학의 발달 배경

(1) 마음의 재출현을 위한 준비 중요 ★

① 잠재학습(latent learning)과 인지도(cognitive map)

㉠ 톨만(Tolman, 1886~1959)은 세 집단의 쥐를 매일 한 번씩 미로에 넣었다. A집단 쥐에게는 미로를 탈출할 때마다 먹이를 제공해주었다. B집단 쥐에게는 미로를 탈출해도 먹이를 제공해주지 않았다. 마지막 C집단의 쥐에게는 10일간 먹이를 제공해주지 않다가, 11일째부터 먹이를 제공해주기 시작했다.

㉡ A집단 쥐는 시행이 거듭될수록 오류가 줄어들었다. B집단 쥐는 특별히 오류가 줄어들지 않았다. C집단 쥐는 먹이 제공 전에는 오류가 줄어들지 않았지만, 먹이가 제공된 다음 날부터 오류 수가 급격히 줄어들었다. 심지어 먹이를 매일 제공해주던 A집단 쥐보다 오류 수가 더 줄었다.

㉢ 톨만은 강화를 받지 않아도 C집단 쥐가 미로에 대한 잠재학습이 이루어졌기 때문이라고 해석하였으며, 미로의 공간배열에 대한 정신적 표상, 즉 인지도를 발달시켰기 때문이라 가정하였다.

㉣ 이러한 결과는 행동주의 관점으로는 설명되지 않으며 반드시 인지라는 내적 과정이 수반되어야 설명이 가능하다.

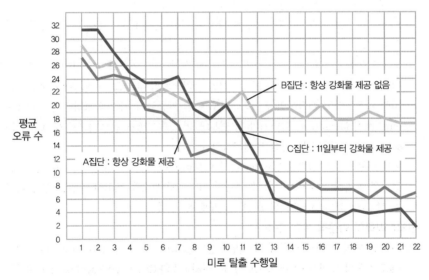

[톨만의 잠재학습과 인지도 실험]

(2) 인지 혁명의 시작 중요 ★

① 정보처리 접근(information-processing approach)의 등장

㉠ 1950년대 디지털 컴퓨터의 기술 발달은 마음에 대해 새로운 각도에서 생각하게 하는 방안을 시사해 주었다.

㉡ 특히 심리학자들의 주의를 끈 컴퓨터의 특징은 정보를 여러 단계에 걸쳐 처리한다는 점이다.

㉢ 컴퓨터의 처리단계 모형과 마찬가지로 인간 역시 여러 단계를 거치며 정보를 처리하며 이러한 과정을 세분화함으로써 인지에 관여되는 심적 조작들의 연쇄를 추적할 수 있는 계기가 마련되었다.

[초기 컴퓨터와 인간주의에 대한 모형의 흐름도(flow diagram)]

② **인공지능(AI : artificial intelligence)의 발달**
- ㉠ 1956년에 열린 인공지능 하계연구 프로젝트 학술대회(Summer Research Project on Artificial Intelligence)에서 인공지능이란 용어가 최초로 사용되었으며, 컴퓨터가 인간 마음의 작동을 흉내내는 것을 넘어 지능적 행동을 수행하도록 하는 프로그램에 대한 접근이 논의되었다.
- ㉡ 특히 뉴엘(Newell)과 사이먼(Simon)은 컴퓨터를 단순한 숫자계산기계가 아닌 **범용 목적의 상징조작체계**로 보고, 인간의 마음도 컴퓨터와 같은 상징조작체계로 개념화하였다.
- ㉢ 컴퓨터로 하여금 지능적으로 행동하도록 고안된 인공지능의 발달은 과학적 연구가 불가능하다고 생각해온 인간의 사고과정들을 형식화할 수 있다는 가능성을 제안하였고, 마음의 내용과 과정을 객관화할 수 있는 형식 틀을 제공하였다.

③ **스키너(Skinner)와 촘스키(Chomsky)의 언어학습 논쟁**
- ㉠ 1957년 스키너는 『언어행동(Verbal Behavior)』라는 책을 통해 아동들이 자기들이 들은 소리를 모방하고, 정확한 말에 대한 보상을 받는 조작적 조건형성을 통해 언어가 습득된다는 주장을 하였다.
- ㉡ MIT 언어학자였던 촘스키는 스키너의 주장과 달리, 언어발달이 모방이나 조건형성이 아니라 보편적으로 작동하는 생득적인 프로그램인 **언어습득장치**(LAD : language acquisition device)에 의해 결정된다고 주장하였다. 그 증거로 어린 아동들이 이전에 보상받은 적이 없는 문장들(예 I hate you, Mommy)을 말하거나 한 번도 들어보지 못했을 문법적으로 틀린 문장들(예 I goed to school)을 사용한다는 사실을 제시하였다.
- ㉢ 이러한 촘스키의 생각은 언어발달뿐만 아니라 문제해결, 추리와 같은 복잡한 행동도 조작적 조건형성에 의해 설명될 수 있다는 행동주의자들의 생각을 재고하게 만들었고, 어떻게 마음이 작동하는지에 대해 고려할 필요성을 느끼게 해 주었다.

④ **인지심리학의 학문적 토대 구축**
- ㉠ 1960년 미국 하버드 대학에 '인지연구센터(center for cognitive studies)'가 설립되었다.
- ㉡ 1967년 울릭 네이서(Ulric Neisser)가 『**인지심리학**(Cognitive Psychology)』이라는 책을 출간함으로써 인지심리학이 정식으로 명명되었다.
- ㉢ 1970년 『인지심리학(Cognitive Psychology)』, 1976년 『인지과학(Cognitive Science)』 등 인지심리학 분야의 전문 학술지가 발간되기 시작했다.

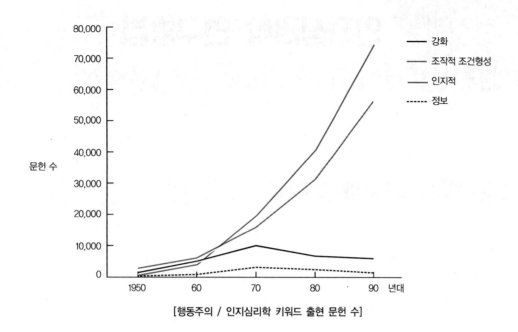

[행동주의 / 인지심리학 키워드 출현 문헌 수]

> **더 알아두기**
>
> **어린 아이의 말하기**
> 우리나라 유아들은 언어 발달 초기에 흔히 "손이가 없어!"와 같이 조사 두 개를 붙여 사용한다든가,
> "밥을 안 먹지 않아!", "그건 안 되지 않아!"와 같은 이중 부정어를 사용하기도 한다.

제 2 장 인지심리학 연구방법

제 1 절 인지심리학 연구방법

1 실험연구 중요 ★★★

(1) 기본 특징

① 인위적으로 통제된 조건 하에서 연구하고자 하는 변인을 체계적으로 변화시켜 그 효과를 알아보는 방법으로 인과적 **설명**을 할 수 있도록 설계된 검증 절차이다.

② 인과관계를 가장 명쾌하게 분리해낼 수 있는 방법으로 변수들 간의 인과적 관계를 검증하기 위해 가장 적절한 방법이며, 일반적으로 인지심리학뿐만 아니라 심리학 연구 전반에서 가장 선호되는 연구방법이다.

③ 다만 인위적인 통제로 인해 현실적용(일반화)에 어려움이 존재하며, 윤리적 문제로 인한 실험통제의 한계가 생겨난다.

(2) 실험 설계의 기본 요건

① 연구자에 의해 의도적으로 조작되는 변인을 **독립변인**(independent variable)이라 하며, 일반적으로 행동상의 변화를 일으킬 것이라 예상되기 때문에 선택된다. **종속변인**(dependent variable)은 독립변인의 변화에 영향을 받는 변인으로 측정되는 변인이다.

② **외재변인**(가외변인, extraneous variable)은 독립변인으로 설정되지는 않았지만 종속변인에 영향을 미칠 수 있는 변인으로 실험 동안 일정하게 유지되어야 하는 잠재적 변인이다. 종속변인의 변화가 독립변인의 처치효과에 의해서만 나타난 결과임을 증명하기 위해 통제되어야 한다는 의미로 **통제변인**(control variable)으로 불리기도 한다.

③ 다른 조건들을 일정하게 고정시키는 것을 **통제**(control)라 하며, 독립변인이 어떻게 결과에 영향을 미치는가를 알아보기 위한 조작을 **처치**(treatment)라 한다.

④ **실험집단**은 독립변인이나 처치에 의해 노출되는 집단을 의미하며, **통제집단**은 실험집단의 처치효과를 알아보기 위해 처치를 받지 않는 집단을 의미한다. 이때 각 집단에 대한 제반 조건은 실험 내내 동일하게 유지되어야 한다. 독립변인에 대한 처치 후 두 집단 간의 종속변인 측정치의 차이가 발생했을 때 오로지 처치 때문인 것으로 해석할 수 있어야 하기 때문이다.

! 더 알아두기 🔍

심리시간 분석법(반응시간법)

심리시간 분석법(mental chronometry)은 기본적인 인지심리학 실험연구 방법 중 하나이다. 자극 상황이 질적으로 달라짐에 따라 인간의 정보처리 시간이 달라진다는 가정에서 출발했으며, 반응시간의 차이에서 특정 인지적 구조 또는 과정의 특성을 추론한다.

최초의 인지심리학 실험이라 불릴 만한 실험 역시 반응시간을 분석하는 방식으로 이루어졌다. 1868년 프란시스쿠스 돈더스(Franciscus Donders)는 사람들이 결정을 내리는 데 얼마만큼의 시간이 소요되는지 궁금해 했다. 이를 위해 전등이 켜지면 키를 누르는 단순 반응시간 과제와 왼쪽 전등과 오른쪽 전등 중 어느 쪽 전등이 켜졌는지에 따라 선택적으로 반응해야 하는 선택 반응시간 과제를 제시하였다. 그 결과 선택 반응시간이 단순 반응시간보다 10분의 1초 더 길게 걸렸다. 돈더스는 결정을 내리는 시간이 10분의 1초가 걸린다고 결론을 내렸다. 이 연구는 결정의 과정을 직접 측정한 것이 아니라 반응시간을 통해 심적 과정에 얼마나 시간이 걸리는지를 추론한 것이다. 이러한 방법은 현대 심리학에서도 적용되는 원리이다.

(a) 불빛이 들어오면 J 누르기   (b) 왼쪽 불이면 J, 오른쪽 불이면 K

▶ (a)는 단순 반응시간 과제, (b)는 선택 반응시간 과제이다.
단순 반응시간 과제에서 참가자는 불빛이 들어오면 J를 누른다. 선택 반응시간 과제에서 참가자는 왼쪽 불이 들어오면 J를, 오른쪽 불이 들어오면 K를 누른다. Donders 실험의 목적은 선택 반응시간 과제에서 어느 키를 누를지 결정을 내릴 때 걸리는 시간이었다.

[Donders(1868) 실험의 현대판 형태]

출처 : E. B. Goldstein 저, 인지심리학, 센게이지러닝, 2016

---

2   **기술연구** 중요 ★

(1) 자연관찰법(naturalistic observation)

① 자연관찰법은 친숙하고 일상적인 맥락에서 인지적인 일을 해나가는 사람들을 직접 관찰을 통해 알아보는 방법이다. 실제 자연환경 속에서 인간의 인지과정이 어떻게 작동하는지, 어떤 영향을 받는지를 확인할 수 있다는 장점을 지닌다. 즉, 생태학적 타당도(ecological validity)가 높은 연구방법이다.

② 반면 인과관계가 불명확하기 때문에 관찰을 통해 수집한 정보를 바탕으로 관련성을 추론할 수밖에 없다. 즉, 행동이나 반응의 원인을 분리해낼 방법이 없다. 또한 관찰자의 주관적 기대로 인해 잘못된 결론에 이를 가능성이 높아진다.

(2) 통제된 관찰법(controlled observation)

① 관찰자가 실험실이나 인위적 상황 등 통제된 환경 하에서 나타나는 행동을 관찰하는 방법으로 **실험실관찰법**이라 부르기도 한다. 일정한 환경을 표준화한 뒤 관찰이 이루어지기 때문에 자연관찰법보다는 행동의 원인을 추론하기가 더 용이하다.

② 반면 관찰당하고 있다는 사실로 인해 인위적인 행동 반응이 나타날 수 있다는 한계가 있다.

(3) 사례연구법(case study)

① 특정 개인이나 집단 또는 상황에서 발생한 현상을 집중적으로 조사하여 결론을 얻는 연구방법으로 일반적으로 희귀한 사례에 대한 심층적 연구가 이루어진다.

② 너무 적은 사례로 인해 연구 결과의 일반화에 어려움이 있으며, 관찰법과 마찬가지로 연구자의 주관적 기대 등으로 인해 편향된 결론에 이를 수 있다.

(4) 자기보고법(self-report)

① 자기보고법은 인지과정에 대해 스스로 자신의 상태를 설명하는 방법이다. 자전적 기억 연구에서 과거의 기억을 떠올린다든가, 특정 상황에서 자신의 정서상태 등을 기술하는 방식이 있다.

② 하지만 자기보고법은 객관성이 보장되지 않는다는 결정적 문제가 있다. 인지과정에 대해 자각하지 못하거나 잘못 인식하거나 기억하는 경우도 있으며, 솔직하지 못한 보고에 대해서도 확인이 불가능하다.

3 컴퓨터 시뮬레이션과 인공지능

(1) 기본 특징

① 인간의 마음과 인지의 작동 과정을 컴퓨터 과학의 **계산적인 방법**으로 모델링하고 모의실험을 통해 밝히려는 시도를 말한다.

② 하드웨어나 소프트웨어의 한계로 인해 연구에 제약이 발생하기도 하며, 정교화된 모형기법이 사용된 시뮬레이션도 복잡한 인간의 뇌가 생각하는 방식을 완벽히 모형화하는 데 한계가 존재한다.

(2) 연구방법

① 특정 인지과제에서의 수행(예 3차원 공간 내 사물 조작) 또는 인지과정의 수행(예 형태재인)과 같은 주어진 인간의 기능이나 과정을 컴퓨터 시뮬레이션을 통해 모방하여 연구한다.

② 또한 인간 마음의 전체적인 인지구조에 대한 컴퓨터 모형을 구축하려는 시도를 통해 인간의 마음이 전체적으로 어떻게 기능하는지에 대해서도 연구를 한다.

4 심리생물학적 연구

(1) 기본 특징

① 뇌와 신경계의 신경적 구조와 과정을 연구함으로써 인지적 수행과 뇌의 활동 및 구조 간의 관계를 설명하려는 방법이다. 인지기능과 생리학적 활동을 관련지음으로써 인지기능에 대한 강력한 과학적 증거를 제공한다는 장점이 있으며, 인지적 결함을 지닌 사람들을 치료하는 데에도 도움을 줄 수 있다는 장점이 있다.

② 반면 적절한 연구 참여자를 구하기 힘들고, 비싼 기계장치와 전문성이 요구되는 작동방식 등으로 인해 일반 연구자들의 접근이 어렵다. 또한 많은 연구들이 소수의 특정 사례를 중심으로 진행되고 있기 때문에 일반화에 유의해야 한다.

(2) 연구방법

대표적인 연구방법으로 손상된 뇌와 신경계를 통해 인지기능의 관련성을 연구하는 손상연구, 뇌 전위 기록을 통한 전극기록법(EEG, ERP), 뇌 촬영을 통해 구조나 기능을 연구하는 뇌 영상기법(CT, MRI, PET, fMRI) 등이 있다(자세한 내용은 제1편 제3장 인지신경과학 참고).

제3장 인지신경과학

제1절 인지신경과학의 특징

1 인지신경과학의 개념

(1) 인지신경과학의 태동

① 행동주의가 인간의 마음(mind)을 무시하고 행동만으로 인간을 연구하고자 한 것이 오류였듯이 인간의 마음, 인지과정을 신경계, 특히 뇌(brain)의 작동기반에 대한 설명이나 경험적 증거 없이 설명하는 것은 학문적 오류일 수 있다.

② 지난 수십 년 동안 인지과정을 생물학적 지식으로 설명하고자 하는 **인지신경과학**(cognitive neuroscience)과 인지기능장애를 의학적 모델로 설명하는 **인지신경심리학**(cognitive neuropsychology)의 발전이 이루어졌다.

③ 주의, 지각, 기억, 언어, 사고와 같은 과정들이 어떻게 수행되는가에 대한 체계적이고 근본적인 이해의 기초를 제시했으며, 인지심리학을 연구하는 데 새로운 접근법을 제공하였다.

(2) 인지신경과학의 접근법

① 인지신경과학은 정신적인 측면인 인지과정을 신경계의 구조와 기능적 측면으로 연구하는 학문으로 뇌(brain)라는 실증적 증거체계에 대한 과학적 관찰을 통해 마음과 신체의 관계를 연구하는 분야이다.

② 뇌의 활동을 관찰하여 인간의 정신작용을 규명하기도 하고, 인간의 정신적 활동을 기반으로 어떤 두뇌 활동의 실현이 이루어지는지를 조사한다.

2 인지신경과학 연구방법

(1) 손상법 중요 ★

① **인간 연구**

㉠ 손상법은 사람 또는 동물에게 가해진 뇌 손상을 통해 관련된 기능을 연구하는 방법이다.

㉡ 사람의 경우 사고나 질병에 의해 사고를 당한 뇌 손상 환자에 대한 체계적 연구를 통해 인지적 특성을 밝혀내는 방식이다. 뇌 손상 환자의 행동변화 관찰을 통한 연구뿐만 아니라 표준화된

신경심리검사를 통해 특정 인지기능을 평가하거나 전반적인 인지기능의 각 측면을 검사하기도 한다.

ⓒ 해석 시 주의점은 손상된 부위 자체의 기능이 아니라 그와 연결된 다른 부위와의 기능 장애의 공동 결과로 보이는 결함일 수 있기 때문에 세심한 주의가 요구된다는 것이다.

② **동물 연구**

㉠ 동물 손상연구의 경우에는 **실험적 절제**(experimental ablation)를 통해 직접 손상을 시킨 뒤 행동 평가를 통해 뇌 기능을 알아내는 방식을 사용한다.

㉡ **입체수술기구**(stereotaxic instrument)를 사용하여 고주파나 흥분성 독을 사용해 특정부위에 직접 손상을 가하거나 마취를 통해 목표부위에 일시적 손상을 일으키는 방식을 사용한다.

[피네스 게이지(Phineas Gage)의 사례]

출처 : J. W. Kalat 저, 생물심리학, 박학사, 2019

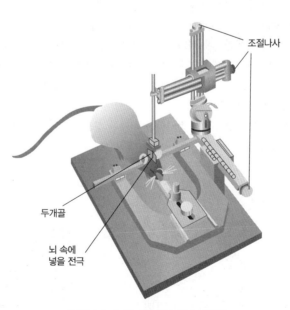

[입체수술기구를 사용한 동물손상연구]

> **! 더 알아두기 Q**
>
> **피네스 게이지의 사례**
>
> 1848년 25살의 피네스 게이지(Phineas Gage)는 미국 버몬트주의 철도공사 현장에서 다이너마이트 폭발사고로 인해 쇠막대기가 게이지의 왼쪽 뺨 아래부터 오른쪽 머리 윗부분으로 뚫고 지나가는 사고를 겪게 된다. 사고로 인해 왼쪽 전두엽 부분이 손상되는 심각한 부상을 입게 되었다. 다행히 일상생활을 할 수 있을 정도로 회복을 하게 되었지만 사고 전후로 게이지의 성격과 행동양식이 완전히 변했다. 사고 후 완전히 변한 그의 성격과 행동 때문에 주변 사람들은 그를 더 이상 예전의 그로 보지 않을 정도였다. 게이지의 사례는 19세기 신경과학계에 큰 이슈를 제공했으며, 처음으로 뇌의 손상이 성격과 행동에 큰 영향을 미친다는 것을 제시한 사건이었다.

(2) 전극기록법 [중요] ★

① 뇌전도(electroencephalogram : EEG)

㉠ 뇌에서 자발적으로 일어나는 뇌 전위의 변화를 측정하는 방법으로 일반적으로 뇌파측정기법으로 알려져 있다.

㉡ 머리 표면의 여러 곳에 전극을 부착하고 두피 아래 뇌 영역에서 발생하는 전기적 활동을 측정한다.

㉢ 뇌파의 파형이 참가자의 의식상태에 따라 다른 모양과 주기를 나타낸다. 특정 인지과제 수행 시의 차이 연구나 뇌전증, 종양 등의 뇌 손상 또는 정신질환자의 진단, 수면 연구에 활용되고 있다.

② 사건관련전위(event-related potentials : ERP)

㉠ 동일한 자극을 반복 제시한 뒤 자극에 의해 유발된 전위들의 평균을 측정하는 기법으로 **평균유발전위(average evoked potentials)**라고도 불린다.

㉡ 자극제시 사건과 무관하게 나타나는 전기활동을 서로 상쇄시켜 없애버림으로써 과제와 관련된 뇌 활동이 시간의 흐름에 따라 어떻게 변하는지에 대한 정보를 제공한다. 뒤에 나올 뇌 영상기법과 비교했을 때 뇌 활동의 변화를 1,000분의 1초 단위까지 분석할 수 있다는 점에서 시간적 해상도가 높다는 장점이 있다.

㉢ 단, ERP는 특정 시점의 뇌의 전기활동에 대한 정보를 제공해주지만, 뇌의 특정영역활동과 같은 정확한 공간적 정보를 제공해주지 않는다.

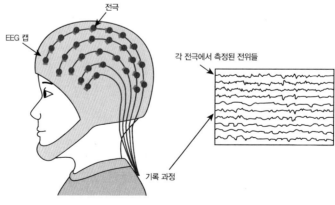

[EEG 측정]

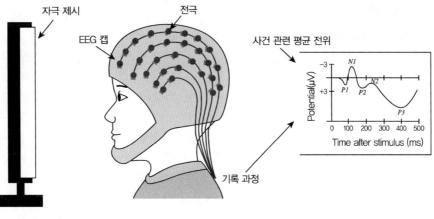

[ERP 측정]

더 알아두기

수면의 단계

EEG 연구를 통해 수면 시간에 따라 뇌파의 변화가 발견되었고 이를 통해 수면에 단계가 있다는 사실이 밝혀졌다. 1단계 수면은 세타파 활동이 일어나는 단계로 3.5~7.5Hz가 현저히 나타나며 수면과 각성의 과도기적 상태이다. 2단계 수면은 수면 방추인 12~14Hz의 짧은 연사가 발생하고 갑작스럽게 나타나는 날카로운 파형인 K복합이 나타난다. 3단계에는 3.5Hz의 델타 파형이 20~50% 나타나며, 4단계는 델타파 활동이 50% 이상 나타나는 단계이다. 이 단계부터는 수면으로 인해 본격적으로 의식이 상실되는 시기로 깰 경우 제대로 완전한 의식상태로 돌아오는 데 시간이 소요된다. 마지막은 REM(rapid eye movement) 단계로 여러 생리적 측정치들에 급격한 변화가 발생하며, 1단계 수면과 유사한 세타파가 등장하고 감긴 눈꺼풀 아래 눈동자가 빠르게 움직인다. 소음에 거의 반응하지 않지만 이름을 부르는 의미 있는 자극에 금방 깨어나며, 주로 이야기가 있는 꿈을 꾸는 단계이다. 한 주기가 대략 90분으로 8시간 수면 시 4~5번의 REM 수면이 나타난다.

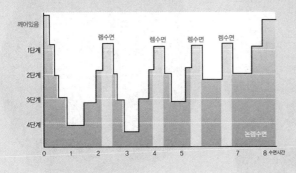

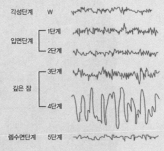

(3) 뇌 영상기법 중요 ★★★

① **컴퓨터단층촬영술(computerized axial tomography : CAT 또는 CT)**

ㄱ 여러 각도에서 고도로 초점이 맞춰진 X선을 신체에 통과시킨 뒤, 컴퓨터를 통해 재구성하여 각 수준에서의 신체기관(뇌)의 수평면 영상을 구성하는 기법이다.

ㄴ 신체기관(뇌)의 밀도에 따라 X선이 휘어지는 각도가 각기 다르기 때문에 이를 컴퓨터가 시각화한다.

ㄷ 뇌종양의 크기, 치매 환자의 뇌 위축 정도, 정신분열증 환자의 뇌실 확장 등 뇌의 구조를 확인하는 것이 가능하지만, 뇌의 활동상태 등의 기능적인 측면에 대한 확인은 불가능하며, 해상도의 한계로 인해 아주 미세한 구조적 이상에 대한 정보 제공은 불가능하다.

② **자기공명영상법(magnetic resonance imaging : MRI)**

ㄱ 강한 자기장을 뇌에 투사하여 뇌 조직을 이루고 있는 수소 원자 주변에 형성되는 전자기장을 탐지하여 영상을 구성하는 기법이다.

ㄴ CT보다 더 정확하게 뇌의 작은 구조적 변화도 탐지하는 것이 가능하며(공간해상도 1mm 정도), 수평면뿐만 아니라 시상면, 관상면의 영상을 제공한다.

ㄷ 하지만 CT와 마찬가지로 뇌의 해부학적 구조에 대한 영상을 제공할 뿐, 기능적 측면에 대한 확인이 불가능하다.

ㄹ 강한 자기장을 이용하기 때문에 여러 가지 제한점이 있다. 예를 들어, 심장 박동기를 이용하는 사람이거나, 혈관에 외과용 클립이 있는 등 신체에 금속성 물질이 있는 경우 촬영이 불가능하다. 또한 소음이 크고, 오랜 시간 좁은 공간에 가만히 누워 있어야 하기 때문에 영·유아나 폐쇄공포증이 있는 사람의 경우 촬영에 어려움이 있다.

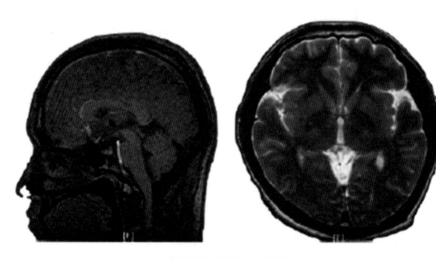

[시상면과 수평면 MRI 영상]

③ **양전자단층촬영술(positron emission tomography : PET)**

    ㉠ 뇌 활동에는 에너지가 필요한데 혈류 증가를 통해 뇌가 사용하는 에너지인 포도당이 공급된다. 뇌의 특정부위가 사용되면 혈류가 증가되고 그에 따라 포도당 대사가 증가된다.

    ㉡ PET는 혈관에 특수 처리되어 극소량의 방사선을 방출하는 포도당과 유사한 물질을 투여한 뒤, 혈관을 통해 흘러간 방사선을 탐지하여 특정 뇌 부위에서 포도당 대사가 증가하는 정도를 측정하는 방법이다. 이를 통해 특정 시점에 뇌의 어느 부분이 가장 활성화되어 관여하는지 알 수 있다.

    ㉢ 뇌의 일반적인 기저상태를 측정하거나, 여러 인지적 과제들(주의, 운동, 감각자극에 대한 반응, 의사결정 언어 등) 수행 시 활성화되는 뇌 영역을 찾는 방식으로 연구가 진행된다.

    ㉣ 뇌의 생리적 기능에 대해 명확한 결과를 보여주고, 금속성의 기구를 자유롭게 사용할 수 있으며, 소음 등이 적기 때문에 청각언어 연구에도 장점을 지닌다.

    ㉤ 하지만 공간이나 시간적 해상도가 기능적 자기공명영상법(fMRI)보다 낮은 편이며, 뇌의 구조적 측면을 알 수는 없다. 또한 짧은 시간 내로 방사능 물질이 붕괴되기 때문에 연구시간이 짧고, 연구 시작시점에 방사능 물질을 생성해내야 하기 때문에 과정이 대단히 복잡하고 비용 또한 비싸다.

④ **기능적 자기공명영상법(functional MRI : fMRI)**

    ㉠ 뇌의 특정부위 활동이 증가되면 혈류량이 증가되고, 이때 혈류 속에 산소와 결합한 헤모글로빈이 증가되어 주변영역에 비해 높은 자기신호 강도를 지니게 된다. 즉, 뇌가 활동할 때 혈류의 산소수준(blood oxygen level dependent : BOLD)으로부터 탐지되는 신호가 변화하는 것을 측정하는 방법이다.

    ㉡ 이 신호를 영상으로 재구성하여 뇌 부위의 활성화 양상을 측정하는 방법이다. 또한 동일한 MRI 기계로 동시에 높은 해상도의 해부학적 영상을 얻을 수 있기 때문에 기능 영상과 해부학 영상을 함께 도출할 수 있다.

    ㉢ 짧은 주기(1~3초), 하나의 인지과제 주기 동안 여러 번 반복 측정이 이루어지기 때문에 PET에 비해 공간적 해상도와 시간적 해상도가 높은 영상을 얻을 수 있으며, 환자에게 주사 등을 통해 물질을 투여하는 방식이 아니기 때문에 연구 참여자에게 비침습적이다.

    ㉣ 반면 MRI와 동일하게 연구에 있어서 한계점을 지닌다. 소음이 발생하며, 금속 성분의 장치가 몸에 있는 경우 적용이 불가능하고, 영·유아나 폐쇄공포증 환자 연구에는 제약이 따른다.

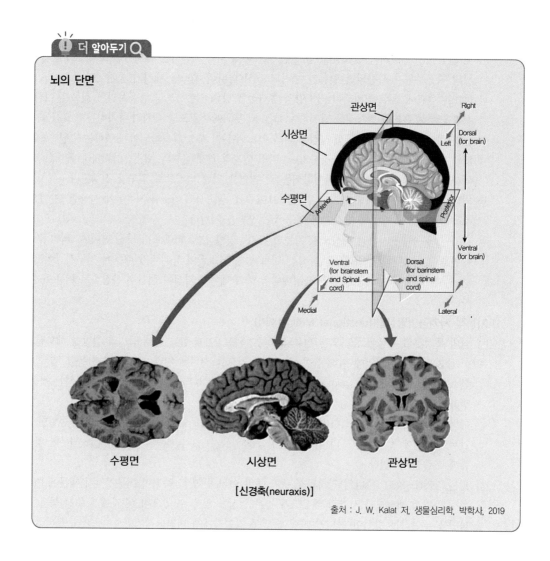

[신경축(neuraxis)]

출처 : J. W. Kalat 저, 생물심리학, 박학사, 2019

제 **2** 절 신경계의 정보전달

1 신경계의 세포

(1) 뉴런의 특징 중요 ★★★

① 뉴런은 신경계의 기본적인 정보처리요소로 신경계에 정보의 전달과 처리를 중점적으로 수행하는 세포이다. 특히, 인지적 처리를 담당하는 대뇌 신피질에 집중되어 있으며 1mm³ 부피의 조직 안에 많게는 100,000개의 뉴런이 모여 있기도 하다.

② 뉴런의 모양은 다양하지만 대표적으로 **세포체**(cell body), **수상돌기**(가지돌기, dendrite), **축색**(축삭, axon), **종말단추**(terminal buttons)로 구성되어 있다.

　㉠ 세포체
　　ⓐ 세포체(cell body)는 세포의 생명을 유지시켜주는 기능을 담당하고 있으며, 수상돌기와 축색을 연결하는 역할을 한다.
　　ⓑ 또한 정보처리의 통합이 이루어지는 장소이기도 하다.

　㉡ 수상돌기
　　수상돌기(dendrite)는 다른 뉴런으로부터 정보를 받아들이는 수용부 역할을 한다.

　㉢ 축색(축삭)
　　ⓐ 축색(axon)은 세포체에서 뻗어 나온 길고 가는 관으로 다른 뉴런으로 신호를 전달한다.
　　ⓑ 축색은 하얀색의 지질로 이루어진 **수초**(말이집, myelin)로 둘러싸인 뉴런과 수초가 없는 두 종류로 나뉘며 비슷한 비율로 존재한다. 수초화된 뉴런의 축삭에서는 정보전달 속도가 빨라지며, 다른 뉴런의 전기적 간섭을 차단한다.
　　ⓒ 수초는 하나로 연결된 것이 아니라 여러 조각으로 나뉘며 수초와 수초 사이의 틈을 **랑비에 마디**(nodes of Ranvier)라 부른다.

　㉣ 종말단추
　　ⓐ 종말단추(terminal buttons)는 축삭의 끝부분에 존재하는 작은 돌출부로 화학물질인 **신경전달물질**(neurotransmitter)이 저장되어 있는 **시냅스 주머니**(synapse vesicles)가 위치해 있다.
　　ⓑ 정보가 축색을 따라 종말단추에 다다르게 되면 시냅스 주머니에 있는 신경전달물질이 바깥쪽으로 방출된다.

　㉤ 시냅스
　　ⓐ 뉴런의 종말단추와 다른 뉴런의 수상돌기는 직접 연결되어 있지 않으며 작은 틈으로 이루어져 있는데 이를 **시냅스**(synapse)라 부른다.
　　ⓑ 시냅스는 인지기능에 중요한 역할을 하는 부위로, 학습과 기억이 이루어지는 곳으로 알려져 있다. 하나의 뉴런이 수많은 뉴런들과 연결되어 있으며 성인의 경우 100~500조 개의 시냅스가 존재한다.

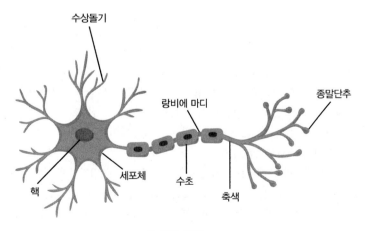

[뉴런의 구조]

(2) 뉴런의 종류

① 감각뉴런

감각뉴런(sensory neuron)은 외부 세계로부터 정보를 수용하고 이 정보를 척수를 통해 뇌로 전달하는 역할을 한다.

② 운동뉴런

운동뉴런(motor neuron)은 척수에서 근육으로 전달하여 운동이 일어나게 하는 역할을 한다.

③ 연합뉴런

연합뉴런(inter neuron)은 감각뉴런을 통해 제공된 정보를 처리하여 운동뉴런에 전달하는 역할을 한다.

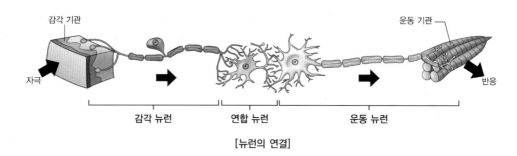

[뉴런의 연결]

2 뉴런의 정보전달

(1) 축색에서의 정보전달 중요 ★★★

① 평소 축색의 내부는 바깥쪽에 비해 부적으로 대전(帶電)되어 있다. 즉, 세포막 안쪽이 바깥쪽에 비해 70mV(밀리볼트, millivolts) 더 낮다. 안쪽이 더 음극화되어 있기 때문에 −70mV로 표기하며 이를 휴식 상태의 전위를 의미하는 **안정 전위**(resting potential)라 한다. 그리고 이러한 상태를 **분극화** (polarization)되어 있다고 부른다.

㉠ 이러한 전위의 차이는 세포막 안쪽과 바깥쪽에 분포하는 **이온**(ion)들의 농도차이 때문이다. 세포막을 사이에 두고 전기극성을 띠는 많은 이온들이 분포하는데, **칼륨 이온**(K+)은 세포막 내부에 많이 분포하고, **나트륨 이온**(Na+)은 세포막 바깥쪽에 많이 분포하고 있다.

㉡ 이들 이온들은 세포막을 사이에 두며, **확산력**(diffusion pressure)과 **정전압**(electrostatic pressure)의 두 힘이 존재한다. 확산력은 고농도에서 저농도로 퍼지는 힘을 의미하며, 정전압은 같은 종류의 전하(+와 +, −와 −)끼리는 서로를 밀어내고, 다른 종류의 전하(+와 −)끼리는 서로를 끌어당기는 힘을 의미한다.

㉢ 세포막 바깥쪽에 존재하는 나트륨 이온들은 확산력과 정전압에 의해 세포막 안으로 들어오려는 상태이다. 세포막 안쪽에 존재하는 칼륨 이온들은 확산력에 의해서는 나가려 하고, 정전압에 의해서는 안에 있으려고 하는 반대 방향의 두 힘이 균형을 유지하고 있는 상태이다.

ⓔ 세포막에는 이온들이 이동할 수 있는 **이온 채널**(ion channel)이 존재한다. 각 이온들마다 이동할 수 있는 고유의 채널들이 존재하는데 나트륨 이온이 이동할 수 있는 채널을 나트륨 채널, 칼륨 이온이 이동할 수 있는 채널을 칼륨 채널이라 부른다. 평소 이온 채널들은 닫혀 있거나 극히 일부만 열려 있어 이온들의 흐름을 방해한다.

ⓜ 나트륨 이온이 바깥쪽에 많이 분포하고 칼륨 이온이 안쪽에 많이 분포하는 이유는 **나트륨-칼륨 펌프**(sodium-potassium pump)로 알려진 작용 때문이다. 안쪽에 있는 나트륨 이온 3개를 세포 바깥쪽으로 밀어내는 동시에 바깥쪽에 있는 칼륨 이온 2개를 안으로 밀어 넣는다. 이 작용에 뉴런 대사 작용에 의해 생긴 에너지의 40% 이상이 사용되는 것으로 알려져 있으며 지속적으로 작동한다.

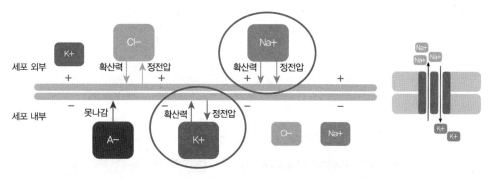

[안정 전위 상태의 이온 분포와 나트륨-칼륨 펌프]

② 축색이 시작되는 부분에서 전위차가 줄어들어 -55mV(역치, threshold)가 되는 순간, 근처의 나트륨 채널들이 순간적으로 열리게 된다. 이때 확산력과 정전압에 의해 바깥쪽에 분포한 나트륨 이온들이 세포막 안으로 들어옴에 따라 안과 밖의 전위차가 +40mV까지 도달하게 되는데 이를 **활동 전위**(action potential)라 하고 이 상태를 탈분극(depolarization)이라 부른다.

③ 나트륨 채널이 열리고 곧이어 칼륨 채널이 열리게 된다. 나트륨이 들어오는 과정에서 내부에 있던 칼륨 이온들은 확산력뿐만 아니라 정전압에 의해서 바깥쪽으로 빠져나가게 되고 곧이어 나트륨 채널이 닫히게 된다. 칼륨 이온의 지속적인 유출로 다시 안쪽이 음극화가 이루어지는데 이러한 과정을 재분극(repolarization)이라 부른다.

④ 이러한 재분극의 과정에서 칼륨 채널이 늦게 닫히게 되는데 이때 뉴런의 전위는 안정 전위 상태(-70mV)보다 더 음극화된다. 이런 상태를 과분극(hyperpolarization)이라 부른다.

⑤ 나트륨-칼륨 펌프의 지속적인 작용에 의해 안쪽으로 유입된 나트륨 이온은 바깥쪽으로, 유출된 칼륨 이온은 안쪽으로 들어오게 되면서 다시 이온들이 원래 상태로 재배치된다. 이러한 과정은 1~2ms(1,000분의 1초) 정도밖에 걸리지 않으며, 이러한 과정이 축색 종말을 향해 지속적으로 이루어진다.

⑥ 축색이 시작되는 부분에서 -55mV를 넘기게 되면 무조건 활동 전위가 발생하여 축색 종말까지 이르게 되며, -55mV를 넘기지 못하면 활동 전위는 발생하지 않는다. 이를 **실무율의 법칙**(all-or-none law)이라 부른다.

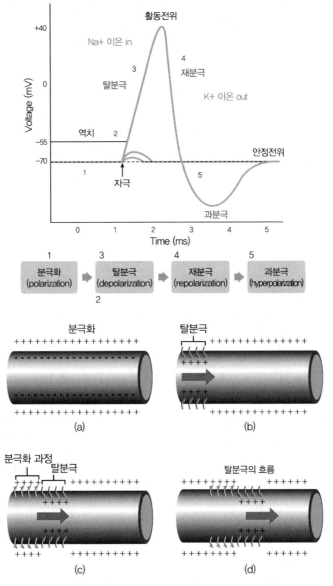

[활동 전위의 그래프 / 활동 전위 이동 과정]

(2) 시냅스에서의 정보전달 <mark>중요</mark> ★★

① 뉴런 내 정보전달이 전기적으로 이루어진다면 뉴런 간의 정보전달은 화학적 전달로 이루어진다. 축색 종말에 활동 전위가 다다르게 되면 시냅스 주머니 안에 들어있던 화학물질인 신경전달물질이 시냅스 틈으로 방출된다.

② 이러한 신경전달물질은 다음 뉴런에 있는 수상돌기나 세포체에 있는 수용기와 결합하게 되고, 수용기는 즉각적으로 채널을 열거나 세포 내에 변화를 일으킴으로써 새로운 전기적 신호를 만들어 낸다.

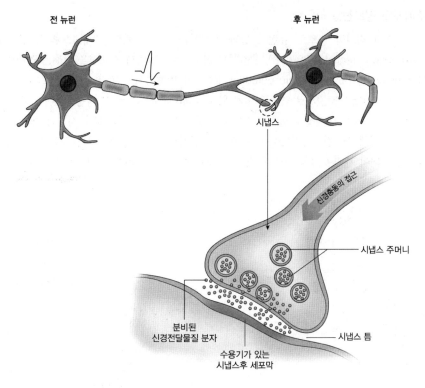

[시냅스 전달 그림]

신경전달물질	특징
아세틸콜린 (acetylcholine, ACh)	가장 먼저 발견된 신경전달물질로 중추신경계와 말초신경계 모두에 존재한다. 근육 또는 심장을 활성화시켜 운동이 일어나게 하며 주의, 학습, 수면, 꿈과 기억 등을 통제하는 데도 관여한다.
도파민 (dopamine)	움직임, 동기, 쾌락과 같은 정서적 각성에 관여하는 신경전달물질이다. 특히 쾌락추구, 보상과 관련된 행동 등 중독과 관련이 있다. 높은 도파민 수준은 조현병과 관련이 있으며, 낮은 도파민 수준은 파킨슨병과 관련되어 있다.
노르에피네프린 (norepinephrine)	기분과 각성에 영향을 미치며 특히 경계 상태나 환경에 대한 위험 인식에 관여한다.
세로토닌 (serotonin)	수면과 각성, 섭식 행동과 공격 행동에 관여한다. 특히 일상적인 기분 조절을 담당하며 부족 시 우울증과 관련된다.
글루타메이트 (glutamate)	뇌에서 정보전달에 관여하는 주요 흥분성 신경전달물질이다. 지나치게 많으면 뇌를 과도하게 자극하여 발작을 초래한다.
GABA (gamma-aminobutyric acid)	뇌의 대표적인 억제성 신경전달물질로 뉴런의 발화를 멈추게 하며, 너무 적으면 뇌를 과도하게 활성화시켜 발작을 초래한다. 다른 신경전달물질은 흥분성 또는 억제성으로 작용하기도 하지만 글루타메이트는 오로지 흥분성으로만, GABA는 억제성으로만 작용하기 때문에 진화의 과정에서 최초의 신경전달물질로 추정된다.

(3) 시냅스후에서의 정보전달 중요 ★★

① 시냅스 이후의 전기적 신호로 뉴런의 발화 가능성을 높이는 **흥분성 시냅스후 전위**(excitatory post-synaptic potential, EPSP)가 발생하기도 하고, 뉴런의 발화 가능성을 낮추는 억제성 시냅스후 전위(inhibitory post-synaptic potential, IPSP)가 발생하기도 한다.

② 하나의 흥분성 시냅스후 전위로 역치를 넘기에는(-70mV에서 -55mV로 상승) 너무나 미약하다. 게다가 반대로 작용하는 억제성 시냅스후 전위도 발생하고 있다. 하지만 짧은 시간적 간격을 두고 여러 번 흥분성 시냅스후 전위가 발생하거나, 여러 지점에서 동시에 흥분성 시냅스후 전위가 발생하면 역치를 넘게 되어 뉴런이 발화하게 된다. 이를 **시간적-공간적 가합의 원리**라 부른다.

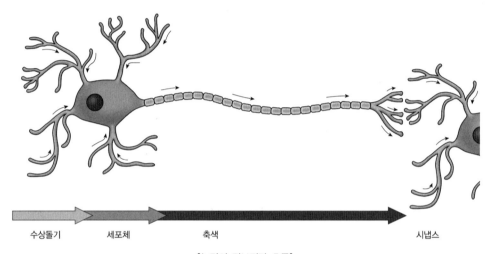

수상돌기　　　세포체　　　축색　　　　　　　시냅스

[뉴런의 정보전달 흐름]

> 🔔 **더 알아두기** 🔍
>
> **뉴런 간 화학적 전달 과정의 발견**
> 초기 연구자들은 뉴런 간에 정보전달이 너무나 빠르게 이루어지기 때문에 뉴런 내부와 마찬가지로 전기적으로 이루어진다고 생각을 했었다. 하지만 독일의 생리학자였던 뢰비(Loewi)는 시냅스에서 화학적 전달이 이루어진다고 생각했었다. 그리고 이를 검증할 수 있는 방법을 찾기 위해 노력하고 있었다. 1920년 어느 날 잠에서 깬 뢰비는 갑자기 실험 아이디어가 떠올랐고 종이에 메모를 한 뒤 잠이 들었다. 하지만 다음 날 아침 자신의 글씨를 알아볼 수가 없었고 좌절했다. 다음 날 새벽 3시 다시 똑같은 생각이 떠올랐고 이번엔 바로 실험실로 달려가 실험을 수행했다.
> 뢰비는 개구리로부터 바로 해부한 심장에 미주 신경을 자극하여 심박수가 줄어들도록 한 뒤 이 심장에서 나온 체액을 다른 해부한 개구리 심장으로 옮기는 실험절차를 진행했다. 그 결과 두 번째 개구리의 심장의 심박 수가 줄어든다는 사실을 발견하였다. 이는 신경전달에 전기적 정보전달뿐만 아니라 화학물질에 의한 정보전달 과정이 있다는 증거였으며 이 연구로 뢰비는 노벨상을 타게 된다.

제 3 절   신경계의 조직

1 신경계의 구조와 기능

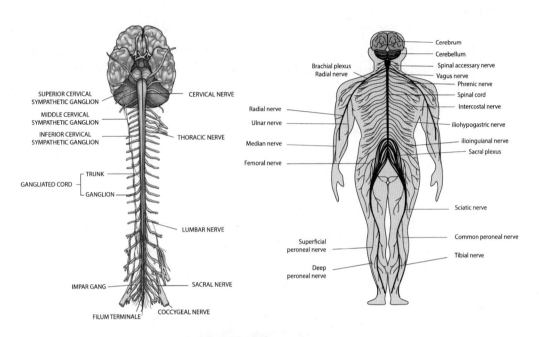

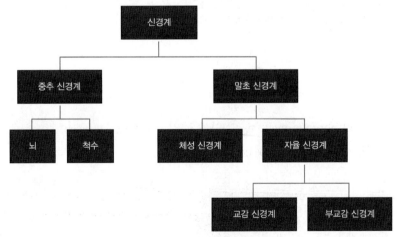

[신경계의 구조]

(1) 말초신경계(peripheral nervous system, PNS) 중요 ★

말초신경계는 중추신경계와 신체기관 및 근육을 연결하며 크게 **체성신경계**(somatic nervous system)
와 **자율신경계**(autonomic nervous system)로 구분된다.

① **체성신경계**

체성신경계는 중추신경계 내외로 정보를 전달하는 일련의 신경들로, 의지를 가지고 통제할 수 있는 것과 관련되어 있다. 예를 들어, 커피를 마시기 위해 손을 뻗어 컵을 잡을 때 체성신경계가 활동하는 것이다.

② **자율신경계**

자율신경계는 혈관, 신체기관과 내분비선을 통제하는 불수의적이고 자동적인 명령을 전달하는 일련의 신경이다. 주로 의식적 통제 없이 스스로 작동하여 신체체계를 통제하며 크게 **교감신경계**(sympathetic nervous system)와 **부교감신경계**(parasympathetic nervous system)로 나뉜다.

㉠ 교감신경계

교감신경계는 위협적인 상황에 대항하기 위해 신체를 준비시키는 일련의 신경들로 구성되며 신체에너지의 소모와 관련되어 있다.

㉡ 부교감신경계

부교감신경계는 신체가 평상시 안정상태로 되돌아오는 것을 도우며 신체에너지의 저장과 관련되어 있다.

자율신경계	특징
교감신경계	• 격렬한 활동에 대비 – 동공이 커짐 – 침 분비가 줄어듦 – 맥박이 빨라짐 – 땀이 남 – 위장활동이 느려짐 – 아드레날린이 분비됨
부교감신경계	• 신체 휴식 – 동공이 작아짐 – 침 분비가 늘어남 – 맥박이 느려짐 – 위장이 활발히 활동함

(2) **중추신경계**(central nervous system, CNS)

중추신경계는 **뇌**(brain)와 **척수**(spinal cord)로 구분된다.

① **뇌**

뇌는 신경계의 최고 중추로서 인간이 생각하고 느끼고 행동하는 모든 활동을 통제한다.

② **척수**

척수는 새끼손가락 정도 굵기의 원추형 구조물로 체감각 정보를 뇌로 전달해주고, 뇌의 명령을 받아 분비선이나 근육에 운동신경을 전달해주는 역할을 담당한다. 일부 정보가 뇌로 올라가지 않고 척수 수준에서 정보처리가 일어나기도 하는데, 대표적인 예시가 무릎반사(슬개건반사)이다.

(3) 뇌의 구조와 기능

① 후뇌(hindbrain) 중요 ★★

ㄱ 연수

연수(medulla)는 척수와의 연결 부위로서 호흡, 혈압, 심장박동 등 생명을 유지하는 데 필수적인 기능을 담당한다.

ㄴ 소뇌

소뇌(cerebellum)는 자세를 유지하고 신체의 균형을 잡고 신체기관의 움직임을 조화롭게 해주는 운동협응에 중요한 역할을 한다.

ㄷ 교

교(pons)는 정보를 소뇌로부터 뇌의 나머지 영역으로 전달하는 구조로 대뇌와 소뇌의 다리역할을 한다.

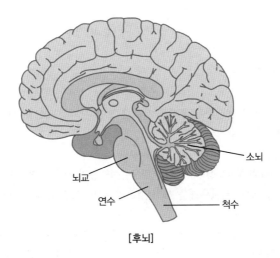

소뇌

뇌교

연수

척수

[후뇌]

② 중뇌(midbrain)

ㄱ 중뇌개

중뇌개(tectum)는 환경 내의 일정 지점으로 향하게 하는 역할을 담당한다. 눈의 초점을 옮기는 도약안구운동(saccade)을 담당하는 상구(superior colliculus)와 청각 관련 반사행동에 관여하는 하구(inferior colliculus)로 이루어져 있다.

ㄴ 중뇌피개

중뇌피개(tegmentum)는 운동과 각성에 관여하며, 감각자극으로 향하게 도움을 주는 역할을 한다. 특히 흑질(substance nigra)은 운동조절에 관여하며, 이곳 뉴런의 변성 시 파킨슨병을 일으킨다. 적핵(red nuclens)은 팔과 다리를 포함한 신체 운동조절에 관여한다.

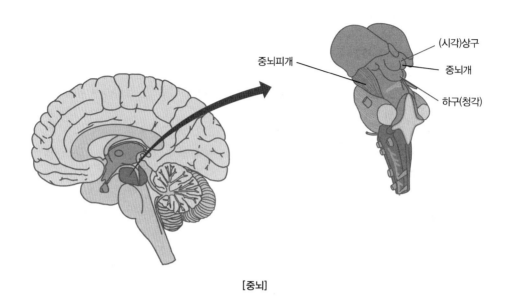

[중뇌]

③ **전뇌**(forebrain) 중요 ★★★

㉠ 시상

시상(thalamus)은 감각기관(후각을 제외한 모든 감각정보)으로부터 오는 정보를 중계하여 이를 대뇌피질에 전달하는 역할을 한다.

㉡ 시상하부

시상하부(hypothalamus)는 배고픔, 갈증, 성행동과 같은 기본적인 생물학적 욕구조절과 자율신경계 활동의 조절, 뇌하수체를 통한 호르몬 분비 조절을 담당한다.

㉢ 변연계

변연계(limbic system)는 뇌간(brainstem)을 둘러싼 대뇌피질 아래쪽의 여러 구조물을 지칭하며, 이 중 **편도체**(amygdala)는 공격, 분노, 두려움 등의 정서를 담당하며, **해마**(hippocampus)는 새로운 기억을 형성하는 일을 담당한다.

㉣ 대뇌피질

대뇌피질(cortex)은 뇌의 겉 부분을 둘러싸고 있는 2~4mm 정도의 표면층을 의미하며, 뇌의 발달단계에서 6개의 층으로 구성되며, 인간의 대뇌피질은 다른 종에 비해 아주 큰 편에 속한다. 좌반구와 우반구로 나뉘는데 두 반구는 **뇌량**(corpus callosum)으로 연결되어 있다. 위치와 담당 기능에 따라 크게 4개의 **엽**(lobe)으로 나눈다.

겉질의 종류	담당 기능
후두엽 (occipital lobe)	세부특징들을 처리하는 일차시각피질(primary visual cortex)이 위치해 있다.
두정엽 (parietal lobe)	촉각과 관련된 정보를 처리하는 일차체감각피질(primary somatosensory cortex)이 위치해 있다.
측두엽 (temporal lobe)	청각정보를 처리하는 일차청각피질(primary auditory cortex)과 이차적인 시각정보를 처리하는 시각연합피질(visual association cortex)이 위치해 있다.
전두엽 (frontal lobe)	몸의 움직임과 관련된 일차운동피질(primary motor cortex)이 위치해 있으며, 의사결정, 계획 상황판단, 정서조절과 같은 고차원적인 인지과정을 담당하는 전전두피질(prefrontal cortex)이 위치해 있다.

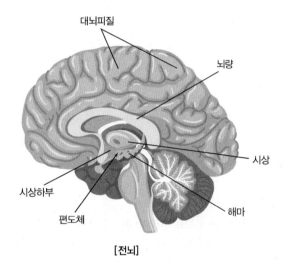

[전뇌]

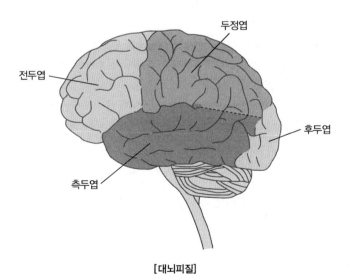

[대뇌피질]

> 🔔 **더 알아두기** 🔍
>
> **뇌의 분류체계**
> 인간의 뇌를 구분하는 방식은 연구자들마다 다양하다. 발생학적 · 기능적 구분에 따라 다음과 같이 구분하기도 한다.
>
> - 종뇌(Telencephalon) : 대뇌피질, 기저핵, 변연계
> - 간뇌(Diencephalon) : 시상, 시상하부
> - 중뇌(Mesencephalon) : 중뇌개, 중뇌피개, 중뇌수도
> - 후뇌(Metencephalon) : 소뇌, 교
> - 수뇌(Myelencephalon) : 연수, 망상체
>
> 앞에서 뇌의 해부학적 위치에 따라 전뇌, 중뇌, 후뇌로 구분하여 설명하였다. 또한 각 뇌의 부위와 기능을 간단히 연결시켜 설명했지만 뇌 구조 또는 영역은 홀로 작동하지 않고 서로 연결되어 작동한다는 사실도 명심해야 한다.

2 뇌 기능의 편재화

(1) 실어증의 연구 중요 ★

① 1861년 프랑스 인류학학회에서 **브로카**(Broca)는 실어증을 보이는 뇌졸중 환자를 사후 부검한 결과 좌반구에 병변이 있음을 보고하였다. 이 환자의 특징은 손상 이후 말을 못하는 증세를 보였는데 브로카는 좌반구의 이 영역을 **브로카 영역**(Broca's area)이라 명명하고 이 영역의 손상으로 말을 못하는 증세를 **브로카 실어증**(Broca aphasia)이라고 불렀다.

② 비슷한 시기 독일의 신경학자인 **베르니케**(Wernicke)는 말을 할 수 있지만 의미 있는 말을 잘 하지 못하고, 언어 이해에 문제가 있는 언어장애 환자들을 연구했다. 이 환자들 역시 좌반구의 특정 영역에 문제가 있었는데 이 영역을 **베르니케 영역**(Wernicke's area)이라 명명하고 이 영역의 손상으로 언어 이해에 문제가 있는 증상을 **베르니케 실어증**(Wernicke aphasia)이라 불렀다.

③ 두 영역 모두 좌반구였고, 반대측 우반구의 같은 영역 손상으로는 언어에 문제가 발생하지 않았다. 이러한 연구와 사례를 바탕으로 우반구와 좌반구가 서로 다른 역할을 하고 있다는 주장이 점차 힘을 얻게 되었다.

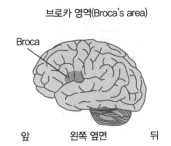
브로카 영역(Broca's area)

Broca

앞　　　왼쪽 옆면　　　뒤

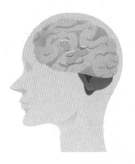

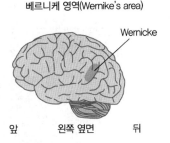
베르니케 영역(Wernike's area)

Wernicke

앞　　　왼쪽 옆면　　　뒤

[브로카 영역과 베르니케 영역]

(2) 분리뇌(split brain) 연구 중요 ★★★

① 분리뇌는 좌우 반구를 연결하는 뇌량을 외과적으로 절제한 상태를 의미한다. 심각한 뇌전증(간질)으로 인한 발작이 반대편 반구로 확산되는 것을 막기 위해 외과적으로 뇌량을 절제하는 수술로 인해 생긴 상태이며 주로 1960년대에 많이 행해졌다(현재는 약물 등을 통해 충분히 통제가 가능하기 때문에 거의 실시하지 않고 있다).

② 스페리와 가자니가(Sperry & Gazzaniga, 1966)는 분리뇌를 가진 사람들을 대상으로 실험을 통해 두 대뇌반구가 서로 상이하게 정보를 처리함을 입증하였다.

ㄱ 분리뇌를 가진 사람들은 좌우 반구가 분리되어 있기 때문에 **좌측 시각장**(left visual field)에 **입력된 정보는 우반구에만 머무르게 되고, 우측 시각장**(right visual field)에 입력된 정보는 좌반구에만 머무르게 된다. 분리뇌 참가자에게 스크린 중앙에 있는 점을 바라보게 시킨 뒤 순간적으로 좌측 또는 우측 시각장에 자극을 제시해 한쪽 반구에만 정보를 입력시켰다.

ㄴ 예를 들어 좌측 시각장에 칫솔을 빠르게 제시한 뒤(50ms : 0.05초), 무엇을 보았는지 물어보면 분리뇌 참가자는 대답을 하지 못했다. 여러 물건을 보지 않은 상황에서 방금 전에 제시된 물건을 왼손으로 확인시키면 칫솔을 골라냈다. 그러나 역시 이름을 물으면 대답하지 못했다. 심지어 사용하는 방식을 손짓으로 표현하는 것이 가능했지만 이름을 말하지는 못했다. 하지만 가려진 물건을 보여주면(양쪽 눈 앞으로 가져오면) 칫솔이라고 대답을 하였다.

ㄷ 이러한 현상이 나타나는 이유는 좌측 시각장에 제시된 칫솔은 우반구로 입력되고, 뇌량이 절제되어 있어서 좌반구로 정보가 이동하지 못하게 되기 때문이다. 우반구는 언어를 담당하지 않기 때문에 이름이 무엇인지 말하지 못하는 것이다. 또한 우반구가 통제하는 왼손으로 모양을 찾아낼 수는 있지만 역시 이름을 명명하지는 못한다. 반면, 우측 시각장에 제시하면 바로 칫솔이라고 대답을 한다.

③ 분리뇌 연구를 통해 두 대뇌반구들이 서로 다른 기능을 가지고 있으며, 뇌량이 두 반구의 상호작용에 역할을 한다는 사실이 밝혀졌다. 이후 스페리와 가자니가는 분리뇌 연구로 1981년 생리학 분야에서 노벨상을 타게 된다.

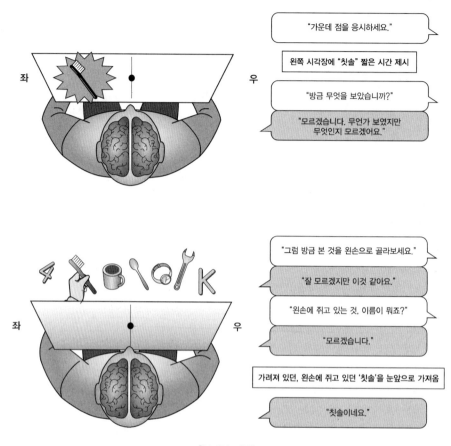

[분리뇌 절차]

제 **1** 편　**실제예상문제**

---

01 다음 중 감각에 대한 설명으로 옳지 <u>않은</u> 것은?

① 감각은 감각기관으로 들어온 정보를 조직화하고 해석하는 과정이다.

② 물리적 자극 중 감각기관을 통해 탐지할 수 있는 극히 일부의 자극만을 경험하게 된다.

③ 물리적 에너지를 신경신호로 바꾸는 과정을 신경변환이라 한다.

④ 감각은 지각에 앞서 이루어지는 과정이다.

01 감각은 외부 환경으로부터 물리적 에너지를 탐지하여 신경신호로 변환시키는 과정이다.

02 다음 중 물리적 에너지를 감각기관에서 신경신호로 변환시키는 과정으로 옳은 것은?

① 감각순응

② 감각수용

③ 심리변환

④ 신경변환

02 신경변환이란 신체의 여러 감지기들이 환경으로부터 물리신호를 중추신경계로 보내는 신경신호로 바꾸는 것으로 모든 감각기관은 변환에 의존하지만 감지되는 에너지의 종류는 다르다.

정답 01 ① 02 ④

안심Touch

checkpoint 해설 & 정답

03 차이역은 최소식별차이(JND)라 불리기도 하며 사람들이 탐지할 수 있는 두 자극 간의 최소한의 차이를 의미한다.

03 다음 중 감각연구와 관련된 설명으로 옳지 <u>않은</u> 것은?

① 절대역은 특정 자극을 탐지하는 데 필요한 최소한의 자극 강도를 말한다.
② 정신물리학은 물리적 자극과 주관적 경험과의 관계를 밝히려는 학문이다.
③ 최소식별차이(JND)는 하나의 자극을 탐지하는 데 필요한 최소한의 자극 강도를 의미한다.
④ 역하자극은 의식되지 않기도 하지만 암시적인 힘을 발휘하기도 한다.

04 감각순응은 자극에 지속적으로 노출됨에 따라 신경세포의 발화속도가 느려지게 되고, 감각에 대한 민감도가 줄어들어 발생한다.

04 다음 중 일정한 자극에 지속적으로 노출됨으로써 자극에 대한 민감도가 줄어드는 현상으로 옳은 것은?

① 신호탐지
② 감각순응
③ 역하자극
④ 차이역

05 다른 감각과 시각정보가 상충되는 경우 시각정보가 다른 감각을 압도하며, 이를 시각의 우세성(visual capture)이라 부른다.

05 다음 중 지각에 대한 설명으로 옳지 <u>않은</u> 것은?

① 우리의 시각체계는 자극 자체의 물리적 속성을 그대로 지각하는 것이 아니라 주변 특성까지 상대적으로 고려한다.
② 다른 감각보다 시각정보가 덜 우세하기 때문에 감각들이 서로 상충되는 정보를 보내는 경우 시각정보를 정확히 판단하도록 노력해야 한다.
③ 지각적 착각 연구는 감각을 조직화하고 해석하는 정상적인 방법을 알아내는 데 유용하다.
④ 지각은 감각정보를 선택하고, 조직화하며 해석하는 과정이다.

정답 03 ③ 04 ② 05 ②

06 다음 중 지각을 집단화하는 규칙 중 하나로 물체의 모양에 대해 둘 혹은 그 이상으로 해석될 때 가장 단순하고 그럴싸한 해석을 하는 경향으로 옳은 것은?

① 유사성(similarity)
② 근접성(proximity)
③ 폐쇄성(closure)
④ 좋은 형태(pragnanz)

06 형태주의자들이 제안한 지각 집단화 규칙은 배경으로부터 전경을 의미 있는 형태로 집단화하는 원리이다. 좋은 형태는 집단화 규칙의 가장 기본 원리이다.

07 다음 중 깊이지각과 관련된 단서가 <u>아닌</u> 것은?

① 중첩
② 상대적 운동
③ 결밀도의 변화
④ 연속성

07 깊이지각이란 대상을 얼마나 멀리 있는지 추정하는 것이다. 망막은 2차원 평면으로 멀리 있는 자극이나 가까이 있는 자극이나 모두 망막의 같은 지점에 초점상이 맺힌다. 그러므로 우리는 깊이지각을 하기 위해 양안단서(양안부등, 시선수렴 등)와 단안단서(상대적 크기, 선형조망, 상대적 운동, 중첩 등)를 이용한다.

08 다음 설명과 관련된 지각과정으로 옳은 것은?

> 윤재는 재은이가 멀리서 걸어오는 모습을 보았다. 윤재의 망막에 맺힌 재은이의 상은 점차 커진다. 그럼에도 불구하고 윤재는 재은이의 크기는 일정하고 점차 가까이 온다고 지각한다.

① 감각순응
② 크기 항등성
③ 중첩
④ 유사성

08 친숙한 대상의 경우 거리에 따라 망막에 맺히는 상의 크기가 변화해도 일정한 크기로 지각하는 것을 크기 항등성이라 한다.

정답 06 ④ 07 ④ 08 ②

안심Touch

09 지각적 갖춤새란 우리가 지닌 지식이 지각과정에 영향을 미치는 것으로 경험을 통해 개념, 도식을 형성하게 되는데, 특히 친숙하지 않은 정보를 조직화하는 데 영향을 미친다.

09 어느 하나를 지각하려는 심적 소인으로 우리의 경험, 가정, 기대가 지각에 영향을 미치는 현상으로 옳은 것은?

① 가설검증
② 감각박탈
③ 지각적 갖춤새
④ 양안부등

10 인지심리학은 인간 마음의 특성을 인지(cognition)로 보고, 인간이 어떻게 각종 대상을 인식하고, 주의하고, 기억하고, 학습하고, 언어를 사용하고, 문제를 해결하고, 판단하고, 감정을 느끼는지를 과학적 방법을 사용해 연구하는 학문 분야이다.

10 다음 중 인지심리학에 대한 설명으로 옳지 않은 것은?

① 인간의 마음에 대한 과학적 접근을 강조한다.
② 인간의 마음이 어떻게 작용하는지에 관심이 있다.
③ 인간의 성격의 구성요소와 형성과정에 대해 과학적으로 연구한다.
④ 인간이 정보를 부호화하고, 저장하고, 인출하는 과정을 연구한다.

11 철학적 심리학과 과학적 심리학의 가장 큰 차이는 인간 마음에 대한 접근 방법에 있다. 과학적 심리학의 탄생은 1879년 분트가 라이프찌히 대학에 심리학 실험실을 설립한 이후로 보고 있으며, 이는 인간의 정신과정 즉, 마음에 대한 과학적 접근을 본격적으로 시작한 것으로 간주한다.

11 인간 마음에 대한 연구에 있어서 철학적 심리학과 과학적 심리학을 구분하는 기준으로 옳은 것은?

① 오로지 경험을 통해서만 지식을 획득한다고 보는 경험주의
② 이성주의와 경험주의의 조화 시도
③ 몸과 마음이 분리되어 존재한다는 심신 이원론
④ 인간의 정신과정에 대한 과학적 접근

정답 09 ③ 10 ③ 11 ④

12 다음 설명과 관련된 심리학 학파로 옳은 것은?

> 심리학을 공부하고 있는 재은이는 의식의 구성 요소에는 전
> 혀 관심이 없었다. 자신의 연구 목표를 오로지 의식의 작용과
> 기능을 찾는 데 중점을 두기로 하였다. 또한 어떻게 하면 연
> 구결과들을 실생활에 적용할 수 있을까에 대해 고민하였다.

① 기능주의
② 구성주의
③ 행동주의
④ 형태주의

12 기능주의 학파는 의식의 구성요소에
집중한 구성주의를 비판했으며, 의
식의 작용과정과 기능을 중시하였
다. 또한 심리학이 응용분야로 나가
는 데 결정적인 역할을 하였다.

13 다음 중 실험연구에 대한 설명으로 가장 옳지 않은 것은?

① 실험연구에서 다른 조건을 일정하게 고정시키는 것을 통제라
한다.
② 독립변인이 어떻게 결과에 영향을 미치는지를 알아보기 위한
조작을 처치라 한다.
③ 실험연구에서 독립변인이 종속변인에 직접적으로 영향을 미
치므로 외재변인을 통제할 필요가 없다.
④ 대부분의 심리학 연구에서 인과관계에 관한 질문에 응답하기
위해 가장 선호되는 연구방법이다.

13 실험연구에서 종속변인의 변화가 독
립변인의 처치효과에 의해서만 나타
난 결과임을 증명하기 위해 다른 변
인, 즉 외재변인들은 일정하게 통제
되어야 한다.

14 다음 중 뇌 영상기법 중 뇌의 기능을 알 수 있는 방법은?

① CT(computerized axial tomography)
② MRI(magnetic resonance imaging)
③ PET(positron emission tomography)
④ EEG(electroencephalogram)

14 PET는 인체에 무해한 방사능 추적
혼합물을 투여한 후 뇌의 각 부분에
혈류 증가량을 파악하여 활성화되는
뇌 영역을 확인하는 기법이다.

정답 12 ① 13 ③ 14 ③

안심Touch

15 뉴런과 뉴런 사이의 연결부위를 시냅스(synapse)라 부르며, 신경전달물질을 통한 화학적 전달이 이루어지는 곳이다.

15 다음 중 뉴런의 종말단추와 다른 뉴런의 수상돌기 사이의 작은 틈으로 옳은 것은?

① 이온채널
② 수초
③ 시냅스
④ 축색

16 하나의 흥분성 시냅스후 전위는 역치를 넘기엔 약하지만 짧은 시간적 간격을 두고 여러 번 흥분성 시냅스후 전위가 발생하거나, 여러 지점에서 동시에 흥분성 시냅스후 전위가 발생하면 역치를 넘겨 뉴런이 발화하게 된다. 이를 시간적, 공간적 가합의 원리라 부른다.

16 다음 중 뉴런 내 정보전달 과정에 대한 설명으로 옳지 <u>않은</u> 것은?

① 뉴런 내의 정보전달은 전기적으로 이루어지고, 뉴런 간의 정보전달은 화학적으로 이루어진다.
② 뉴런 주변에 분포된 이온들은 확산력과 정전압 사이에 균형이 유지되며 분극화되어 있다.
③ 시냅스에서의 정보전달은 신경전달물질에 의해 화학적 전달이 이루어진다.
④ 시냅스후 전위는 실무율의 법칙에 의해 역치를 넘겨 전달이 이루어진다.

17 체성신경계는 중추신경계 내외로 정보를 전달하는 일련의 신경들로 의지를 가지고 통제할 수 있는 것과 관련되어 있으며, 자율신경계는 혈관, 신체기관과 내분비선을 통제하는 불수의적이고 자동적인 명령을 전달하는 신경계이다.

17 다음 중 신경계에 대한 설명으로 옳지 <u>않은</u> 것은?

① 말초신경계는 수의적인 반응과 운동을 통제하는 체성신경계와 불수의적 반응을 통제하는 자율신경계로 나뉜다.
② 소뇌는 신체의 균형을 잡고, 신체기관의 움직임을 조화롭게 해주는 운동협응에 중요한 역할을 한다.
③ 변연계에는 학습과 기억을 담당하는 해마와 정서를 담당하는 편도체가 위치해 있다.
④ 시상하부에 문제가 발생하면 섭식 행동에 문제가 생길 수 있다.

정답 15 ③ 16 ④ 17 ①

18 다음 중 입력된 신경 메시지를 처리하고 신체의 여러 부분에 명령을 내려 보내는 신경계로 옳은 것은?

① 교감신경계
② 체성신경계
③ 자율신경계
④ 중추신경계

18 중추신경계는 모든 신체 기능들을 통합하고 협응시키며, 입력되는 모든 신경신호를 처리하고 여러 부위로 명령을 보낸다.

19 다음 설명과 관련된 대뇌피질의 영역으로 옳은 것은?

> 사람들은 눈을 감고 보지 못하는 상황에서도 누군가 손을 때렸는지, 허벅지를 때렸는지 등 자신의 몸의 어느 부분을 때렸는지 알 수 있다.

① 후두엽
② 측두엽
③ 두정엽
④ 전두엽

19 두정엽에는 시상을 통해 들어온 체감각정보에 대해 제일 먼저 분석이 이루어지는 일차체감각피질이 위치해 있다.

20 다음 설명과 관련된 뇌의 영역으로 옳은 것은?

> ○○○는 사고로 인해 왼쪽 반구에 뇌손상을 입게 되었다. ○○○는 말을 하는 데 전혀 문제가 없었지만 다른 사람들은 ○○○가 무슨 말을 하는지 알아들을 수가 없었다.

① 시상하부
② 브로카 영역
③ 후두엽
④ 베르니케 영역

20 베르니케 영역은 언어의 이해와 관련된 영역으로 손상 시 언어의 산출에는 문제가 없지만 언어 이해에 문제가 있다.

정답 18④ 19③ 20④

안심Touch

✔ **주관식 문제**

01 다음 설명에서 괄호 안에 들어갈 학문의 분야를 쓰시오.

> 구스타프 페흐너(Gustav Fechner, 1801~1887)에 의해 시작된 학문으로 물리적 자극과 주관적 경험과의 관계를 밝히려는 학문 분야이다. 일부 심리학자들 사이에서는 (   )을/를 인간의 내적 과정에 대해 수량화, 즉 정신에 대해 최초로 체계적이고 과학적 접근을 했기 때문에 최초의 과학적 심리학으로 보기도 한다.

01 정답
정신물리학

해설
정신물리학은 물리적 자극을 체계적으로 변화시켜 경험을 보고하게 함으로써 신체의 작동과 경험과의 관계를 알아보고자 했으며, 특히 우리가 어떤 자극을 탐지할 수 있는지, 어느 정도의 자극 강도를 탐지할 수 있는지(절대역), 또 자극 변화에 얼마나 민감한지(차이역)에 관심이 있었다. 이러한 정신물리학은 과학적 심리학 탄생에 이정표 역할을 했던 분트의 심리학에도 지대한 영향을 미쳤다.

02 정답
내성법

해설
내성법은 고도로 훈련된 참가자들에게 통제된 조건 하에서 제시된 자극에 대한 자신의 내적 경험을 보고하도록 하는 방법이다.

02 분트(Wundt)는 인간의 의식을 감정이나 감각요소로 환원하여 그 내용을 분석하고자 하였다. 일종의 자기보고법으로 잘 훈련된 참가자에게 자극에 대한 자기의 경험과 사고과정을 기술하도록 하는 기법은 무엇인지 쓰시오.

03 다음 설명과 관련된 뇌 연구방법을 쓰시오.

> 대학원생 윤재는 뇌 영상기법을 이용한 연구에 참여하였다.
> X선을 사용하여 입체적인 뇌 영상을 얻는 장치에 들어가 뇌
> 영상을 촬영하였다. 그 결과 뇌의 구조에는 아무 문제가 없는
> 것으로 나왔다. 하지만 뇌 기능을 확인할 수 없었다.

03 **정답**
컴퓨터단층촬영술(CT)

해설
CT는 여러 각도에서 뇌 단면을 X선
으로 촬영하여 컴퓨터로 재구성하는
기법으로 뇌의 구조적인 측면을 확
인할 수 있다.

04 뉴런은 분극화의 상태를 유지하기 위해 세포막에서 나트륨 이온
3개를 바깥쪽으로, 칼륨 이온 2개를 안으로 들여보내는 작용을
한다. 이를 무엇이라 하는지 쓰시오.

04 **정답**
나트륨–칼륨 펌프

해설
나트륨 이온이 바깥쪽에 많이 분포
하고 칼륨 이온이 안쪽에 많이 분포
하는 이유는 나트륨–칼륨 펌프
(sodium–potassium transporters)
로 알려진 작용 때문으로 이 작용에
뉴런 대사 작용에 의해 생긴 에너지
의 40% 이상이 사용되는 것으로 알
려져 있으며 지속적으로 작동한다.

05 **정답**

분리뇌 실험을 통해서 이 두 반구가 서로 상이하게 정보를 처리함을 증명하였다. 즉, 대뇌 반구의 기능이 편재화되어 있다는 사실을 실험적으로 증명하였다.

해설

분리뇌를 가진 참가자에게 우측 시각장에 사물을 아주 짧게 제시한 후 무엇을 보았는지 물어보면 쉽게 정답을 맞혔지만, 좌측 시각장에 제시하면 무엇을 보았는지 말하지 못했다. 이는 두 개의 반구가 서로 독립적이며 좌반구는 언어처리에 지배적이고, 우반구는 시각-공간과제에 우위를 점하고 있음을 보여준다.

05 스페리와 가자니가(Sperry & Gazzaniga)의 분리뇌 연구가 지니는 의미가 무엇인지 설명하시오.

제 **2** 편

형태재인과 주의

혼자 공부하기 힘드시다면 방법이 있습니다.
시대에듀의 동영상강의를 이용하시면 됩니다.
www.sdedu.co.kr ➜ 회원가입(로그인) ➜ 강의 살펴보기

제 1 장 형태재인

제 1 절 형태재인의 특징

1 형태재인의 개념

(1) 형태재인(pattern recognition) 중요 ★

① 지각적 조직화(perceptual organization)는 단순히 감각속성을 조직화하여 대상에 대한 지각적 경험을 창출하는 것으로 대상의 크기, 모양, 움직임, 거리, 방위에 관한 그럴듯한 추정치를 생성하는 과정을 의미한다.

② 반면 형태재인은 지각적 조직화를 넘어서 지각경험에 의미를 부여하여 대상의 정체를 알아보는 과정을 의미한다.

③ 즉, 형태재인이란 외부로부터 정보를 받아들여 내부적으로 다시 재연하고, 이들 **표상**(representation)을 장기기억 속에 저장되어 있는 시각적 사물에 대한 기존의 표상들과의 대조를 통해 유의미한 대상으로 범주화하는 일이다.

> **❗ 더 알아두기 🔍**
>
> 표상(representation)이란 시각정보를 받아들여 이를 내부적으로 다시 재현한 것을 의미한다.

(2) 형태재인의 어려운 문제

① **수용기가 받아들이는 자극의 모호성**

㉠ 망막에 상이 투사된 사물이 무엇인지를 판단하는 과제를 **역투사 문제**(inverse projection problem)라 한다. 우리는 망막에 투사된 상을 근거로 그 상을 생성한 외부 사물이 무엇인지를 판단하기 때문이다.

㉡ 문제는 주변환경에 존재하는 다양한 사물이 망막에 동일한 상을 투사할 수 있다는 점이다. 그럼에도 불구하고 우리는 생각보다 손쉽게 수행해 내고 있다.

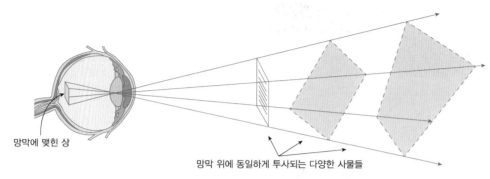

망막에 맺힌 상

망막 위에 동일하게 투사되는 다양한 사물들

[수용기가 받아들이는 자극의 모호성]

② 자극의 은폐와 불명확성

　　㉠ 우리가 현실세계에서 한 사물의 온전한 모습을 보는 경우는 드물다.

　　㉡ 대부분 한 사물이 다른 사물의 일부분을 가리는 경우가 많다. 그럼에도 불구하고 보이지 않는 부분 뒤로 사물이 존재한다는 것을 인식하며, 주변환경에 대한 배경지식을 통해 가려진 부분 뒤에 무엇이 있는지 판단한다. 또한 사물이 멀리 있는 등 여러 가지 이유로 흐릿하게 보여도 사물들을 생각보다 잘 인식한다.

③ 관점에 따른 시각정보의 차이

　　㉠ 우리 망막에 맺히는 시각정보는 사물을 바라보는 각도에 따라 시시각각 변한다.

　　㉡ 그럼에도 불구하고 동일한 물체로 판단한다. 이처럼 다양한 관점에서 사물을 보고 인식하는 능력을 관점불변(viewpoint invariance)이라 한다.

[관점에 따른 시각정보의 차이]

출처 : E. B. Goldstein 저, 인지심리학, 센게이지러닝, 2016

2 정보처리의 방향

(1) 상향 처리(bottom-up processing) 중요 ★★★

① 지각 과정을 하위 단계인 물리적 자극 수준에서 시작해 상위 수준의 인지과정까지 이어지는 정보 전달 과정을 통해 설명하기 때문에 상향 처리라 한다.

② 망막에 상이 맺히게 되면 신경신호가 발생하고, 시신경을 따라 뇌로 전달된다. 이러한 정보는 뇌의 전기적 신호를 유발하게 되며, 이러한 뇌의 전기적 신호가 지각을 결정하는 중요한 요소로 간주된다.

③ 입력되는 자료에만 의존하여 주어진 문제를 해결하기 때문에 **자료주도적 처리**(data-driven processing) 라고도 한다.

[상향 처리]

(2) 하향 처리(top-down processing) 중요 ★★★

① 우리 머릿속의 지식이나 기대, 동기와 같은 고차원적인 인지과정이 지각과 같은 하위감각 정보처리 로 이어지는 과정을 중요시하기 때문에 하향 처리라고 한다.

② 높은 수준의 인지과정이 지각과정을 주도한다는 점에서 **개념주도적 처리**(concept-driven processing) 라고도 한다.

TAE CAT

[하향 처리]

제 2 절 형태재인의 이론

1 형태재인의 상향적 접근

(1) 직접지각이론(direct perception theory)

① 감각맥락을 포함하여 감각수용기에 들어오는 일련의 정보들만이 사물을 지각하는 데 필요하며, 우리의 감각경험과 지각 사이를 매개하는 상위 인지과정은 필요하지 않다고 보는 관점이다(Gibson, 1950, 1994).

② 지각적 판단을 내리는 데 충분한 맥락정보가 실제 세계에 존재한다고 보기 때문에 상위 수준의 인지처리 과정에 의존할 필요가 없다고 보았다.

③ 환경이 지각에 필요한 모든 정보를 제공한다는 점에서 **생태학적 모형(ecological model)**이라고도 한다.

[지각된 무정형 모양]

④ 위의 역삼각형이나 눈사람 모양에 대한 지각이 일어나기 위해선 다른 추가적인 지식이나 고차원적인 사고 없이도 주어진 정보 하나만으로도 충분하다. 깁슨(Gibson, 1979)은 생물학적으로 맥락정보에 자동적으로 반응하게 되어 있다고 주장하였다.

(2) 형판이론(template theory) 중요 ★

① 망막에 비춰진 영상이 기억 속에 저장되어 있는 **형판(template)**과 비교되고, 그 과정에서 망막 상의 영상과 동일한 형판을 찾게 되었을 때 재인이 이루어진다고 가정한다.

② 입력된 영상과 저장된 형판을 직접 비교한다고 가정하기 때문에 **형판맞추기모형(template matching model)**이라고도 한다.

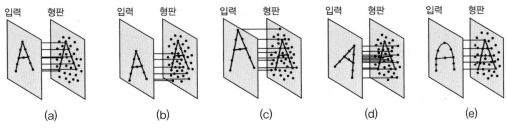

[형판이론 글자재인과정]

③ 형판이론은 형태재인과 관련된 가장 단순한 설명이지만 한계 역시도 명확하다.

    ㉠ 첫 번째 한계점은 정확한 비교를 위해선 모양뿐만 아니라 위치, 방위 및 크기가 똑같이 일치해야 한다는 것이다. 입력되는 영상이 형판과 조금만 다를 경우(그림 b, c, d, e) 재인에 실패할 수 있다(Neisser, 1967).

    ㉡ 두 번째 한계점은 세상에 존재하는 수많은 대상만큼의 형판이 필요하다는 것이다. 수많은 물체의 형태들이 기억 용량의 상당부분을 차지해야 하며, 저장하고 있다 하더라도 수많은 형판과 입력된 영상을 정확히 비교하기 위해선 오랜 시간이 요구된다.

    ㉢ 세 번째 한계점은 하나의 모양에도 거리와 각도에 따라 무한한 수의 형판이 필요하다는 점이다. 즉, 같은 모양이라도 연속적인 차원의 수많은 형판이 요구된다.

④ 형판이론은 형태재인과정을 적절히 설명하지는 못하지만, 바코드 식별기계나 지문 인식 장치와 같이 입력되는 영상의 종류가 적고 그 영상의 변형이 제한적인 분야에서 효율적으로 적용될 수 있다.

(3) 세부특징분석이론(feature analysis theory) 중요 ★★

① 하나의 사물이 전체적인 하나의 단위로 인식되는 것이 아니라, 사물의 세부특징에 근거해 사물을 인식하며 해석한다고 가정한다. 대상이 지닌 수직선, 수평선 또는 곡선 등과 같은 기하학적인 세부특징에 대한 분석이 먼저 발생한 후, 즉 세부특징들의 관계가 파악된 후에 형태재인이 발생한다고 주장한다.

② 세부특징에 대한 분석을 가정함에 따라 형판이론에서만큼 많은 수의 형판이 필요하진 않으며, 소수의 세부특징과 관계 정보만으로도 형태재인이 가능하다.

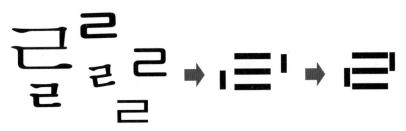

[세부특징분석이론]

③ 예를 들어 'ㄹ' 낱자는 세 개의 수평선과 두 개의 수직선으로 구성되어 있으며, 두 개의 수직선이 각각 아래 위 수평선들과 반대로 연결된다. 이러한 세부특징들과 연결 관계만 파악이 된다면 우리는 그 낱자를 'ㄹ'로 재인하게 된다.

④ 셀프리지(Selfridge, 1959)는 글자재인과정을 세부특징분석모형에 근거한 **판데모니엄(악마소굴, Pandemonium) 모형**을 제안하였다. 이 모형은 글자재인 단계마다 **악마(demon)**를 상정하고 이들의 활동에 의해 글자재인이 이루어진다는 가정을 하였다. 비유적인 설명이긴 하지만 이후 모형의 기본 가정들이 글자재인 모형에 아주 큰 영향을 미치게 된다.

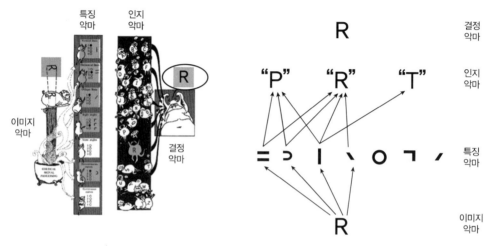

[셀프리지의 판데모니엄 모형]

⑤ 깁슨, 샤피로와 요나스(Gibson, Schapiro & Yonas, 1968)는 영어 낱자 2개를 제시한 뒤 같은 낱자 인지 다른 낱자인지를 판단하도록 하였다. 그 결과 'G', 'W'가 다른 글자라는 판단은 평균 485ms가 걸린 반면 'P', 'R'에 대한 판단은 평균 571ms가 소요되었다. 즉, 세부특징이 많이 공유된 낱자일수록 두 글자가 다르다는 판단을 내리는 시간이 길었다. 이러한 결과는 우리가 세부특징의 분석을 통해 낱자를 판단한다는 실험적 증거이다.

⑥ 휴벨과 비젤(Hubel & Wiesel, 1963)은 고양이와 원숭이의 시각 피질에서 수평선이나 수직선, 특정 각도의 모서리 모양의 선별적인 세부특징에 반응하는 신경세포를 발견하였다. 이러한 세부특징 자극에 반응하는 세포를 **특징탐지기세포(feature detector cell)**라 명명하였으며, 이는 세부특징분석 이론을 지지하는 신경학적 증거이기도 하다.

⑦ 세부특징분석이론은 글자재인과 같은 제한된 영역의 형태재인과정은 잘 설명하는 반면, 실제 세계에 존재하는 다양하고 복잡한 대상의 재인과정을 잘 설명하지 못한다(Pinker, 1984).

(4) 원형이론(prototype matching theory) 중요 ★★

① 원형(prototype)이란 사례들이 평균적으로 가지고 있는 속성들의 추상적 집합체를 의미한다. 원형 이론은 입력된 영상과 개인이 지니는 원형과의 대조를 통해 형태재인이 발생한다고 가정한다. 즉, 어떤 자극에 대한 재인과정은 원형, 즉 속성의 공유 정도에 의해 결정된다.

② 입력된 영상이 원형과 대조될 때 그 둘이 정확히 일치할 필요는 없으며, 대략적으로 일치하는 것만 으로도 대상에 대한 재인이 가능하다고 본다. 따라서 특정 개념들이 공통적으로 지니는 원형 하나만 으로 많은 대상에 대한 판단이 가능하다. 원형이론은 개개의 사물에 대한 모든 형판을 지닐 필요가 없다고 가정한다.

③ 예를 들어, 이 세상에 존재하는 모든 개의 형판을 가질 필요 없이 개의 추상적인 원형(다리가 4개, 꼬리, 멍멍 짖는 소리, 털이 있음 등)과의 비교를 통해 많은 개들을 알아본다.

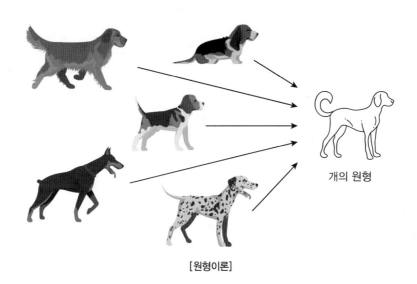

[원형이론]

④ 포스너와 켈르(Posner & Keele, 1968)는 실험적 방법을 통해 원형이 어떻게 형성되는가를 증명하 였다.

　㉠ 참가자들에게 도형이나 영어 낱자 원형을 제외한 왜곡된 형태를 제시한 뒤, 비슷한 유형을 찾아 분류하도록 학습을 시켰다.

　㉡ 첫 번째 분류 학습이 끝난 뒤 이어 두 번째 분류 학습이 실시되었다. 두 번째 분류 학습에서는 첫 번째 분류 학습 시 제시되었던 왜곡된 형태와 제시되지 않았던 새로운 왜곡된 형태, 그리고 원형을 제시하고 두 번째로 비슷한 유형을 찾는 분류 학습을 시켰다.

　㉢ 그 결과 처음에 제시되었던 왜곡 형태는 두 번째 제시되었기 때문에 87%를 정확하게 분류했지 만, 새로운 왜곡 형태는 67%만을 정확히 분류했다. 반면 원형은 첫 번째 분류 학습 시에 제시되 지 않았음에도 불구하고 85%를 분류해내는 정확도를 보였다.

　㉣ 이는 처음 제시된 원형에 대한 높은 분류 정확도는 분류 학습 과정에서 특정 유형의 원형이 만들 어졌음을 시사한다.

(a) 실험 자극의 구성

삼각형 원형　　　　　　　　　　왜곡된 형태들

(b) 1단계 분류 학습

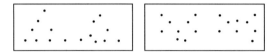

(c) 2단계 분류 학습

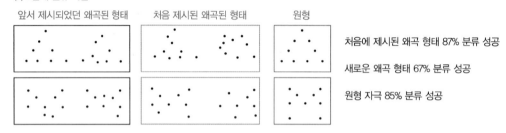

앞서 제시되었던 왜곡된 형태　　처음 제시된 왜곡된 형태　　원형

처음에 제시된 왜곡 형태 87% 분류 성공

새로운 왜곡 형태 67% 분류 성공

원형 자극 85% 분류 성공

[포스너와 켈르의 원형 획득 실험 절차 및 결과]

(5) 사례이론(exemplar theory)

① 입력된 영상과 장기기억에 저장되어 있는 **사례**(exemplar)와의 비교를 통해 대상을 재인한다고 가정한다.

② 원형이 각 사례들이 평균적으로 지니고 있는 속성들의 추상적 집합이라면 사례이론은 구체적인 사례를 의미한다. 예를 들어, 입력된 영상과 우리 집에서 키우는 개를 비교하는 방식이다.

③ 원형과 사례 중 어떤 방식이 더 옳은가에 대한 판단은 어렵다. 실제 우리는 원형과 사례를 모두 이용하는 것으로 판단된다.

(6) 성분재인이론(RBC : Recognition-By-Components theory) 중요 ★★

① 앞서 제시된 이론들이 주로 2차원 영상들을 대상으로 한 것이라면, 비더만(Biederman, 1987)의 성분재인이론은 3차원 대상의 재인과정에 대해 설명하기 위한 이론이다.

② 세부특징분석모형과 마찬가지로 3차원 대상들도 기본적인 구성요소들로 묘사될 수 있으며, 어떤 구성요소들이 있는지와 그 관계의 파악을 통해 대상을 재인할 수 있다고 가정한다.

③ 비더만은 구성요소를 원기둥, 원뿔, 사각기둥 등의 부피가 있는 3차원의 기하학적 형태로 보았으며 이를 **지온**(geon)으로 불렀다. 총 35개의 지온들을 가정했는데 이들 지온으로 세상의 모든 3차원 물체 묘사가 가능하며, 지온을 복구하고 지각함으로써 대상을 재인할 수 있다고 보았다.

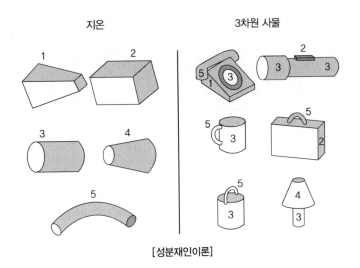

[성분재인이론]

④ 물체의 일부를 가려서 제시하거나 형태를 삭제해서 제시했을 때 대상의 지온과 지온들 간의 관계를
파악할 수 있는가에 따라 물체의 인식 정도가 달라졌다. 다음 그림에서 (a)의 경우 대상의 지온 파악
이 어렵기 때문에 어떤 물체인지 알기 어려운 반면, (b)의 경우 대상의 지온과 그 관계 파악이 쉽게
일어나기 때문에 손쉽게 손전등이라 인식한다.

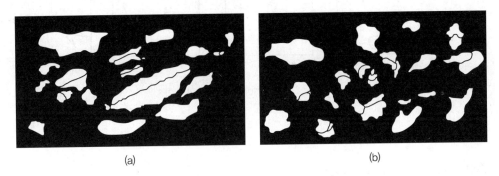

[지온 파악 여부에 따른 대상재인의 차이]

⑤ 샥터와 쿠퍼(Schacter & Cooper, 1991)는 불가능한 도형에 대한 기억 실험을 통해 RBC 이론을 지
지하는 실험을 진행하였다.
㉠ 현실세계에서 가능한 도형과 불가능한 도형을 제시한 뒤, 가능 여부를 판단하도록 지시하였다.
모든 제시가 끝난 뒤 도형들이 앞서 제시된 도형인지 여부를 판단하도록 하였다.
㉡ 그 결과 가능한 도형들과 달리 불가능한 도형들은 암묵기억 효과가 발생하지 않았다(암묵기억
관련 내용은 제3편 참조).
㉢ 이는 불가능한 도형의 경우 지온 간의 관계형성이 불가능하기 때문으로 해석되며 부분적으로
RBC 이론을 지지하는 것으로 해석할 수 있다.

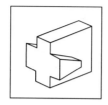  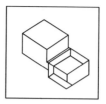 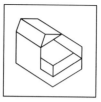

(a) 가능한 도형   (b) 불가능한 도형

[샥터와 쿠퍼의 실험]

⑥ 반면 케이브와 코슬린(Cave & Kosslyn, 1993)은 성분재인이론과 상반된 연구결과를 보고하였다.
　　⊙ 참가자들에게 자연스럽게 지온의 형태로 분할된 사물과 지온과 상관없이 부자연스럽게 분할된
　　　　자극을 제시한 뒤 무엇인지 판단하도록 지시하였다.
　　ⓒ RBC 이론에 따르면 지온의 관계로 분할된 자극에 대한 판단수행이 좋아야 함에도 불구하고 두
　　　　조건 간에 차이는 없었다.
　　ⓒ 이러한 결과는 RBC 이론의 가정과 달리 사물을 인식할 때 전체적인 모양을 먼저 처리한 뒤, 부
　　　　분들(요소들)을 처리함을 시사한다.

(a) 지온 관계로 분할   (b) 지온과 상관없이 분할

[케이브와 코슬린의 실험]

2 형태재인의 하향적 접근

(1) 맥락효과(context effect) 중요 ★★★

① 맥락효과란 자극에 대한 인식 및 지각 과정에서 환경적 요인의 영향을 의미하며, 하향적 처리 또는
　　개념주도적 처리에 해당된다.
② 팔머(Palmer, 1975)는 물체를 확인하는 과정에 있어서 주변 맥락정보가 미치는 효과를 검증하였다.
　　⊙ 참가자들에게 부엌 장면을 제시한 뒤 특정 위치에 조건에 따라 빵조각, 우편함, 드럼을 배치한
　　　　뒤 식별하도록 지시하였다.
　　ⓒ 그 결과 부엌과 의미적 맥락이 일치하는 식빵의 경우에는 80% 식별을 한 반면, 부엌과 전혀 관련
　　　　이 없는 우편함이나 드럼의 경우에는 상대적으로 낮은 40% 식별을 보였다.
　　ⓒ 이러한 결과는 각 물체의 형태를 재인하는 과정에서 부엌이라는 맥락정보가 영향을 미쳤을 가능
　　　　성을 제시한다.

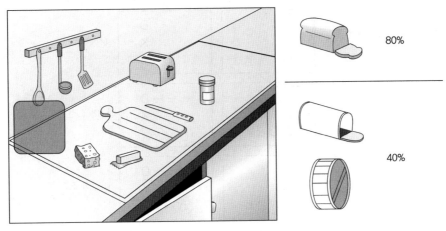

[팔머의 실험]

(2) 형태우월효과(configural superiority effect) 중요 ★★

① 독자적으로 제시된 대상보다 특정 형태 속에 제시된 대상이 더 복잡함에도 불구하고 쉽게 재인되는 현상을 의미한다(Pomerantz, 1981).

② 참가자에게 4개의 그림으로 구성된 자극을 보여준 뒤, 어떤 그림이 나머지 그림과 다른 모양의 그림인지 찾는 과제를 실시하였다. 그 결과 (a)보다 (c)가 제시되었을 때 다른 모양의 자극을 더 빨리 찾았다.

③ 즉, 사선이 하나만 있는 경우보다도 선 세 개가 합쳐 형태라는 맥락을 만든 경우 더 빨리 찾아냈다.

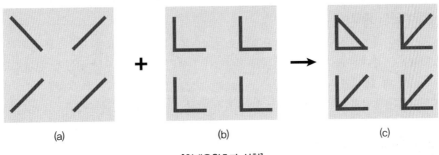

[형태우월효과 실험]

(3) 단어우월효과(word superiority effect) 중요 ★★

① 특정 낱자를 확인하는 조건에서 비단어 속이나 단일 낱자로 제시될 때보다 단어 속에 제시될 때 낱자 인식이 더 빠른 현상을 말한다(Reicher, 1969).

② 참가자에게 단어 조건(예 WORK), 낱자 조건(예 K), 비단어 조건(예 OWRK)의 자극을 순간적으로 제시한 뒤, 마지막에 제시된 낱자가 'D'였는지 또는 'K'였는지를 물었을 때, 참가자는 낱자 조건이나 비단어 조건보다 단어 맥락의 일부로 제시했을 때 정확하게 지각을 하였다.

③ 이러한 결과는 단어에 대한 의미 정보가 각 낱자재인에 영향을 미친다는 점을 보여준다.

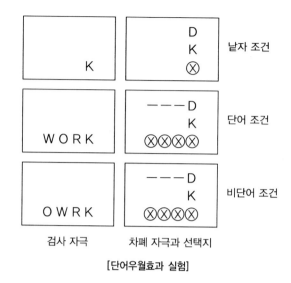

[단어우월효과 실험]

제 3 절   얼굴재인

1 얼굴재인의 특징

(1) 얼굴재인의 중요성

① 얼굴은 나이와 성별 등의 사람을 알아보는 차원을 넘어서서 미묘한 감정 변화 등의 수많은 정보를 제공해 준다. 이러한 얼굴재인은 원시시대라면 생존에 아주 중요한 일이며, 현대에도 사회생활을 하는 데 있어 매우 중요하다.

② 이러한 얼굴재인과 관련해서 크게 두 가지 관점이 존재하는데, 특수성과 보편성이다.

(2) 얼굴재인의 특수성과 보편성

① 얼굴재인의 특수성은 얼굴재인과정이 다른 대상의 재인과 달리 아주 특별하다는 관점이다. 이는 대부분의 사람들이 세부특징(눈, 코, 입)이 비슷한 영역에 놓여 있음에도 불구하고 아주 미묘한 차이로 서로 다른 얼굴을 알아차리고, 또한 같은 사람이라도 얼굴 변화에 따라 감정이 변화하는 것을 알아차리기 때문이다.

② 반면, 얼굴재인의 보편성을 주장하는 연구자들은 얼굴재인이 다른 대상의 재인과정과 차이를 보이는 이유는 여러 얼굴에 대한 오랜 경험에 의해 대상을 재인하는 일반적인 기제가 정교하게 조율되었기 때문이라 제안한다. 즉, 매일매일 수많은 얼굴들을 보기 때문에 모두 얼굴 전문가가 되었다고 주장한다.

> **⚠️ 더 알아두기 Q**
>
> 우리는 몇 미터 떨어진 거리에서 화가 난 얼굴 표정을 알아볼 수 있을까? 연구에 의하면 그 거리는 대략 70~80m에 이른다. 물론 이 거리에서 얼굴 표정이 확실히 보이는 것은 아니다. 사람들은 대략적인 판단을 하며 그 결과는 우연 수준 이상으로 표정을 맞추는 것으로 나타났다. 진화심리학에서는 성인이 돌이나 창을 최대한 던질 수 있는 거리와 관련이 있다고 가정한다. 즉, 사정거리 안에 들기 전에 얼굴 표정을 파악해 대처하기 위함이라 해석한다.

2 얼굴재인의 특수성

(1) 얼굴역전효과(face inversion effect) 중요 ★

① 자동차나 의자와 같은 일반적인 사물들을 거꾸로 제시해도 재인에 큰 어려움이 없지만, 얼굴을 거꾸로 제시하면 재인이 어려워지는 현상을 의미한다. 이는 일반 사물과 얼굴의 재인과정이 다름을 보여주는 증거이다.

② 다음 사진은 영국의 마가렛 대처(Margaret Thatcher) 수상의 얼굴 사진을 거꾸로 제시했을 때 발생할 수 있는 착시효과를 보여준다. 사진이 역전되어 있을 때는 잘 파악이 안 되지만 사진을 원래대로 제시하면 기괴한 얼굴이 잘 드러난다(Thompson, 1980).

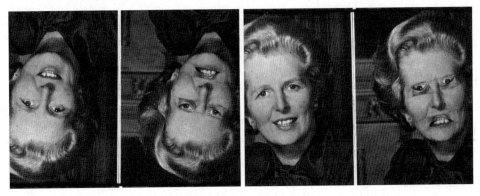

[얼굴역전효과(Thompson, 1980)]

(2) 얼굴실인증(prosopagnosia)

① 뇌출혈 등으로 인해 뇌의 특정 영역이 손상된 경우 다른 사물의 인식에는 문제가 없지만 사람의 얼굴만을 알아보지 못하는 얼굴실인증 또는 안면인식장애를 보이는 경우가 발생한다.

② 일반적으로 **방추상회**(fusiform gyrus)의 손상과 관련되어 있으며, 일반인을 대상으로 얼굴 자극을 제시하고 기능적 자기공명영상법(fMRI)을 이용해 뇌 영상을 촬영해 보면 역시 방추상회 영역이 활성화되는 것을 발견하였다.

③ 반대로 얼굴을 재인하는 데는 문제가 없지만, 얼굴이 아닌 다른 대상을 재인하는 데 심각한 장애를 보이는 경우도 있다. 이러한 신경적 증거들은 얼굴정보 처리가 다른 일반적 사물정보 처리와 다르다는 것을 보여주는 증거이다.

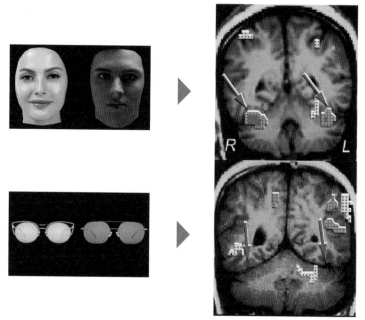

[fMRI를 사용한 얼굴재인 시 담당 뇌 영역 연구(Schultz, Grelotti, & Pober, 2001)]

3 얼굴재인의 보편성

(1) 얼굴재인과정의 전문화

① 일반 사물의 경우엔 주로 그 사물인지 아닌지를 판단하는 반면, 얼굴재인의 경우에는 얼굴 여부보다는 누구인지 또는 어떤 표정인지와 같은 더 상세한 수준의 판단이 요구된다.

② 고티에와 타르(Gauthier & Tarr, 1997)는 얼굴재인과정에서 보이는 특수성이 상세한 판단을 요구하는 모든 대상의 재인과정에서 발생할 가능성을 제안하였다.

　㉠ 참가자들에게 미세한 세부특징들로 구별되는 그리블(greeble)이라는 가상의 종족들을 제시한 뒤, 특징에 따라 종족과 성을 구별하도록 훈련시켰다.

　㉡ 그 결과 종족구별 훈련 전에 종족을 구별할 때에는 얼굴재인을 담당하는 방추상회 영역이 활성화되지 않은 반면, 종족구별 전문가가 된 이후엔 종족구별 시 방추상회가 활성화되었다.

　㉢ 이는 방추상회가 얼굴을 처리하기 위해 존재하는 특별한 영역이 아니라 보다 세부적인 수준에서 특정 대상을 판단하는 일에 관여되고, 또한 그 일에 전문화될수록 활성화되는 영역임을 시사한다.

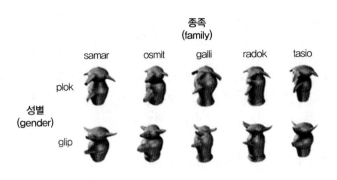

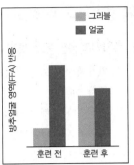

[고티에와 타르의 실험]

출처 : E. B. Goldstein 저, 인지심리학, 센게이지러닝, 2016

제 **4** 절 **지각의 장애**

1 시각실인증

(1) 시각실인증의 특징
① 실인증이란 인식의 장애를 의미하며 감각, 주의, 언어 또는 일반 지능의 손상으로 초래되지 않는
경우를 의미한다.
② 시각실인증 역시 시 감각의 문제가 아닌 뇌의 장애로 인해 시각장에 들어오는 대상을 재인하지 못하
고, 형태나 패턴 지각 또는 의미 연결에 문제를 보이는 증상을 의미한다.

(2) 시각실인증의 종류
이러한 실인증은 지각에 어려움을 보이는 '통각시각실인증'과 지각에는 문제가 없지만 의미를 연합시키
지 못하는 문제를 지닌 '연합시각실인증'으로 구별된다.

통각시각실인증 (apperceptive visual agnosia)	지각의 어려움으로 인해 사물을 인식하지 못하는 경우
연합시각실인증 (associative visual agnosia)	시각 형태와 의미를 서로 연합시키지 못하는 경우

2 통각시각실인증(apperceptive visual agnosia)

(1) 통각시각실인증의 특징

① 지각에 어려움을 가지고 있기 때문에 사물을 인식하지 못하는 경우로, 지각과 의미 사이의 연결 문제가 아니라 시 감각을 하나의 통합된 지각표상으로 집단화할 수 없는 것이 특징이다.

② 그림이나 물체의 윤곽선 등을 어느 정도 볼 수는 있지만 일부 환자들의 경우 ○모양 중에서 ×를 구별해 내지 못하는 경우도 있다.

③ 일반적으로 우반구의 측두엽과 후두엽이 손상될 경우 발생한다.

(2) 통각시각실인증의 검사

① 불완전한 그림이나 겹쳐진 그림 또는 일상적인 시점이 아닌 다른 시점으로 사물을 제시했을 때 사물을 알아볼 수 있는가를 통해 통각시각실인증 여부나 증상의 정도를 진단한다.

② 통각시각실인증 환자의 경우 모양 자체를 알아보지 못하기 때문에 일반인에 비해 수행이 낮다.

3 연합시각실인증(associative visual agnosia)

(1) 연합시각실인증의 특징

① 사물을 전체로 지각하는 능력은 유지되지만 지각된 대상과 의미를 연결시키지 못하는 것이 특징으로, 기억이나 명칭의 장애가 아니라 시각적으로 제시된 것과 기억 속의 의미를 연결시키지 못하는 것이 원인이다.

② 제시된 목표 그림을 그대로 따라 그릴 수는 있지만 그린 것이 무엇인지는 잘 모른다. 예를 들어 반지 모양의 그림을 보고 그대로 따라 그릴 수는 있지만 그린 것이 무엇인지는 모른다. 단, 반지 자체를 모르는 것이 아니라 그림과 반지의 의미를 연결시키지 못하는 것이다.

③ 일반적으로 양쪽 반구의 손상으로 발생하지만 좌반구의 손상이 결정적인 것으로 알려져 있다.

(2) 연합시각실인증의 검사

① 실제 혹은 비실제 검사(Kroll & Potter, 1984)를 통해 검사가 이루어진다. 실제 존재하는 사물이나 동물 또는 존재하지 않는 사물이나 동물 그림을 제시한 뒤 세상에 존재하는 것인지를 판단시켜 연합시각실인증 여부나 증상의 정도를 파악한다.

② 연합시각실인증 환자들은 모양을 알지만 그 모양과 모양이 지니는 의미나 이름을 모르기 때문에 수행이 낮다.

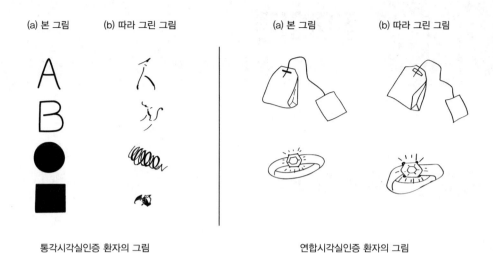

[시각실인증 환자의 그림]

4 특정범주 시각실인증

(1) 특정범주 시각실인증의 특징

① 일부 연합시각실인증 중 특정범주에만 한정하여 실인증을 보이는 증상을 의미한다.

② 단순 포진 뇌염으로 인해 좌우 반구의 측두엽이 손상된 J. B. R 환자(가명)의 경우에는 무생물(예 계산기, 의자 등)은 90% 이상 인식했지만, 생물(예 곰, 토끼, 양 등)의 경우엔 5% 미만을 인식하는 장애를 보였다(Warrington & Shallice, 1984). 반면, Y. O. T 환자(가명)의 경우 생물은 85% 이상 인식을 했지만 실외에 있는 무생물은 78%, 실내에 있는 무생물은 58% 정도밖에 인식하지 못했다(Warrington & Shallice, 1987).

③ 앞서 다루었던 얼굴실인증 역시 특정범주 시각실인증 중 하나로 볼 수 있다. 자신의 가족, 누구나 알고 있는 유명인뿐만 아니라 자신의 얼굴조차 알아보지 못하기도 한다.

④ 신경학적 손상으로 인한 지각의 장애는 지각이 단순히 정보를 받아들이는 것 이상임을 보여준다. 즉, 보는 것과 지각하는 것은 다르다.

제 2 장 주의이론

제 1 절 주의의 특성과 작용

1 주의의 특징

(1) 주의(attention)의 개념

① 주의란 우리의 감각과 저장된 기억 그리고 다른 인지적 과정들을 통해 이용 가능한 양의 정보로부터 제한된 양의 정보를 집중적으로 처리하도록 하는 수단을 의미한다.

② 우리의 의식을 사로잡으려는 많은 자극 중 특정 자극을 선별하고, 선택된 자극에 우리의 인지 자원을 집중하는 일을 의미한다.

③ 이러한 과정은 의식적 과정뿐만 아니라 무의식적 과정 모두를 포함한다.

[주의의 과정]

(2) 주의의 주요 기능 중요 ★★★

주의의 주요 기능에는 특정한 자극의 출현을 탐지하기 위한 경계나 능동적으로 자극을 찾는 탐색과 관련한 **신호탐지**(signal detection), 어떤 자극에 주의를 두고 다른 자극을 무시하는 **선택적 주의**(selective attention), 한 번에 두 개 이상의 과제를 수행하는 것을 조정하기 위해 가능한 주의 자원을 할당하는 기능인 **분할주의**(divided attention) 등이 있다.

기능		설명	예시
신호탐지	경계	특정 자극의 출현을 탐지하는 것으로 자극이 나타날 수 있는 영역에 주의를 기울이는 것	레이더 모니터에 이상한 징후가 나타나는지를 지켜보는 것
	탐색	능동적으로 특정 자극을 찾는 과정	사냥꾼이 멧돼지를 잡기 위해 찾아 돌아다니는 것

선택적 주의	다른 자극에 주의를 기울이지 않고 특정 자극에는 주의를 기울이는 것	주변 소음을 무시하고, 책을 읽거나 강의를 듣는 것
분할주의	동시에 둘 이상의 과제를 수행하면서 필요할 때 주의 자원을 특정 과제에 할당하는 것	라디오를 들으며 동시에 운전을 하는 것

❗ 더 알아두기 🔍

주의가 무엇인지 우리는 안다. 주의란 동시에 가능한 것처럼 보이는 여러 대상 또는 사고의 흐름 중 하나만을 분명하고 생생하게 마음속에 포착하는 것이다. 주의의 본질은 의식을 한 곳으로 집중하는 것이다.

주의는 마음을 점유하는 것인데, 명확하고 뚜렷한 형태로 여러 개의 동시에 가능한 대상이나 일련의 생각들 가운데 하나를 점유하는 것이다. …… 그것은 어떤 것들보다 효과적으로 다루기 위하여 다른 것들로부터 철회하는 것을 의미한다.

– William James, Principle of Psychology

2 신호탐지

(1) 경계(vigilance)

① 신호탐지는 표적자극을 탐지하려는 시도로서 **경계**(vigilance)와 **탐색**(search) 과정이 포함된다.

② 경계는 개인이 관심을 갖고 있는 특정 표적자극의 출현을 탐지하려는 동안 계속해서 자극이 나올 수 있는 영역에 대해 주의를 기울이는 능력을 의미한다.

③ 이러한 경계 주의를 통해 자극 탐지 시 빠른 행동을 취할 수 있게 해준다. 예를 들어 지진이 발생한 뒤 가스가 새는지 또는 연기가 나는지 지켜본다거나, 다큐멘터리 사진작가가 눈표범이 나타나는 장소에 카메라를 설치한 뒤 눈표범이 나타날 때 주의를 기울임으로써 빠르게 표적자극을 탐지할 수 있게 된다.

④ 많은 요인들이 경계과제에 영향을 주지만, 특히 계속되는 경계과제로 인한 피로도, 기대 등이 경계과제에 영향을 미친다.

　㉠ 마크워스(Mackworth, 1948)는 참가자들에게 시계바늘이 두 눈금 움직일 때마다 가능한 한 빠르게 버튼누르기 과제를 실시하였다. 그 결과 30분의 정도 시간이 지나면 버튼을 누르는 과제의 1/4을 놓쳤다. 이러한 결과는 참가자의 민감도가 감소된 결과라기보다는 자신이 지각한 관찰에 대한 확신이 줄어든 것으로 보인다. 훈련을 통한 경계과제 수행의 증가도 가능하지만, 계속되는 경계과제 수행을 높이기 위해선 자주 휴식 기간을 갖는 것이 최선일 수 있다.

　㉡ 레이버지와 브라운(LaBerge & Brown, 1989)은 참가자들에게 특정 시각 자극이 나올 것으로 예상되는 장소를 알려준 뒤, 자극이 출현하면 반응하도록 지시하였다. 자극은 기대되는 장소에 출현하기도 했고, 전혀 다른 장소에 출현하기도 하였다. 그 결과 자극 출현 위치가 주의가 할당된 위치로부터 멀어질수록 정확성은 급격히 떨어졌다. 이러한 결과는 경계 주의가 집중된 곳을 벗어나면 빠르고 정확하게 자극을 탐지할 수 없음을 보여준다.

(2) 탐색(search) 중요 ★

① 탐색은 특정한 세부특징을 찾기 위해 환경을 적극적으로 면밀히 살펴보는 것을 의미한다. 즉, 대상이 어디서 나타날지 모르는 상황에서 적극적으로 찾는 것이다.

② 경계와 달리 탐색은 신호가 나타나길 수동적으로 기다리는 것이 아니라 능동적으로 표적을 찾는 과정이다. 예를 들어, 쇼핑몰에서 마음에 드는 신발을 찾기 위해 돌아다니거나, 사냥꾼이 고라니를 잡기 위해 산을 찾아 헤매는 것이다.

③ 자극의 탐지에는 표적과 방해자극의 수, 표적과 방해자극의 세부특징 구별 여부 등이 영향을 미친다.

　㉠ 표적과 방해자극의 수가 탐색의 난이도에 영향을 미친다. 일반적으로 방해자극의 수가 많을수록 탐색의 난이도가 높아진다. 표적자극 'X' 탐색 시 방해자극 'L'의 수가 적은 (a) 조건보다는 방해자극의 수가 많은 (b) 조건이 더 어렵다.

　㉡ 하지만 방해자극의 수와 상관없이 뚜렷이 구별되는 경우에는 방해자극의 수가 탐색 난이도에 영향을 주지 않을 수도 있다. (c) 조건의 경우 표적자극 '●'가 뚜렷이 구분되기 때문에 방해자극 'L'의 수가 많음에도 불구하고 자극 탐지에 큰 영향을 주지 않는다. (d) 조건의 경우에는 표적자극 'T'와 방해자극 'L' 사이의 유사성으로 인해 표적자극 탐지에 어려움이 발생한다.

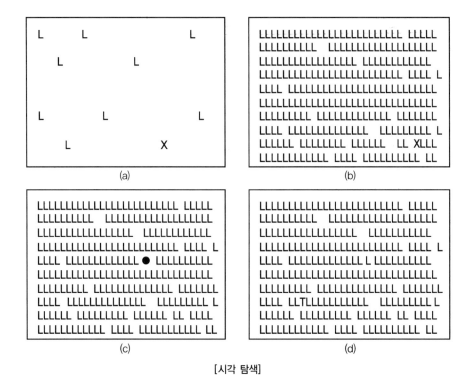

[시각 탐색]

④ (c) 조건의 표적자극과 같이 뚜렷이 구별되는 특징(예 색, 크기, 수직, 수평 등)을 탐색하는 과정을 **세부특징 탐색(feature search)**이라 부른다. 이러한 세부특징의 탐색 과정은 방해자극이 탐색을 지연시키는 역할을 거의 하지 못한다.

⑤ 반면 (d) 조건의 'T'와 'L'과 같이 각 선분이 다른 방식으로 결합되어 있는 경우에는 **결합 탐색** (conjunction search)이 요구된다. 결합 탐색은 세부특징들의 특정한 조합을 탐색하는 과정으로 주의가 요구되기 때문에 시간이 오래 소요된다.

(3) 세부특징통합이론(feature integration theory) 중요 ★★★

① 트리즈만과 겔러드(Treisman & Gelade, 1980)는 시각 탐색을 수행하는 방식에 대한 이론을 제안하였다. 세부특징통합이론을 통해 탐색의 과정과 더불어 세부특징에 대한 탐색이 상대적으로 쉽고 결합 탐색의 수행이 어려운지에 대해 설명하고 있다.

② 탐색의 과정은 크게 **전주의 단계**(preattentive stage)와 **초점주의 단계**(focused attention stage)로 구분된다.

    ㉠ 전주의 단계는 대상의 세부특징(예 색, 방위, 위치 등)을 분리해 탐색이 이루어지며, 탐색 시 방해자극에 큰 영향을 받지 않으며, 주의가 요구되지 않기 때문에 아주 빠르게 탐색이 이루어진다.

    ㉡ 초점주의 단계는 주의를 통해 세부특징들이 결합되어 탐색이 이루어지며, 주의가 요구되기 때문에 시간이 소요된다.

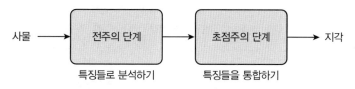

[세부특징통합이론이 가정한 탐색의 단계]

③ 단일 색의 수직선 사이에서 수평선을 찾는 (a) 조건의 경우에는 세부특징에 대한 탐색만 이루어지기 때문에 주의가 요구되지 않으며 따라서 방해자극의 수가 증가해도 목표자극 탐색에 소요되는 시간이 크게 증가되지 않는다. 반면 두 개의 색과 수평, 수직의 두 개의 특징이 결합되어 있는 (b) 조건의 경우 목표자극을 찾기 위해선 주의가 요구되며 방해자극의 수가 늘어날수록 시간이 증가하는 모습을 보인다.

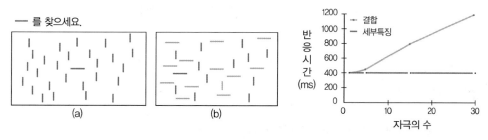

[세부특징통합이론의 실험적 증거 1]

④ 또한 트리즈만과 슈미트(Treisman & Schmdit, 1982)는 대상에 대한 주의 과정을 방해할 경우 대상과 연합된 특징들이 다른 대상과 결합되는 현상인 **착각적 결합**(illusory conjunction) 실험을 통해 세부특징통합이론에 대한 실험적 증거를 제시하였다.

    ㉠ 참가자들에게 제시될 자극에서 두 개의 숫자가 무엇인지 맞추도록 지시하였다. 자극은 두 개의 검은색 숫자와 4개의 방해 색깔·모양·그림으로 구성되어 있으며 자극은 200ms로 아주 빠르게 제시되었다.

    ㉡ 잔상이 사라지도록 무선 점으로 이루어진 차폐자극을 제시한 뒤, 숫자 보고 후에 방해자극으로 제시된 4개의 도형이 무엇이었는지 보고하도록 지시하였다.

    ㉢ 그 결과 시행 중 약 18%가 착각적 결합을 보였다. 예를 들어, 빨간색 작은 삼각형을 녹색 작은 삼각형을 보았다고 하는 것처럼 원래 자극과 달리 세부특징들을 착각적으로 결합시켜 보고하였다.

    ㉣ 이러한 결과는 주의를 제대로 두지 못할 경우 각각의 세부특징들은 지각되지만 결합 과정이 제대로 이루어지지 않을 수 있음을 보여주며, 이를 통해 탐색 과정이 두 개의 단계로 이루어져 있음을 보여준다.

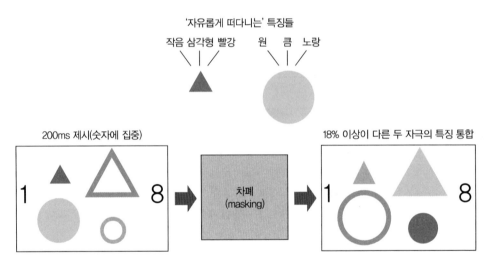

[세부특징통합이론의 실험적 증거 2]

3 선택적 주의

(1) 선택적 주의(selective attention)의 특징 중요 ★★★

    ① 선택적 주의는 주의의 핵심적 특징으로 어떤 자극에 주의를 두고 다른 것을 무시하는 것이다. 우리는 주의를 기울일 자극과 무시할 자극에 대해 끊임없이 선택을 하고 있고, 필요 없는 자극을 무시하거나 최소한으로 약화시키는 방식으로 필요한 자극에 집중을 한다.

② 체리(Cherry, 1953)는 수많은 사람들이 떠드는 시끄러운 칵테일파티에서도 대화가 가능하며 내가 관심이 있는 이야기를 들을 수 있는 현상에서 아이디어를 얻었고, 이를 **칵테일파티효과**(cocktail party effect)라 불렀다. 즉, 동시에 들어오는 수많은 정보들 중 자신에게 의미 있는 정보만을 선택적으로 받아들여 처리할 수 있음을 의미한다.

ⓐ 체리는 칵테일파티효과를 실험적으로 증명하기 위해 **양분청취과제**(dichotic presentation)를 실시하였다. 양분청취과제는 양쪽 귀에 서로 다른 메시지를 제시하는 절차이다. 체리는 참가자들에게 한쪽 귀에 들리는 소리에만 주의를 기울이도록 지시하였다.

ⓑ 또한 추가로 반대편 귀에 들리는 메시지에 주의를 기울이지 못하도록 주의를 기울인 쪽 메시지를 따라 말하도록 지시하였다. 이를 **따라말하기 과제** 또는 **그림자 과제**(shadowing task)라 부른다. 그 결과 주의를 기울인 쪽의 메시지 내용은 처리가 되었지만 무시한 귀로 제시된 메시지의 의미적 내용은 전혀 알아차리지 못했다. 단지 목소리의 성별, 높낮이의 변화 등 물리적 속성의 변화만을 알아차렸다.

ⓒ 이러한 결과는 주의가 마치 필터로 작용하여 주의를 기울인 쪽 의미 정보만을 통과시키는 것으로 보인다. 체리 이후 선택적 주의와 관련하여 정보가 어떤 기준으로, 어디에서, 어떻게 선별되는지와 관련된 **병목이론**(bottleneck theory) 또는 **필터이론**(filter theory)이 본격적으로 등장하기 시작한다.

[양분청취과제와 따라말하기를 통한 선택적 주의 연구]

(2) 병목이론(bottleneck theory) 또는 필터이론(filter theory)

① **브로드벤트(Broadbent, 1958)의 여과기모형**(filter model) 중요 ★★★

ⓐ 브로드벤트는 체리의 양분청취과제 실험을 바탕으로 여과기모형을 제안하였다. 여과기모형은 정보가 감각 수준에서 등록이 된 후 바로 여과 과정을 거친다고 가정하며, 여과기를 통과한 정보에만 지각이 이루어진다고 가정했다.

ⓑ 감각 수준에서 걸러진 정보는 지각 수준에 결코 도달하지 못하며, 이러한 여과 과정이 지각 과정 전에 있기 때문에 **초기선택모형**(early selection model)으로 불린다.

ⓒ 특히 주의의 선택기준으로 물리적 특성을 강조한다. 감각기관에 도달하는 모든 자극들은 그 위치, 강도, 높낮이와 같은 물리적 속성까지만 처리되며, 그 이후엔 한 번에 하나씩 순차적으로 처리된다고 보았다.

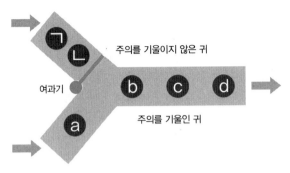

[브로드벤트의 여과기모형]

ㄹ 하지만 이후 엄격한 초기 선택에 대한 가정이 틀렸음을 시사하는 증거들이 속속 등장하였다. 모레이(Moray, 1959)는 주의를 기울이지 않은 쪽 귀에 강력하고 독특한 메시지를 제시할 경우 일부 의미적 처리가 일어남을 증명하였다. 실제로 참가자의 30%가 주의를 기울이지 않은 쪽에 멈추라는 지시를 받았을 때 따라 말하기를 멈추었다.

[모레이가 제안한 여과기모형의 한계]

② **트리즈만(Treisman, 1960)의 약화모형(attenuation model)** 중요 ★★★

ㄱ 트리즈만은 주의를 기울이지 않은 메시지가 여과기에 의해 완벽히 걸러지는 것이 아니라 일부가 통과되어 지각된다고 가정하였다.

ㄴ 이를 증명하기 위해 일반적인 양분청취과제를 실시하였다. 단, 이번에는 주의를 기울이지 않은 메시지에 주의를 기울인 메시지와 의미적으로 일치하는 단어가 제시되도록 조작하였다. 즉, 주의를 기울인 쪽 귀에는 "…sitting at the mahogany **three** possibilities…"였고, 동시에 반대편 귀에는 "…let us look these **table** with her head…"를 제시하였다. 이때 'three'와 'table'이 동시에 양쪽 귀에 제시되었고, 주의를 기울인 쪽 귀에 메시지의 의미상 'three'보다는 'table'이 더 적절한 단어였다.

ㄷ 그 결과 참가자들은 주의를 기울인 쪽에 제시된 의미가 맞지 않는 'three'보다는 주의를 기울이지 않은 의미가 적절한 'table'을 문장에 넣어 따라 말하였다. 트리즈만은 여과기에서 모든 정보가 차단되는 것이 아니라 자극의 강도가 약해져 지각될 가능성을 낮게 만든다고 가정하였다.

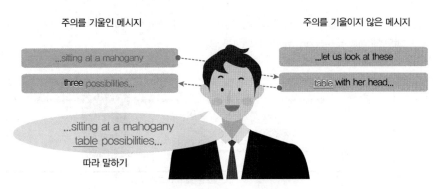

주의를 기울인 메시지   주의를 기울이지 않은 메시지

...sitting at a mahogany

three possibilities...

...let us look at these

table with her head...

...sitting at a mahogany
table possibilities...

따라 말하기

[트리즈만의 약화모형의 실험적 증거]

ⓒ 트리즈만은 이러한 결과를 바탕으로 두 가지 가정을 제안하였다. 첫 번째는 **약화통제**(attenuate control)이다. 약화통제란 주의 전에 물리적 속성에 대한 분석이 이루어진 뒤, 선별적 필터를 통해 정보가 처리되며 주의를 못 받은 메시지는 완전히 차단되는 것이 아니라 약화되어 입력된다는 것이다. 두 번째 가정은 **역치**(threshold)이다. 저장되어 있는 정보는 각각 역치를 가지며 역치를 초과하면 단어가 재인된다는 것이다.

ⓓ 예를 들어 주의를 기울이지 않은 쪽에 '자기 이름'이 입력되었을 경우 선별적 필터를 통과하게 되면 약화되지만 자기 이름에 대한 역치는 낮기 때문에 인식할 수 있다. 하지만 '루타바가(스웨덴산 노란 순무)'와 같이 잘 사용하지 않는 단어의 경우에는 역치가 높기 때문에 선별적 필터를 통과해 들어와도 인식되지 않는다.

ⓔ 브로드벤트의 여과기모형과 마찬가지로 트리즈만의 약화모형도 정보처리의 초기 단계에 여과기가 위치하고 작동한다고 가정하기 때문에 **초기선택모형**으로 구분된다.

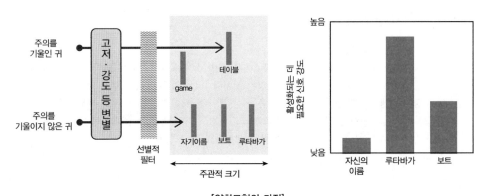

[약화모형의 가정]

③ **도이치와 도이치(Deutsch & Deutsch, 1963)의 기억선별모형(memory selection model)**

㉠ 기억선별모형은 여과기에 의한 선별 과정이 지각 이후에 발생한다고 가정하였다.

㉡ 감각적 분석뿐만 아니라 지각에 필요한 정보처리가 끝난 이후에 여과기가 작동하며 주의를 받지 못한 정보가 인식되지 않는 이유는 지각이 발생한 이후 전개되는 선별적 기억의 문제 때문이라고 해석하였다.

ⓒ 즉, 선택이 일어나기 전에 모든 정보들이 의미 수준까지 처리되며 이를 바탕으로 주의의 **후기선택모형**(late selection model)으로 구분한다.

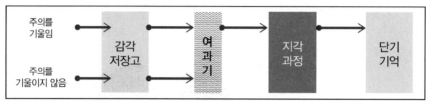

(a) 브로드벤트의 여과기 모형

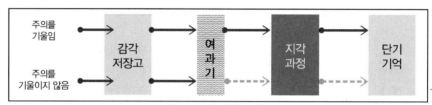

(b) 트리즈만의 약화 모형

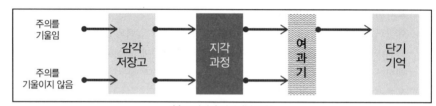

(c) 도이치의 기억선별 모형

[병목이론의 모형]

> 🔔 **더 알아두기** 🔍
>
> **병목이론 또는 필터이론**
> 병목이론(bottleneck theory)이라 부르는 이유는 병 속에 들어 있는 물을 뒤집으면 많은 양의 물이 좁은 병목으로 인해 액체의 흐름이 느려지는 것처럼, 너무 많은 양의 정보가 들어오게 되면 선별이라는 과정이 발생하기 때문에 병목으로 비유를 한 것이다. 또한 마치 필터처럼 작용한다고 하여 필터이론으로 부르기도 한다. 이러한 선별 과정이 초기인지 후기인지, 또는 여과기에 의해 완전히 차단되는지 등이 당시 병목이론 또는 필터이론의 논쟁거리였다.

제3장 인지조절

제1절 인지조절의 특징

1 선택적 주의와 분할주의

(1) 병목에서 처리 용량으로

① 주의와 관련된 초기 연구 결과 초기 선택과 후기 선택에 대한 증거가 혼재됨에 따라 주의 연구자들의 관심이 병목의 위치보다는 과제에 따라 요구되는 주의용량으로 옮겨가게 되었다.

② 선택적 주의가 특정 자극에 대해 선택적으로 주의를 기울이는 것과 관련되어 있다면, 분할주의는 둘 또는 그 이상의 구별된 과제들을 동시에 수행하는 것과 관련되어 있다.

③ 분할주의와 관련된 연구는 병목이론을 대치하기보다는 주의 과정과 관련해 보완하는 이론으로 볼 수 있다.

(2) 분할주의(divided attention)의 개념 중요 ★

① 분할주의란 한 번에 두 개 이상의 과제를 수행하는 것을 조정하기 위해 가능한 주의 자원을 할당하는 것이다.

② 실제 우리에게는 일상에서 한 가지 정보만을 처리하는 것이 아니라 동시다발적으로 여러 정보들을 처리하는 것이 요구되고 있으며, 제한된 용량으로 인해 적절하게 주의를 배분해 처리해야만 한다.

③ 예를 들어, 운전 경험이 많은 사람들은 대부분 운전을 하면서 대화가 가능하다. 하지만 갑자기 다른 차가 끼어드는 순간 모든 주의를 운전에 집중시킬 수 있다. 이렇듯 주의 자원을 적절히 할당하고 이동시키는 것을 분할주의라 한다.

(3) 카네만(Kahneman, 1973)의 주의용량이론(capacity theory) 중요 ★★

① 카네만은 사람의 정신적 작업 수행 능력에는 한계가 존재하며, 제한된 용량을 어떻게 배분하느냐에 관해서는 사람들이 상당한 통제력을 가진다고 전제하였다.

② 한정된 주의용량으로 인해 여러 과제 수행 시 적절한 배분이 필요하며, 요구되는 자원이 많으면 더 많은 **정신적 노력(mental effort)**을 쏟아야 한다고 보았다. 주의를 필요로 하는 모든 활동은 한정된 용량을 배분받기 위한 경쟁 관계에 있으며, 주의 공급이 충분하지 못하면 활동에 대한 수행 수준이 떨어진다고 보았다.

③ 특히 카네만은 가용한 주의용량은 **각성**(arousal) 수준에 따라 달라지며, 각성 수준이 너무 높거나 아주 낮을 때보다는 적당히 높을 때 가용한 주의용량이 많아진다고 가정하였다.

④ 가용한 주의용량의 배분은 과제의 난이도와 **지속적 성향**(enduring dispositions), **순간적 의도** (momentary intention)에 따라 달라진다. 지속적 성향은 주의의 불수의적 측면을 반영하는 것으로 신기한 사건, 갑자기 움직이는 물체, 누군가 부르는 자신의 이름 등은 자동적으로 주의를 끈다는 것이다. 순간적 의도는 특정 시간에 구체적 목적을 반영하는 것으로 선생님의 이야기에 주의를 기울이거나, 친구를 찾기 위해 교실을 돌아보는 것과 관련되어 있다.

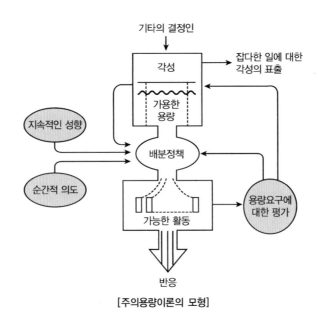

[**주의용량이론의 모형**]

⑤ 용량모형은 병목모형을 대치하는 것이 아니라 보충하기 위해 설계되었다. 두 이론 모두 두 과제를 동시 수행 시 간섭이 발생하지만 그 원인은 다르게 보았다. 병목이론은 두 개의 양립 불가능한 조작을 하나의 기제가 동시에 수행해야 하기 때문에 간섭이 발생한다고 본 반면, 용량이론은 두 활동이 가용한 용량을 초과하기 때문에 간섭이 발생한다고 보았다. 실제로 두 종류의 간섭은 모두 발생하고 있다.

2 용량과 선별의 단계

(1) 존스톤과 헤인츠(Johnston & Heinz, 1987)의 중다양식이론(multimode theory)

① 존스톤과 헤인츠는 주의가 유연하며, 병목이론과 용량이론 간에 상호작용이 일어난다는 것을 증명하였다.

② 지각 이전에 선별이 이루어지는 초기 선택부터 지각 이후 선별이 이루어진다는 후기 선택에 이르기까지 병목의 위치를 통제 가능하다고 보았으며 이러한 특징을 반영해 중다양식이론이라 불렀다.

③ 동시에 제시되는 메시지의 의미를 이해하기 위해선 후기 선택의 양식을 사용할 수 있다고 보았다. 후기 양식을 사용하게 되면 주의의 폭이 넓어지기 때문에 주의를 기울이지 않은 메시지도 처리가 가능한 반면, 첫 번째 주의를 기울인 메시지에 대한 이해의 폭이나 정확성은 감소될 수 있다고 보았다.

④ 주의의 폭을 넓힐 수는 있지만, 용량 할애 및 선별 정확성 감소라는 대가를 지불하게 된다고 가정하였다.

제 2 절 ▶ 자동적 처리

1 자동처리와 통제처리 중요 ★★★

(1) 자동처리(automatic processing)

① 어떤 행동을 인식하고 자극과 반응을 처리하는 데 의식이나 주의가 거의 필요 없는 인지과정으로, 의식적 제어를 수반하지 않는 인지적 처리 방식을 의미한다.

② 일반적으로 처음에는 많은 정신적 노력(용량)이 요구되지만, 많은 연습을 통해 자동적인 기능으로 바뀌는 경우가 많으며, 자동처리가 됨에 따라 동시에 **병렬적 처리**(parallel processing)가 가능하다.

③ 반면, 일이 자동적으로 수행되다 보면 실수가 일어나기 쉽고 기억을 하지 못하는 일도 생길 수 있다.

(2) 통제처리(controlled processing)

① 실행하는 데 주의가 요구되며, 의식적 제어를 필요로 하는 인지적 처리 방식을 의미한다.

② 일반적으로 한 번에 하나씩 **계열적 처리**(serial processing)로 처리되며, 자동처리에 비해 상대적으로 시간이 오래 소요된다.

특성	자동처리	통제처리
의식적 노력의 양	의식적 노력이 거의 또는 전혀 필요하지 않음	의도적 노력이 요구됨
의식적 자각 정도	보통 의식적 자각 없이 일어남	전적으로 의식적 자각이 필요함
주의 자원 사용	주의 자원을 적게 사용함	주의 자원을 많이 사용함
처리 유형	병렬처리	계열처리(순차적 처리)
처리 속도	상대적으로 시간이 적게 소요됨	상대적으로 시간이 많이 소요됨
처리 수준	상대적으로 낮은 수준의 인지처리	상대적으로 높은 수준의 인지처리
과제 난이도	일반적으로 쉬운 과제	일반적으로 어려운 과제
과제 친숙도	친숙하고 숙달된 과제 또는 안정적 특성을 가진 과제	낯설고 숙달되지 않은 과제 또는 변화 특성을 가진 과제

2 자동처리 과정의 습득

(1) 스트룹효과(stroop effect) 중요 ★★

① 단어의 의미를 이해하는 것은 처음에는 많은 정신적 노력이 요구되는 통제 과제 중 하나이다. 하지만 수많은 연습을 통해 결국엔 자동적인 기능이 된다("지금 이 문장을 보는 순간 문장의 의미가 저절로 이해가 된다.").

② 스트룹효과는 자동처리된 단어 이해 과정과 의식적 노력이 요구되는 글자색을 말하는 통제처리 과정의 간섭을 잘 보여준다.

③ 색상 단어와 글자의 색상을 같게 또는 다르게 제시한 뒤(노란색으로 칠해진 '노랑' 글자 또는 빨간색으로 칠해진 '노랑' 글자), 색상 단어의 뜻이 아닌 단어가 칠해진 색상을 말하도록 지시하면, 색상 단어와 글자색이 불일치할 경우 단어를 명명하는 데 어려움이 발생한다.

④ 이러한 결과는 단어의 뜻, 의미를 처리하는 자동처리 과정이 단어의 색을 분석하여 말로 표현하는 통제처리 과정보다 더 빠르게 발생하기 때문에 간섭으로 인해 처리에 어려움이 발생하는 것이다.

(2) 연습을 통한 자동처리 과정의 습득

① 스펠크, 허스트와 네이서(Spelke, Hirst, & Neisser, 1976)는 실험연구를 통해 실험실에서도 자동처리 과정이 습득될 수 있음을 증명하였다.

② 참가자들은 과제 A만 수행하는 조건 또는 과제 B만 수행하는 조건 그리고 두 과제를 동시에 수행하는 조건에 무선적으로 할당되었다. 과제 A는 제시된 문장을 마음속으로 자세히 읽는 과제였고, 과제 B는 소리도 들려주는 단어를 받아쓰는 과제였다. 6주에 걸쳐 총 85회 실시되었다.

③ 처음에는 동시 수행 조건이 가장 낮은 정확도와 반응시간을 보였지만 회기가 진행될수록 개별적 과제만을 수행하는 조건과 비슷한 정도로 수행이 향상되었다. 이러한 결과는 통제처리 과제도 연습을 통해 자동화될 수 있으며, 구분된 두 통제 과제가 연습을 통해서 하나의 단위로 작용했을 가능성도 제안한다(Anderson, 1983).

> **⚡ 더 알아두기 🔍**
>
> **스트룹효과**
> 스트룹효과를 활용한 스트룹검사는 임상 현장에서 선택적 주의, 인지적 유연성 및 처리 속도 측정을 통해 실행능력을 평가하기 위한 도구로 사용되고 있다. 주의력결핍행동장애, 틱장애, 학습장애, 자폐장애 등 아동기 신경발달학적장애를 진단하는 데 활용되고 있으며 특히 주의력결핍행동장애의 진단과 치료효과 평가에 유용하게 사용되고 있다. 그 외에도 뇌 손상, 치매 등의 신경퇴행성질환, 조현병, 우울증과 같은 진단에도 사용되고 있다.

제 2 편 실제예상문제

01 다음 설명과 연관된 형태재인에 관한 이론으로 옳은 것은?

> • 망막에 떨어지는 영상을 기억 속에 저장되어 있는 이미지와 비교하여 동일한 것을 찾아 재인이 이루어진다.
> • 바코드나 지문 인식 장치의 원리와 유사하다.

① 직접지각이론(direct perception theory)
② 형판이론(template theory)
③ 원형이론(prototype theory)
④ 세부특징분석이론(feature analysis theory)

01 형판이론은 형태재인과정에 대해 가장 기초적인 수준으로 설명하는 이론으로 망막에 떨어지는 영상을 기억 속에 저장되어 있는 형판과 비교하여 동일한 형판을 찾아 대상을 재인한다고 가정한다.

02 다음 중 세부특징분석이론(feature analysis theory)의 증거가 아닌 것은?

① 같은 낱자를 판단하는 과제에서 세부특징이 유사할수록 판단 시간이 길어졌다.
② 고양이의 시각피질에서 특정 기울기의 선분에 반응하는 세포를 발견하였다.
③ 글자 맞추기 과제에서 세부특징을 공유하는 낱자로 오인하는 경우가 자주 나타났다.
④ 사람들이 복잡한 대상을 쉽게 구별할 수 있는 이유를 잘 설명한다.

02 세부특징분석이론의 형태재인과정은 단순한 세부특징들에 대한 분석이 일어난 후, 세부특징들 간의 관계를 파악한다. 패턴의 세부특징이 기억 속 세부특징과 일치할 때 형태재인이 발생한다. 하지만 세부특징을 구별하기 어려운 복잡한 대상의 재인과정은 설명이 불가능하다.

정답 01② 02④

03 원형이론은 대상의 이상적 형태인 원형이 입력된 영상과 비교되므로 적은 수의 원형만으로도 많은 대상의 재인이 가능하다.

04 성분재인이론은 물체의 구성요소 지각을 바탕으로 3차원 대상의 재인과 정을 설명하는 이론으로, 35개의 단순한 입체 모형으로 사물을 구성하고 관계를 파악한 후 장기기억에 있는 표상들을 대조하여 형태를 재인한다고 가정한다.

05 부엌이라는 주변 맥락정보가 물체를 파악하는 데 영향을 미친다. 그 결과 부엌에 있을 것 같은 물건인 빵을 가장 잘 식별한다. 이와 관련된 정보처리를 하향적 처리 또는 개념주도적 처리라 한다.

03 다음 중 원형이론에 대한 설명으로 옳지 <u>않은</u> 것은?

① 원형이란 사례들이 평균적으로 가지고 있는 속성들의 추상적 집합체를 의미한다.
② 망막에 비춰진 영상과 개인이 지니는 원형과의 대조를 통해 형태재인이 발생한다.
③ 하나의 모양에도 거리와 각도에 따라 무한한 수의 원형이 필요하다.
④ 적은 수의 원형만으로도 많은 대상의 재인이 가능하다.

04 성분재인이론(RBC : Recognition-By-Components theory)에 대한 설명으로 옳지 <u>않은</u> 것은?

① 2차원 대상의 형태재인과정을 설명한다.
② 사물을 구성하고 있는 지온과 그들 간의 관계가 파악된 후, 장기기억에 있는 표상들이 대조를 통해 형태를 재인한다.
③ 현실세계에 불가능한 형태의 도형은 지온과 지온 간의 관계가 파악되지 않기 때문에 암묵기억 효과가 발생하지 않는다.
④ 35개의 기본 지온으로 세상의 모든 물체의 묘사가 가능하다고 보았다.

05 윤재는 재은이에게 부엌에서 식빵과 우체통, 작은 북을 찾아오라고 시켰다. 재은이는 식빵을 쉽게 찾았지만 우체통과 작은 북은 잘 찾지 못했다. 이와 관련된 정보처리 방식과 현상을 옳게 짝지은 것은?

① 개념주도적 처리 – 특징 비교
② 자료주도적 처리 – 맥락효과
③ 하향 처리 – 맥락효과
④ 상향 처리 – 특징 비교

정답 03 ③ 04 ① 05 ③

06 다음 중 맥락(context)에 의한 효과와 가장 거리가 가까운 것은?

① 단어우월효과(word superiority effect)
② 칵테일파티효과(cocktail party effect)
③ 부채효과(fan effect)
④ 스트룹효과(stroop effect)

06 단어우월효과란 특정 낱자를 확인하는 조건에서 비단어 속이나 단일 낱자로 제시될 때보다 단어 속에 제시될 때 낱자 인식이 더 빠른 현상을 말한다. 이는 단어에 대한 의미 정보가 각 낱자재인에 영향을 미친다는 점을 보여준다.

07 다음 중 얼굴재인에 대한 설명으로 옳지 <u>않은</u> 것은?

① 얼굴재인을 담당하는 뇌 영역은 방추상회(fusiform gyrus)로 알려져 있다.
② 얼굴을 거꾸로 제시하면 재인이 어려워지는 현상을 얼굴역전효과(face inversion effect)라 하며 얼굴재인의 보편성의 증거이다.
③ 얼굴실인증(prosopagnosia)은 얼굴만을 못 알아보는 지각 장애로 얼굴재인의 특수성의 증거 중 하나이다.
④ 고티에(Gautier)는 얼굴재인의 특수성이 상세한 판단을 요구하는 모든 재인과정에서 발생했을 가능성을 제안하였다.

07 얼굴역전효과(face inversion effect)는 자동차나 의자와 같은 일반적인 사물들을 거꾸로 제시해도 재인에 큰 어려움이 없지만, 얼굴을 거꾸로 제시하면 재인이 어려워지는 현상을 의미한다. 이는 일반 사물과 얼굴의 재인과정이 다름을 보여주는 증거이다.

08 다음 설명과 연관된 장애로 옳은 것은?

- 사물을 지각하는 데 어려움을 가지고 있기 때문에 사물을 인식하지 못하는 경우
- 지각과 의미 사이의 연결 문제가 아니라 시 감각을 하나의 통합된 지각표상으로 집단화할 수 없는 것이 특징
- 손상되거나 불완전한 그림을 보여주면 대상을 알아차리는 데 힘들어함

① 통각시각실인증
② 전환실어증
③ 표층난독증
④ 연합시각실인증

08 실인증은 인식의 장애를 의미하며 감각, 주의, 언어 혹은 일반 지능의 손상으로 초래되지 않는 경우를 의미한다. 통각시각실인증은 지각과 의미 사이의 연결 문제가 아니라 시감각을 하나의 통합된 지각표상으로 집단화할 수 없는 것이 특징이다.

정답 06 ① 07 ② 08 ①

09 주의의 과정은 의식적 과정뿐만 아니라 무의식적 과정 모두를 포함하며 이에 통제처리와 자동처리 과정 모두에서 작용한다.

09 다음 중 주의(attention)에 대한 설명으로 옳지 않은 것은?

① 주의는 온전히 의식적이고 통제 하에 작동한다.
② 제한된 양의 정보를 집중적으로 처리하도록 하는 수단이다.
③ 주의의 주요 기능에는 신호탐지, 선택적 주의, 분할주의 등이 있다.
④ 우리의 의식을 사로잡으려는 많은 자극 중 특정 자극을 선별하고, 인지 자원을 집중하게 해 준다.

10 경계란 자극 출현을 탐지하기 위해 계속 주의를 기울이는 능력으로, 특정한 자극이 아주 드물게 나타나면서 그것이 일단 나타나면 즉각적으로 주의를 기울여야만 하는 상황에서 필요하다.

10 공군 기지에서 레이더를 담당하는 군인이 적 비행기가 출현하는지를 지켜보는 행위와 관련 있는 것은?

① 선택
② 탐색
③ 경계
④ 결합

11 세부특징통합이론(feature integration theory)은 탐색의 과정을 크게 전주의 단계(preattentive stage)와 초점주의 단계(focused attention stage)로 구분하였다. 전주의 단계는 대상의 세부특징(예 색, 방위, 위치 등)을 분리해 탐색이 이루어지며, 초점주의 단계는 주의를 통해 세부특징들이 결합되어 탐색이 이루어진다고 가정하였다.

11 트리즈만과 겔러드(Treisman & Gelade, 1980)의 세부특징 통합이론(feature integration theory)이 가정한 탐색의 단계로 옳은 것은?

① 사물 → 전주의 단계 → 분할주의 단계 → 지각
② 사물 → 초점주의 단계 → 분할주의 단계 → 지각
③ 사물 → 전주의 단계 → 초점주의 단계 → 지각
④ 사물 → 초점주의 단계 → 지속주의 간계 → 지각

정답 09 ① 10 ③ 11 ③

12 다음 설명과 관련 있는 주의와 관련된 효과로 옳은 것은?

> 재은이는 친구들과 함께 학교에 가고 있었다. 그 때 두 친구
> 가 동시에 재은이에게 말을 걸기 시작했다. 하지만 재은이는
> 주의를 기울인 한 친구의 이야기만을 알아들을 수 있었다.

① 칵테일파티효과
② 파이현상
③ 감각순응
④ 부채효과

12 칵테일파티효과란 여러 개의 목소리
중에서 하나의 목소리만 선택적으로
주의를 기울일 수 있는 현상을 말한다.

13 다음 중 체리(Cherry, 1953)의 양분청취과제(dichotic presen-
tation)에 대한 설명으로 옳지 <u>않은</u> 것은?

① 청각적 선택 주의를 연구하기 위해 사용하였다.
② 양쪽 귀에 서로 다른 메시지를 동시에 제공하면서, 한쪽 귀
소리에 주의를 두고 똑같이 따라 말할 것을 지시하였다.
③ 무시된 쪽의 귀의 의미적 내용은 전혀 알지 못한다.
④ 주의를 기울이지 않은 쪽의 경우 남녀 목소리, 높낮이 등의
물리적 속성의 변화도 알아내지 못한다.

13 양분청취과제(dichotic presenta-
tion) 실험 결과 주의를 받지 않은 쪽
의 의미적 정보는 전혀 알아채지 못
했고, 단지 물리적인 속성의 변화만
을 알아챌 수 있었다. 이는 주의가 의
미 범주에 의해 선택되는 것이 아니
라 음향과 같은 물리적 속성에 의해
선택된다는 것을 증명한 것이다.

14 브로드벤트(Broadbent, 1958)의 여과기모형(filter model)에
대한 설명으로 옳지 <u>않은</u> 것은?

① 감각기관에 도달하는 모든 자극은 위치, 높낮이와 같은 물리적
속성까지만 처리되며, 그 이후 하나씩 순차적으로 처리된다.
② 주의를 기울이지 않은 쪽에서 강력하고 독특한 메시지가 제시
될 경우 일부 의미 정보처리가 일어난다.
③ 주의의 선택기준으로 물리적 특성을 강조했다.
④ 다중의 입력채널을 통해 들어온 정보가 단 하나의 감각정보채
널만을 통과한다고 보았다.

14 여과기모형(filter model)은 정보가
감각 수준에서 등록된 후 들어온 정
보가 단 하나의 감각정보 채널만을
통과시켜 지각 과정에 이른다고 가
정하였다. 감각기관에 도달하는 모
든 자극들은 위치, 강도, 높낮이와 같
은 물리적 속성까지만 처리되며, 그
이후엔 하나씩 순차적으로 처리된다
고 보았다.

정답 12 ① 13 ④ 14 ②

안심Touch

15 약화모형은 주의를 못 받은 메시지는 완전히 차단되는 것이 아니라 약화된다고 보았다. 단어의 역치가 초과되면 단어가 재인되는데 식역은 주관적이며 커지거나 작아질 수 있다고 보았다.

16 기억선별모형은 선별이 지각 과정 이후에 발생하기 때문에 후기선택모형으로 구분된다. 주의를 받지 못한 정보가 잘 인식되지 않는 이유를 지각이 일어난 후 전개되는 선별적 기억의 문제로 본다.

17 분할주의란 한 번에 두 개 이상의 과제를 수행하는 것을 조정하기 위해 가용 가능한 주의 자원을 할당하는 것이다. 선택적 주의가 특정 자극에 대해 선택적으로 주의를 기울이는 것과 관련되어 있다면, 분할주의는 둘 또는 그 이상의 구별된 과제들을 동시에 수행하는 것과 관련되어 있다.

정답 15 ② 16 ② 17 ①

15 다음 설명과 연관된 병목이론(bottleneck theory)으로 옳은 것은?

> 재은이는 오전부터 심리학 실험실에서 양분청취과제 실험에 참가하고 있었다. 쉬는 시간에 친구들과 함께 포테이토칩을 먹은 뒤 다시 실험에 참가하였다. 쉬는 시간 전에는 주의를 기울이지 않은 쪽에 제시된 감자라는 단어가 들리지 않았지만 쉬는 시간 이후엔 감자란 단어가 갑자기 들리게 되었다.

① 세부특징분석모형
② 약화모형
③ 주의용량이론
④ 여과기모형

16 주의에 의한 정보의 선별 과정이 지각 과정 이후 발생한다고 보는 모형으로 옳은 것은?

① 여과기모형
② 기억선별모형
③ 약화모형
④ 주의용량모형

17 한 번에 두 개 이상의 과제를 수행하는 것을 조정하기 위해 가용 가능한 주의 자원을 할당하는 것과 관련된 주의의 특성으로 옳은 것은?

① 분할주의
② 선택주의
③ 신호탐지
④ 지속주의

18 주의의 용량에 관심이 있는 모델에 관한 이론에 대한 설명으로 옳지 <u>않은</u> 것은?

① 인간의 정신적 작업 수행에는 한계가 존재한다.

② 두 개의 양립 불가능한 조작을 하나의 기제가 동시에 수행해 야 하기 때문에 간섭이 발생한다.

③ 제한된 용량을 어떻게 분배하느냐에 관해 사람들은 상당한 통제력을 갖는다.

④ 가용한 주의용량은 각성 수준에 따라 달라진다.

18 주의용량이론은 동시에 발생하는 과제들 간의 간섭 원인을 두 활동의 요구량이 처리를 위해 필요한 용량을 초과하기 때문이라고 설명한다.

19 다음 중 자동처리와 통제처리에 대한 설명으로 옳지 <u>않은</u> 것은?

① 자동처리는 순차처리에 해당한다.

② 자동처리는 의식적 제어를 필요로 하지 않는다.

③ 통제처리는 상대적으로 주의 자원을 많이 사용한다.

④ 통제처리는 처리 속도 측면에서 상대적으로 시간이 많이 소요 된다.

19 자동처리는 어떤 행동을 인식하고 자극과 반응을 처리하는 데 의식이나 주의가 거의 필요 없는 인지과정으로, 의식적 제어를 수반하지 않는 인지적 처리 방식을 의미한다. 일반적으로 처음에는 많은 정신적 노력(용량)이 요구되지만, 많은 연습을 통해 자동적인 기능으로 바뀌는 경우가 많으며, 자동처리가 됨에 따라 동시에 병렬적 처리가 가능하다.

20 다음 중 스트룹효과(stroop effect)에 대한 설명으로 옳은 것은?

① 의식 처리 과정이 자동처리 과정보다 먼저 발생하기 때문에 발생한다.

② 과제의 난이도가 어려울수록 주의용량이 부족해져 발생한다.

③ 물리적 속성이 초기 여과기에 걸러지기 때문에 발생한다.

④ 단어의 모양, 뜻, 이름을 처리하는 과정이 색의 밝기나 색상을 분석하여 명명하는 과정보다 빠르기 때문에 발생한다.

20 단어의 모양, 뜻, 이름을 처리하는 자동처리 과정이 색의 밝기나 색상을 분석하여 명명하는 의식적 처리 과정보다 더 빠르기 때문에 간섭이 발생한다.

정답 18 ② 19 ① 20 ④

01 정답
㉠ 상향 처리(자료주도적 처리)
㉡ 하향 처리(개념주도적 처리)

해설
상향 처리는 입력되는 자료에만 의존하여 주어진 문제를 해결하기 때문에 자료주도적 처리라 부르기도 하며, 하향 처리는 높은 수준의 인지과정이 지각과정을 주도한다는 점에서 개념주도적 처리라 부르기도 한다.

02 정답
형태우월효과

해설
형태우월효과는 맥락효과의 하나로, 자극에 대한 인식 및 지각 과정이 환경적 요인에 의해 영향을 받는다는 증거 중 하나이다.

✔ **주관식 문제**

01 다음 설명에서 괄호 안에 들어갈 내용을 순서대로 쓰시오.

> 정보처리의 방향과 관련해서 하위 단계인 물리적 자극 수준에서 시작해 상위 수준의 인지과정까지 이어지는 정보전달 과정을 (㉠)(이)라 하고, 지식이나 기대, 동기와 같은 고차원적인 인지과정이 지각과 같은 하위감각 정보처리로 이어지는 과정을 (㉡)(이)라 한다.

02 독자적으로 제시된 대상보다 특정 형태 속에서 제시된 대상이 더 복잡함에도 불구하고 쉽게 재인되는 현상을 무엇이라 하는지 쓰시오.

03 세부특징통합이론의 실험적 증거로서 특정 대상에 대한 주의 과정을 방해한 경우 대상과 연합된 세부특징이 다른 대상에 연합되는 현상을 무엇이라 하는지 쓰시오.

03 **정답**
착각적 결합
해설
착각적 결합은 대상에 대한 주의 과정을 방해할 경우 대상과 연합된 세부특징들이 다른 대상과 결합되는 현상을 의미한다. 이는 주의를 제대로 두지 못할 경우 각각의 세부특징들은 지각되지만 결합 과정이 제대로 이루어지지 않을 수 있음을 보여준다.

04 다음 설명에서 괄호 안에 공통적으로 들어갈 내용을 쓰시오.

> ( )은(는) 사례들이 평균적으로 가지고 있는 속성들의 추상적 집합체로, 입력된 영상과 개인이 지니는 ( )과(와)의 대조를 통해 형태재인이 발생한다고 가정된다. 어떤 자극에 대한 재인과정은 ( ) 즉, 속성의 공유 정도에 의해 결정된다.

04 **정답**
원형
해설
원형이론에 따르면 형태재인과정은 사례들에 대한 평균적인 속성들의 추상적 집합체인 원형과 입력된 영상과의 비교를 통해 결정된다고 가정한다. 입력된 영상이 원형과 대조될 때 그 둘이 정확히 일치할 필요는 없으며, 대략적으로 일치하는 것만으로도 대상에 대한 재인이 가능하다고 본다.

05 **정답**

연합시각실인증

해설

연합시각실인증은 기억이나 명칭의 장애가 아니라 시각적으로 제시된 것과 기억 속의 의미를 연결시키지 못하는 것이 원인으로, 제시된 목표 그림을 그대로 따라 그릴 수는 있지만 그린 것이 무엇인지는 잘 모른다.

05 사물을 전체로 지각하는 능력은 유지되지만 지각된 대상과 의미를 연결시키지 못해 대상을 알아보지 못하는 장애를 무엇이라 하는지 쓰시오.

기억

단원 개요

• 기억은 정보를 부호화하고 저장하고 인출하는 과정이다. 기억연구의 두 전통과 기억의 측정방법에 대해 알아본다.
• 전통적 기억모형인 다중기억체계이론의 특징과 한계에 대해 확인하고, 여러 대안적 모형을 다룬다.
• 기억 과정의 특징과 기억의 오류에 대해 확인해 보고, 기억의 생리학적 기반에 대해 알아본다.

출제 경향 및 수험 대책

• 각 기억모형의 특징과 연구방법에 대해 이해하고, 모형들이 제시하는 하위 기억유형의 특징에 대해 학습한다.
• 부호화, 저장, 인출의 과정에 대해 이해하고, 망각의 원인과 오기억, 섬광기억의 특징에 대해 학습한다.

혼자 공부하기 힘드시다면 방법이 있습니다.
시대에듀의 동영상강의를 이용하시면 됩니다.
www.sdedu.co.kr → 회원가입(로그인) → 강의 살펴보기

제 1 장 인간 기억의 모형

1 기억연구의 두 전통

(1) 순수한 기억과 망각의 과정

① 에빙하우스 연구의 특징

㉠ 인간의 지각과정을 물리학적 실험 절차를 사용해 연구했던 정신물리학자 페흐너(Fechner)의 영향을 받은 에빙하우스(Ebbinghaus, 1885)는 지각과정보다 고차원적인 기억과 망각과정의 측정에 관심이 있었다.

㉡ 최초로 기억과 망각과정에 실험적 방법을 적용하여 연구했으며, 논문인 「기억에 관하여」를 1885년 발표하였다.

② 망각과정의 연구 중요 ★

㉠ 에빙하우스는 기존의 지식에 영향을 받지 않는 순수한 기억연구를 위해 자음–모음–자음으로 배열된 무의미 철자(예 FUP, CEV 등) 2,000개를 만든 뒤, **절약법**(saving method)을 사용하여 실험을 하였다.

㉡ 절약법은 무의미 철자 15개를 완벽히 학습하는 데 걸리는 반복횟수(또는 시간)를 측정한 뒤, 일정시간 지연 후 다시 완벽히 학습하는 데 걸리는 반복횟수(또는 시간)의 측정치로 절약점수를 계산하는 방법이다. 만일 한 목록의 처음 학습을 위해 10번 반복을 했고, 두 번째는 4회 반복만 필요했다면 이것은 60%의 절약을 의미했으며 이러한 절약점수는 기억흔적의 지속성을 반영해주는 측정치이다.

㉢ 에빙하우스의 가장 큰 발견 중 하나는 바로 망각과정의 측정이며, 이를 그래프로 나타낸 것이 **망각곡선**(forgetting curve)이다. 망각곡선을 통해 알 수 있는 사실은 망각은 학습을 한 뒤 1~2시간 내로 급격히 발생하지만 일정 시간이 지난 후에 망각은 천천히 이루어지며, 적은 양의 정보가 오랜 시간이 지나도 일정 부분 남아있다는 점이다.

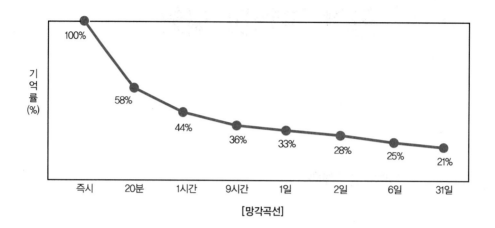

[망각곡선]

③ **학습 과정의 연구**

　ⓐ 에빙하우스의 또 다른 업적은 학습에 있어서 반복의 중요성을 실험을 통해 증명했다는 점이다. 한 목록을 8번에서 64번 반복한 후, 24시간 뒤에 그 목록을 재학습하는 데 얼마나 많은 시간이 필요한지 연구하였다. 그 결과 처음에 반복횟수가 많으면 많을수록 24시간 뒤 재학습에 필요한 시간이 줄어들었다.

　ⓑ 에빙하우스의 연구는 **파지(retention)** 기간과 학습량(반복횟수)이 기억과 망각에 미치는 영향을 지시했으며, 특히 기억과 망각에 관한 연구에 최초로 실험적 절차를 사용해 경험적으로 연구될 수 있음을 보여주었다는 데 의의가 있다.

> 참고
>
> 'retention'은 '파지'란 뜻으로 '정보를 지니고 있는 것', '보유하고 있는 것'으로 번역된다.

 더 알아두기

에빙하우스의 기억연구

에빙하우스의 연구에서 놀라운 점은 기억과 관련된 모든 연구를 조력자 없이 혼자서 연구자와 참가자 역할을 해냈다는 점이다. 한 연구에서는 무려 350개의 무의미 목록을 총 189,501번 반복 학습한 것으로 기록되어 있다. 기억과 관련된 저명한 학자인 튤빙(Tulving)은 에빙하우스의 절차를 사용해 한 실험을 진행하였으나 "참가자 6명 중 2명은 눈에 보일 정도로 짜증을 냈고 수행의 결과가 나빠지자 너무나 괴로워했다. 그래서 과학적 심리학보다 그들을 위해 연구를 종료시켜야 했다(Tulving, 1985)."라고 보고했다. 에빙하우스의 연구가 더욱 놀라운 건 튤빙의 실험은 에빙하우스의 연구들 중 하나였을 뿐이라는 점이다.

(2) 기존 지식이 기억에 미치는 영향

① **바틀렛 연구의 특징**

바틀렛(Bartlett, 1932)은 에빙하우스와 달리 기존의 지식이 기억에 미치는 영향을 연구하고자 하였다.

② **도식(schema)의 영향** _{중요} ★

  ㉠ 바틀렛은 영국 대학생들에게 익숙하지 않은 미국 북서부 원주민 설화인 '유령들의 전쟁(The War of the Ghosts)'을 두 번 들려준 뒤, 다양한 파지 기간에 걸쳐 회상을 하도록 지시하였다(1932).

  ㉡ 그 결과 원래의 글보다 축약해서 회상해 냈으며, 특히 익숙하지 않은 내용을 익숙한 내용으로 회상하는 경향(예 카누 → 보트 / 사냥 → 낚시 / 입에서 검은 것이 → 입에서 피를 등)을 보였다.

  ㉢ 바틀렛은 사람들이 과거 경험에서 만들어진 추상적인 지식 구조인 **도식(스키마, schema)**을 지니고 있으며, 모든 새로운 정보가 도식에 표상된 기존의 정보와 상호작용한다고 보았다. 즉, 실험의 결과를 참가자들이 자신들이 지닌 지식에 부합하는 방식으로 정보를 재구성했기 때문으로 해석하였다.

> **⚡ 더 알아두기 🔍**
>
> **유령들의 전쟁 내용**
> 에둘렉 출신의 두 남자가 고기를 잡으러 갔다. 강에서 고기를 잡느라고 열중하고 있을 때 멀리서 들려오는 소음을 들었다. "고함소리 같은데?"라고 한 사람이 말하자, 곧 카누를 탄 사람들이 나타나 자기들의 모험에 동참하도록 권유했다. 한 젊은이는 가족 때문에 거절했지만 다른 사람은 간다고 나섰다. "그러나 화살이 없소."라고 말했다. "화살은 배 안에 있소!"라고 누군가 말했다. 그가 배 안에 자리를 잡는 동안 그의 친구는 집으로 돌아갔다. 그 무리들은 칼로마를 향하여 노를 저으면서 강을 거슬러 올라가서 강둑에 도착했다. 적은 그들을 밀어붙이기 시작했고, 다소 격렬한 싸움이 있었다. 곧 누군가 부상을 당했고, 그 적이 유령들이라는 외침이 있었다. 무리들은 강을 따라 내려왔고, 그 젊은이는 전혀 나쁜 일을 경험하지 않았다고 느끼면서 집에 도착했다. 다음날 새벽 그는 자기의 모험을 열심히 설명하고자 했다. 이야기 도중에 검은 것이 그의 입에서 나왔다. 갑자기 그가 외마디 소리를 지르면서 쓰러졌다. 친구들이 그의 주위에 몰려들었다. 그러나 그는 죽었다.

> **⚡ 더 알아두기 🔍**
>
> **바틀렛의 기억연구**
> 바틀렛은 1948년 제2차 세계대전 당시 응용심리학에 대한 연구를 바탕으로 영국 공군에 복무한 공로를 인정받아 기사 작위를 수여받았다(바틀렛 경). 하지만 당시 바틀렛의 연구는 심리학 이론에 큰 영향을 미치지 못했는데, 이는 행동주의 심리학이 심리학의 주류를 형성하고 있었기 때문이었다. 바틀렛의 도식과 관련된 연구는 1960~1970년대에 이르러서야 인지심리학자들에 의해 뒤늦게 인정받았다.

2 기억의 측정

(1) 외현기억검사(explicit memory test)

  ① 외현기억검사는 참가자들에게 정보들을 학습하도록 지시한 뒤, 기억을 요구하는 방식으로 이루어지며 크게 **회상검사(recall test)**와 **재인검사(recognition test)**로 나뉜다.

② 회상검사(recall test)는 어떤 사실이나 단어 혹은 다른 여러 항목들을 제시한 뒤, 빈칸을 채우거나 앞서 제시된 정보를 있는 그대로 기억해 내도록 요구한다. 회상검사에는 계열회상검사, 자유회상검사, 단서회상검사 등이 있다.

③ 재인검사(recognition test)는 사전에 학습한 항목들을 검사 단계에서 골라내거나 식별하는 방식으로 이루어진다. 사지선다형 객관식이나 진위판단(○/×) 문제가 재인과 관련된 검사이다.

기억과제의 유형	과제의 요구	예시
회상검사	사실, 단어 혹은 다른 항목들을 기억으로부터 떠올림	심리학은 인간의 _____(를)을 과학적으로 연구하는 학문이다.
계열회상검사	목록에 있는 항목을 제시받은 순서대로 기억	6-1-5-3-9-7의 순서대로 제시되면, 순서대로 기억해서 보고
자유회상검사	목록에 있는 항목들을 순서와 상관없이 기억	순서와 상관없이 앞서 제시된 숫자를 보고 (1, 3, 5, 6, 7, 9)
단서회상검사	쌍으로 이루어진 항목을 기억한 뒤, 한 항목이 제시되면 그 짝을 기억	'1-양, 3-커피, 5-빵'이 제시된 후 '1'이 주어지면 '양'이라고 보고(1 – ___ : 양)
재인검사	이전에 학습한 자극을 선택하거나 알아보는 방식	양, 커피, 빵이 제시된 뒤, 검사 단계에서 '양'을 제시한 뒤 앞서 나온 단어인지 판단(○/×)

(2) 암묵기억검사(implicit memory test)

외현기억검사는 정보에 대해 의식적이고 의도적으로 정보를 제시하고 검사를 요구하는 방식인 반면, 암묵기억검사는 의식적·의도적으로 기억하려 한 적이 없음에도 불구하고 과거 경험을 통해 남아 있는 기억을 검사한다.

기억과제의 유형	과제의 요구	예시
암묵기억검사	의식적으로 깨닫지 못하면서 기억 속에 있는 정보를 끌어내야 함(일반적으로 기억하라고 지시를 주지 않음)	다음 중 제시된 것이 단어인지 비단어인지 판단하세요. ↓ 더페-커피-이머-카페-스람-홍대 ↓ 빈칸을 채워 단어를 완성하세요. (___피 / ___페 / ___대)

제 2 절 ▶ 전통적 기억모형

1 다중기억체계

(1) 세저장소모형(three-store model)의 특징 중요 ★★★

① 인지심리학의 등장과 함께 초기 기억연구들을 바탕으로 1960년대에 기억을 하나가 아닌 여러 개의 기억저장고로 이루어진 기억체계로 보는 **다중기억체계이론**(multi-store memory system theory)들이 등장하기 시작했으며, 그중 가장 대표적인 이론이 앳킨슨과 쉬프린(Atkinson & Shiffrin, 1968)의 세저장소모형이다.

② 저장용량과 저장시간을 바탕으로 기억을 크게 **감각기억**(sensory memory), **단기기억**(STM : short-term memory), **장기기억**(LTM : long-term memory)으로 분류하였으며, 기억정보의 처리 과정에 따라 **기억저장고**(memory store)들을 구성하였다.

③ 다른 기억저장고로 정보가 전환될 때 이를 결정하는 **통제과정**(control process)을 가정하였다.

④ 감각기억은 감각기관에 등록된 거의 모든 정보가 순간적으로 저장되었다가 사라지는 기억으로, 정보가 사라지기 전 **주의**(attention)를 둔 일부의 정보가 단기기억으로 전이된다고 가정하였다.

⑤ 단기기억은 일시적으로 정보가 저장되는 곳으로 감각기억을 거쳐 들어온 일부의 정보(대략 7 ± 2)가 20여 초 정도 저장되었다가 사라진다고 가정하였다.

⑥ 단기기억 속의 정보가 사라지기 전에 **시연 또는 되뇌기**(rehearsal)를 통해 장기기억으로 전이되며, 장기기억은 매우 많은 양의 정보가 오랫동안 거의 영구적으로 저장된다고 가정하였다.

⑦ 장기기억 속에 저장된 정보를 꺼내기 위해선 단기기억으로 정보를 인출해 출력해 낸다고 제안하였다.

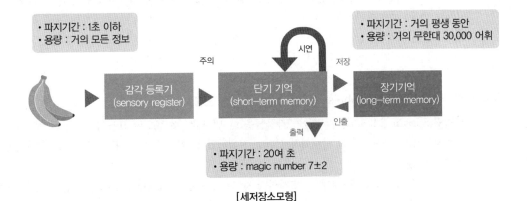

[세저장소모형]

(2) 세저장소모형의 한계

① 기억정보 처리 과정이 세저장소모형이 가정한 대로 반드시 '감각기억 → 단기기억 → 장기기억'의 순서로 진행되지 않는다는 사실이 밝혀졌다. 단기기억이 손상되었음에도 불구하고 장기기억이 정상적인 사례가 발견되기도 하였다(Shallice & Warrington, 1970).

② 단기기억이 단일한 구조가 아니라 **작업기억**(working memory)과 같이 상이한 여러 구조로 볼 수 있다는 점이 밝혀졌다(Baddeley & Hitch, 1974).

③ 장기기억도 하나의 저장고가 아닌 정보의 특성에 따라 **의미기억**(semantic memory)과 **일화기억**(episodic memory)(Tulving, 1973), **외현기억**(explicit memory)과 **암묵기억**(implicit memory)(Cohen, 1984 ; Squire, 1993)으로 나뉠 수 있다는 사실이 밝혀졌다.

> **더 알아두기** 🔍
>
> **단기기억과 단기저장소**
> 엄밀히 말하면 단기기억(STM : short-term memory)은 어떤 기억이 얼마나 오래 존재하고 있었느냐에 의해 규정되는 경험적 용어이며, 단기저장소(STS : short-term store)는 그 기억이 저장되어 있다고 생각하는 장소를 지칭하는 개념이다. 하지만 최근에는 단기기억 용어를 최근의 기억을 지칭하기 위해 사용하기도 하고, 그 기억이 처음 저장되는 장소를 지칭하기 위해서도 사용된다.

2 감각기억

(1) 감각기억(sensory memory)의 기본 특징

① 감각기억이란 시각, 청각, 후각, 미각, 촉각 등의 감각정보가 아주 짧은 시간 동안 원래의 감각 양식으로 유지되는 기억을 의미한다. 일부 심리학자들 중에는 감각기억을 기억으로 보기엔 낮은 수준이기 때문에 **감각등록기**(sensory register)로 불러야 한다고 주장하기도 한다.

② 감각기억 중 시각과 관련된 감각기억을 **영상기억**(iconic memory), 청각과 관련된 감각기억을 **반향기억**(echoic memory)이라 한다.

③ 감각기관이 포착한 거의 모든 환경 정보가 저장이 되지만 일반적으로 1~2초의 아주 짧은 시간 유지되고 대부분 사라지며, 주의를 둔 일부의 정보가 단기기억으로 전이된다.

(2) 스펄링의 전체보고절차(whole-report procedure) 중요 ★

① 스펄링(Sperling, 1960)은 사람들이 자극들을 한 번 보는 것으로 얼마만큼의 정보를 기억해낼 수 있는지 관심을 가지고 이를 밝히고자 실험을 진행하였다. 이를 위해 전체보고절차라는 실험적 방법을 사용하였다.

② 전체보고절차는 참가자들에게 4 × 3개의 낱자(총 12개)를 50ms(0.05초) 동안 순간적으로 제시한 뒤, 기억나는 모든 자극을 보고하도록 하는 절차였다. 실험 결과 참가자들은 제시된 12개의 낱자들 중 평균 3.5개 정도만을 보고했으며, 이를 토대로 제시된 일부의 정보만을 기억한다고 결론을 내렸다.

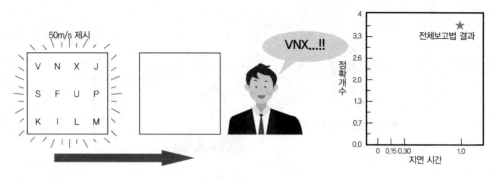

[전체보고법 절차와 결과]

(3) 스펄링의 부분보고절차(partial-report procedure) 중요 ★★

① 하지만 스펄링(Sperling, 1960)은 참가자들의 일부가 "제시된 모든 낱자들을 뚜렷이 보았지만 보고 하는 과정에서 나머지 다른 낱자들을 잊어버렸다."라고 보고한 것을 토대로 보고 과정에서 사라지기 전 기억을 측정할 수 있는 부분보고절차 방법을 개발하였다.

② 부분보고절차도 전체보고절차와 마찬가지로 4×3개의 낱자를 50ms 동안 순간적으로 제시하였다. 하지만 전체보고절차와 달리 제시된 전체 낱자들을 보고하는 것이 아니라 낱자가 제시된 직후 제시된 고음, 중음, 저음에 따라 각 줄의 낱자들을 보고하도록 지시하였다. 즉, 고음이 제시되면 첫째 줄, 중음이 제시되면 둘째 줄, 저음이 제시되면 셋째 줄에 제시된 낱자들만을 보고하도록 지시하였다.

③ 그 결과 참가자들은 모든 열에 걸쳐 4개 중 평균 3.2개를 보고하였다. 이러한 결과는 낱자들이 제시 된 순간에는 12개 중 최소 9.6개 이상은 기억하고 있다는 것을 의미한다.

④ 또한 스펄링은 감각기억의 지속시간을 알아내기 위해 제시되는 신호음의 제시시간을 조작하였다. 즉 4×3개의 낱자들이 제시된 후, 신호음을 1초 뒤에 제시한 결과 모든 열에 걸쳐 4개 중 평균 1.3 개만을 보고하였다. 이는 감각기억의 지속시간이 1초 이내라는 사실을 증명한 것이었다.

[부분보고법 절차와 결과]

[시간 지연과 결과]

3 단기기억

(1) 단기기억(STM : Short-Term Memory)의 기본 특징 중요 ★

① 감각기억의 경우에는 정보가 순간적으로 지속되고 사라지기 때문에 의식적 경험이 힘든 반면, 단기기억은 주의를 통해 전환되므로 의식이 작용되는 기억이다.

② 단기기억은 주로 청각적 부호화가 이루어지며 저장용량은 시연을 하지 않을 경우 평균적으로 5~9개 정도로 대략 20여 초 이내로 사라진다.

③ 또한 단기기억의 인출과정은 순차적이고 소진적 탐색을 통해 이루어진다.

(2) 단기기억의 부호화

① 콘라드(Conrad, 1964)는 청각적 부호화 실험을 통해 단기기억의 부호화가 주로 **청각적 부호화**로 이루어진다는 사실을 증명하였다.

② 콘라드는 단기기억의 부호화 형태를 알아보기 위해 참가자들에게 낱자들을 750ms(0.75초) 동안 시각적으로 제시한 뒤 즉시 회상해내도록 지시한 후에 회상 결과의 오류 형태를 분석하였다.

③ 그 결과 자극들이 시각적으로 제시되었음에도 불구하고 오류가 청각적 혼동에 기인한다는 사실을 발견하였다. 이러한 결과는 단기기억이 주로 청각적 형태로 부호화됨을 증명한 것이다.

[콘라드(Conrad)의 단기기억 부호화 실험]

④ 또한 모양이나 색깔과 같은 시각적 부호화도 발생할 수 있으며, 정보의 의미에 대한 의미적 부호화도 발생할 수 있다.

(3) 단기기억의 저장용량 중요 ★★

① 밀러(Miller)는 「Magic Number 7(1956)」 논문을 통해 단기적인 기억용량이 평균적으로 7±2 정도라고 주장하였다. 이는 숫자와 같은 단순한 것부터 단어와 같이 복잡한 정보에 이르기까지 마치 마법처럼 평균 7개 정도에 머물렀기 때문에 마법의 숫자라는 논문 제목을 사용하였다(예 우리가 누군가의 핸드폰 번호를 외울 때 010을 제외한 8자리의 나머지 번호만을 되뇌는 이유도 여기에 있다).

② 추가적으로 밀러는 친숙한 자극을 하나의 단위로 묶는 청크화(chunking)의 개념을 제안하였다. 청크(chunk)는 청크 내의 구성요소들끼리는 강하게 연합되어 있지만 다른 청크의 구성요소들과는 약하게 연합되어 있는 구성요소들의 모음으로 정의된다(Cowan, 2001).

③ 특히 단어와 같은 작은 단위가 구와 같은 또는 문장이나 단락, 이야기와 같은 더 큰 의미가 있는 단위로 결합될 경우 일반적인 단기기억의 용량을 넘어서 저장용량을 20개 이상으로 늘릴 수도 있다.

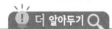

> **청킹 예시**
> 맛있다 / 더페이머스램 / 홍대 / 먹다 / 친구 / 카페 / 빵 / 커피 / 여자 / 크리스마스
> → 지난 크리스마스에 여자 친구와 홍대에 있는 더페이머스램 카페에서 맛있는 커피와 빵을 먹었다.

(4) 단기기억의 지속시간 중요 ★

① 브라운(Brown, 1958)과 피터슨과 피터슨(Peterson & Peterson, 1959)은 단기기억의 지속시간을 알아내기 위해 비슷한 실험적 절차를 고안해냈다. 무의미한 3개의 낱자(예 M V K)를 제시한 뒤, 낱자와 함께 제시된 숫자에서 3을 지속적으로 뺀 답을 소리 내어 말하도록(예 491 제시 : "488", "485", "482", "479", ……) 지시하였다.

② 숫자빼기과제를 특정 시간(3초, 6초, 9초, 12초, 15초, 18초) 수행한 뒤, 앞서 제시된 낱자를 회상하도록 하였다.

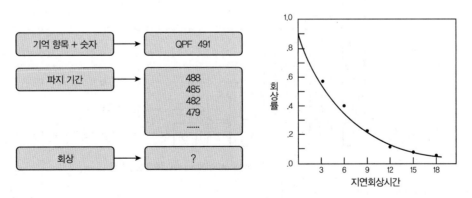

[단기기억 지속시간 실험]

③ 낱자 제시와 동시에 말로 숫자를 빼도록 한 이유는 시연을 통해 제시된 낱자 정보가 단기기억을 넘어 장기기억으로 전이되는 것을 막기 위해서였으며 이러한 과제를 브라운-피터슨 과제(Brown-Peterson task)라 한다.

④ 실험 결과 3초 동안 숫자를 센 경우 대략 80%를 기억할 수 있었지만 18초가 지난 후에는 단지 12%만을 기억할 수 있었다. 단기기억 속의 기억흔적은 시간이 지나감에 따라 빠르게 소멸(decay)되는 것으로 나타났다.

> **단기기억 지속시간 연구의 시작**
> 영국의 심리학자였던 브라운(Brown)은 단기기억 지속시간을 알아보기 위해 시연 방해 절차를 사용한 논문을 1958년에 발표했고, 미국 심리학자였던 피터슨(Peterson) 부부는 1959년에 유사한 논문을 발표하였다. 1년의 차이가 있었지만 피터슨 부부의 업적도 인정받아 시연 방해를 위해 말로 숫자를 빼는 과제를 시키는 절차를 브라운-피터슨 과제라 부른다.

(5) 단기기억의 인출 중요 ★★

① 스턴버그(Sternberg, 1966)는 단기기억에 저장된 정보에 어떻게 접근하고 인출이 발생하는지 알아보기 위해 **기억주사과제**(memory scanning task)를 사용하여 증명을 시도하였다.

② 예를 들어 먼저 참가자에게 짧은 숫자목록(예 9, 1, 7, 6, 4, 3, 4)을 기억하도록 시킨 뒤, **목표숫자(탐침자극)**를 제시하고(예 6 또는 8) 이 숫자가 앞서 제시된 숫자목록에 있었는지 여부를 빠르게 판단하도록 요구하였다. 6이 제시되었다면 '예'가 정확반응이 되는 것이고, 8이 제시되었다면 '아니오'가 정확반응이 된다. 또한 추가로 반응시간도 측정하였다.

③ 참가자가 기억해야 할 숫자기억세트는 1개에서 6개까지 변화를 주었으며, '예' 반응이 나타나야 하는 목표숫자의 위치는 각 숫자세트 상 모든 위치에 배치되었다. 즉, 기억해야 할 숫자세트가 3개라면 목표숫자(탐침자극)가 각각 첫 번째 위치, 두 번째 위치, 세 번째 위치에 배치되었다.

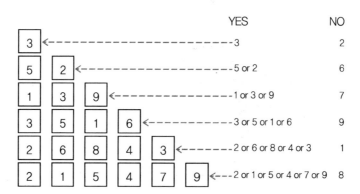

[스턴버그(Sternberg)의 단기기억 인출 과제]

④ 스턴버그는 단기기억에 저장된 정보의 인출과정이 동시에 발생하는지(**병렬처리**), 아니면 한 번에 하나씩 차례대로 발생하는지(**순차처리**) 알아보고자 하였다. 또한 만일 순차처리라면 목표숫자가 나타났을 때 탐색을 멈추는지(**자기종결적**), 아니면 목표숫자가 나타나도 숫자세트 모두를 끝까지 탐색하는지(**소진적**) 알아보고자 하였다.

[단기기억 인출 결과의 경우의 수]

⑤ 실험 결과 숫자목록에 목표숫자가 있는 '예' 반응 조건과 목표숫자가 없는 '아니오' 반응 조건 모두 기억해야 할 숫자세트의 숫자가 한 개씩 증가함에 따라 반응시간이 38ms(0.038초)씩 증가하였다. 또한 두 조건 모두 기억세트 증가에 따른 평균 반응시간의 기울기가 동일하였다.

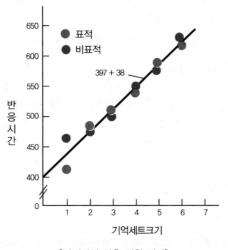

[단기기억 인출 실험 결과]

⑥ 기억항목이 한 개씩 증가함에 따라 38ms씩 증가되었다는 의미는 목표숫자를 탐지하기 위해 숫자들을 동시에 처리하는 것이 아니라 하나씩 차례대로 처리함을 의미한다. 또한 기억해야 할 숫자세트에 목표숫자의 존재 여부와 상관없이 동일한 기울기를 보인다는 것은 숫자세트를 끝까지 탐색한다는 의미로 해석될 수 있다. 이들 결과를 바탕으로 단기기억의 인출과정은 **순차적**이고 **소진적 탐색**이 이루어진다고 가정하였다.

> **더 알아두기**
>
> **순차처리와 병렬처리**
> 코코란(Corcoran, 1972)은 스턴버그의 순차처리에 대한 해석에 의문을 제기하였다. 즉, 병렬처리가
> 이루어진다고 해도 탐색해야 할 자극이 늘어남에 따라 처리의 속도가 느려질 수 있다고 보았다. 이와
> 관련해서 타운샌드(Townsend, 1971)는 병렬처리와 순차처리를 명확하게 구분하는 것이 불가능하다
> 는 점을 수학적으로 증명하기도 하였다.

4 장기기억

(1) 장기기억(LTM : Long-Term Memory)의 기본 특징

① 장기기억은 많은 양의 정보를 오랜 기간 거의 영구적으로 저장할 수 있는 기억으로 시연 과정을 통
해 정보가 전이된다.

② 앳킨슨과 쉬프린(Atkinson & Shiffrin)은 정보가 단기기억에 유지되는 과정은 개인이 의도적으로
개시하거나 방지할 수 없을 정도로 자동적이지만, 자발적인 통제 하에서도 일어나며 이를 **통제과정**
(control process)이라 제안하였다.

③ 이러한 통제과정에는 **부호화**(encoding), **시연**(rehearsal) 등이 있다.

(2) 통제과정

① **부호화**(encoding)는 하나의 항목에 부여된 부호가 변화되는 과정을 말하며, 예를 들어 '고양이'라는
단어를 기억하기 위해 머릿속에 이미지를 형성하는 것을 말한다.

② **시연**(rehearsal)은 정보를 머릿속에서 반복하는 과정으로 단기기억 내에서 정보의 흔적을 효과적으
로 활성화시킬 뿐만 아니라 부호화의 시간을 확보함으로써 장기기억 내에서 영구적 흔적을 만들 가
능성을 높인다고 보았다.

> **참고**
> 장기기억의 저장과 인출과정은 제3편 제2장 부호화(약호화), 저장, 인출과 제4편 제4장 지식의 조직에서 자세
> 히 다룰 예정이다.

5 단기기억과 장기기억의 실험적 증거

(1) 계열위치효과(serial-position effect) 중요 ★★★

① 계열위치효과란 자극이 제시된 순서에 따라 기억이 다르게 나타나는 현상으로, 단기기억과 장기기억의 구조가 분리되어 존재한다는 강력한 증거이다.

② 참가자들에게 20개의 단어와 같은 항목들을 순서대로 제시하고 학습하도록 한 뒤 순서와 상관없이 앞서 나온 모든 항목들을 회상(자유 회상)하도록 지시한다. 그 결과 계열위치상 앞쪽에 제시된 항목들과 계열위치상 뒤쪽에 나온 항목들이 상대적으로 높은 회상률을 보인다. 즉, U자 곡선의 형태를 보인다.

③ 앞쪽에 제시된 항목들의 회상률이 높은 것을 **초두효과**(primacy effect), 뒤쪽에 제시된 항목들의 회상률이 높은 것을 **최신효과**(recency effect)라 한다.

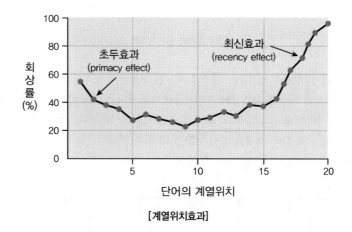

[계열위치효과]

㉠ 초두효과가 발생하는 이유는 앞쪽에 제시된 항목들의 경우 상대적으로 뒤쪽에 제시된 항목들에 비해 시연(되뇌기)의 가능성이 더 많고 따라서 정보가 장기기억으로 전이될 확률이 높기 때문이다. 실제로 런더스(Rundus, 1971)는 계열위치효과 절차에 추가로 참가자들에게 제시되는 단어들에 대해 소리 내어 되뇌기를 요구한 결과 실제로 앞쪽에 제시된 항목들에 대한 되뇌기의 수가 높게 나타났다.

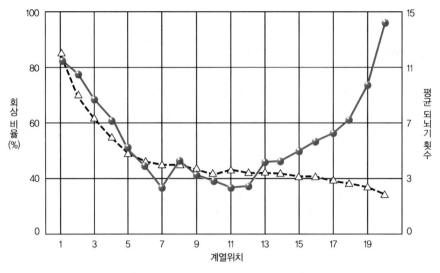

[초두효과가 장기기억에 기인한다는 증거]

ⓛ 최신효과가 발생하는 이유는 뒤쪽에 제시된 항목들의 경우는 방금 제시되었기 때문에 단기기억에 남아 있을 확률이 높기 때문이다. 글렌저와 쿠니츠(Glanzer & Cunitz, 1966)는 단어들을 제시한 후 각각 0초, 10초, 30초 후에 지연검사를 실시하였다. 지연시간 동안에는 시연(되뇌기)을 하지 못하도록 산수 과제를 실시하였다. 그 결과 지연시간이 길어질수록 최신효과는 감소되거나 사라졌다.

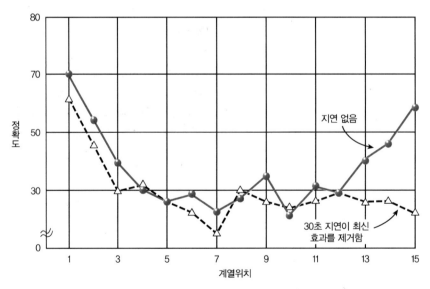

[최신효과가 단기기억에 기인한다는 증거]

제 3 절 **대안적 기억모형**

1 작업기억

(1) 작업기억(working memory)의 시작

① 작업기억은 구조의 개념에서 처리의 개념이 강조된 기억으로, 단순히 정보를 수동적으로 저장하는 단기저장소의 개념을 벗어나 능동적인 정신적 노력이 가해지는 정신적 작업 공간의 의미이다.

② 앳킨슨과 쉬프린(Atkinson & Shiffrin)은 세저장소모형을 통해 기억을 각 단계의 기억저장고가 계열적으로 연결되어 있으며 입력된 정보를 수동적으로 저장하는 제한된 저장고의 개념으로 보았다. 물론 단기기억의 경우 단순히 장기기억으로 가는 도중 정보를 일시적으로 유지하는 것이 아니라, 이미 저장되어 있는 항목을 불러와 인지적인 처리를 할 수 있는 장소로 작업기억이라는 용어를 사용하기도 하였다.

③ 단기기억이 인지 과제를 수행할 때 작업이 이루어지는 공간으로 기능한다면, 어떤 과제로 그 기억을 채우게 되면 다른 과제를 수행하기가 어려울 것이다. 즉, 하나의 체계만으로는 여러 인지 과제를 동시에 수행하는 과정을 설명하는 데 한계가 있으며, 단기기억을 넘어서는 복잡한 체계가 요구된다.

(2) 작업기억의 다중요소모형 중요 ★★★

① 배들리와 히치(Baddeley & Hitch, 1974)는 사람들이 두 가지 이상의 과제를 동시에 수행하는 것이 가능하다는 사실을 설명하기 위해 독립적인 세 하위 체계로 구성된 작업기억을 제안하였는데 이를 작업기억의 다중요소모형(muliti-component modle of working memory)이라 부른다.

② 작업기억의 다중요소는 음운루프(음운고리, phonological loop), 시공간 스케치판(시공간 잡기장, visuospatial sketch pad), 중앙집행기(central executive)로 구성된다.

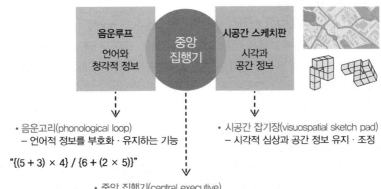

[배들리(Baddeldy)의 작업기억모형]

(3) 작업기억의 구성요소

① **음운루프** 중요 ★★

　㉠ 음운루프(음운고리, phonological loop)는 말소리 정보를 약 1.5초에서 2초의 짧은 시간 동안 유지하는 음운저장소(phonological store)와 말소리 정보를 계속 음운저장소에 유지할 수 있도록 되뇌는 일을 담당하는 **조음통제과정**(articulatory control process)으로 구성된다.

　㉡ 마음속으로 누군가 전화번호나 이름을 기억하려 되뇌거나 교재의 내용을 내적으로 읽으며 이해하려 한다면 음운루프를 사용하고 있는 것이다.

[음운루프의 증거]

음운유사성효과 (phonological similarity)	소리가 유사한 글자나 단어들이 그렇지 않은 글자나 단어들보다 기억되지 않는 현상을 말한다. 예를 들어, 'FSBVPE'는 'QFHLTK'에 비해 기억 과정에서 오류 발생 가능성이 높다. 이는 앞선 낱자들이 서로 간에 발음이 유사하기 때문에 조음 과정과 저장 과정에서 혼동으로 인해 발생한 것으로 가정된다.
단어길이효과 (word length effect)	긴 단어보다 짧은 단어가 더 잘 기억되는 현상을 말한다. 예를 들어, 'sun', 'lamb', 'bag'과 같은 1음절 단어들은 'tomorrow', 'opportunity', 'psychology'와 같은 다음절단어보다 같은 시간 내에 내적 되뇌기에 소요되는 시간이 짧기 때문에 음운저장소에 유지될 확률이 높아진다.
조음억제효과 (articulatory suppression effect)	기억해내야 하는 항목들에 대해 조음을 방해하면 기억률이 감소되는 현상을 말한다. 예를 들어, 항목들과 동시에 전혀 관련 없는 'the'를 반복할 경우 기억률이 현저히 감소되었다. 이는 내적 되뇌기가 방해를 받기 때문에 음운저장소에 항목들이 유지되지 못하는 것으로 해석된다.
무시된말효과 (unattended speech effect)	주의를 기울이지 않고 무시된 말소리라도 즉각적인 기억장애를 일으키는 효과를 말한다. 예를 들어, 기억해야 할 항목들과 동시에 참가자가 이해를 하지 못하는 외국어나 무의미 철자를 함께 들려주면 항목에 대한 기억 수행이 떨어지게 된다. 이는 무시된 말이 음운저장소를 차지하여 기억수행을 낮추는 것으로 가정된다.

② **시공간 스케치판** 중요 ★★

　㉠ 시공간 스케치판(시공간 잡기장, visuospatial sketch pad)은 시각적인 정보와 공간 정보를 함께 다룬다. 마음속에 그림을 떠올리거나 집에 가는 길을 떠올릴 때 시공간 스케치판을 사용한다.

　㉡ 이러한 음운루프와 시공간 잡기장은 독립적인 체계이기 때문에 우리는 라디오를 들으면서 동시에 그림을 보는 것이 가능하다.

③ **중앙집행기** 중요 ★★★

　㉠ 중앙집행기(central executive)는 음운루프와 시공간 스케치판을 조절하고 추리판단, 의사결정, 추론, 언어이해 등의 일에 관여한다.

　㉡ 특히 배들리(Baddeley)는 중앙집행기를 **주의 통제기**(attention controller)로 묘사하였는데, 이는 특정한 과제에 주의가 어떻게 집중되는지, 두 개의 과제들 사이에서 주의를 어떻게 나누는지, 그리고 다른 과제로 주의가 어떻게 전환되는지 등을 결정한다는 것을 의미한다.

　㉢ 또한 장기기억에 저장된 정보 등 입력된 정보와 관련이 있는 정보만을 인출하고 관련이 없는 정보는 인출하지 못하도록 정보 재생의 **억제적 통제**(inhibition control) 기능도 수행한다.

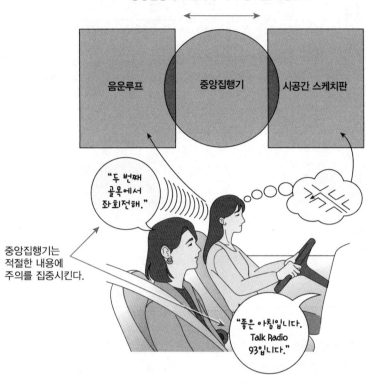

[음운루프와 시공간 스케치판, 중앙집행기의 역할]

2 기억체계이론

(1) 기억체계이론(memory system theory)의 기본 특징 중요 ★★★

① 장기기억이 단일한 체계가 아니라 여러 하부체계들로 구성되어 있다고 보는 관점을 기억체계이론이라 한다.

② 장기기억의 하부체계에 대한 방식은 여러 연구자들마다 다르지만 일반적으로 **외현기억**(explicit memory)과 **암묵기억**(implicit memory)으로 구분한다.

③ 외현기억은 **의미기억**(semantic memory)과 **일화기억**(episodic memory)으로 나누고, 암묵기억은 **절차기억**(procedure memory)과 **지각기억**(perceptual memory)으로 구분한다.

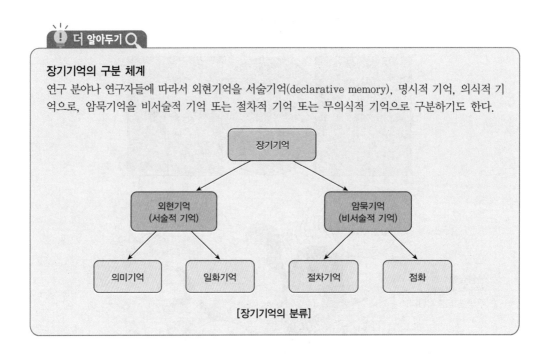

더 알아두기 🔍

장기기억의 구분 체계

연구 분야나 연구자들에 따라서 외현기억을 서술기억(declarative memory), 명시적 기억, 의식적 기억으로, 암묵기억을 비서술적 기억 또는 절차적 기억 또는 무의식적 기억으로 구분하기도 한다.

[장기기억의 분류]

(2) 외현기억(explicit memory) 중요 ★★★

① 외현기억은 자기가 기억하고 있다는 것을 자각할 수 있는 기억으로 의도적이고, 의식적이며 일반적으로 말로 기술할 수 있는 기억을 의미한다.

② 튤빙(Tulving, 1972)은 여러 발견들을 기초로 외현기억과 관련해 기억을 **의미기억**(semantic memory)과 **일화기억**(episodic memory)으로 구분하는 것을 제안하였다.

  ㉠ 의미기억은 세상에 대한 일반적 지식을 구성하는 **개념과 사실에 대한 기억**이다. 일반적으로 **사전적 기억**으로 불리기도 하며, 과거에 경험한 특정 시점이나 맥락과 연합되지 않은 기억을 의미한다.

    예 "크리스마스는 무슨 날입니까?", "작업기억의 하부체계는 무엇으로 구성되어 있습니까?"

  ㉡ 일화기억은 특정 시간과 장소, 상황 등의 맥락이 포함된 **개인적 경험들에 대한 기억**이다. 개인의 일상적 경험을 보유하는 **자전적 사건에 대한 기억**으로 시간상 거꾸로 거슬러 올라가는 정신적 시간 여행이 포함된 기억을 의미한다.

    예 "작년 크리스마스 때 무슨 일이 있었던 거니?", "인지심리학 교재는 언제 어디서 구입을 했니?"

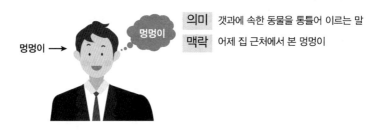

▶ 의미의 활성화는 기억 내에서 새로운 연결을 형성하는 반면, 맥락과의 연합은 특정 장면에서 기억을 형성한다.

[의미기억과 일화기억의 형성과정]

③ **의미기억과 일화기억의 독립체계에 대한 증거**

　㉠ 오토바이 사고로 인해 해마와 주변 구조에 심각한 손상을 입은 기억상실증 환자 K. C.(가명)는 9.11 테러 때의 경험이나 형의 죽음과 관련된 일화적 기억이 상실된 반면, 역사, 지리 등 사실적 정보와 관련된 의미기억은 온전히 남아 있다(RosenBaum et., 2005).

　㉡ 이탈리아 여성 환자의 경우 뇌염으로 인해 심한 두통과 고열을 겪은 뒤, 쇼핑목록 단어의 의미를 기억해내지 못했으며 베토벤, 제2차 세계대전 당시 이탈리아의 연관성 등과 같은 의미기억이 손상된 반면, 하루 중 자신이 한 일이나 몇 주, 몇 달 전 자신이 한 일에 대한 일화적 기억은 정상이었다(DeRenzi et al., 1987).

환자	의미기억	일화기억
K. C.	정상	빈약
이탈리아 여성	빈약	정상

(3) 암묵기억(implicit memory) 중요 ★★

① 암묵기억은 무의식적이고 간접적으로 접근할 수 있는 기억으로, 우연적이고 비의도적인 기억이며, 말로 설명하기 어렵고 일반적으로 의식적 기억이 수반되지 않는 것이 특징이다. 대표적으로 **절차기억(procedure memory)**, **점화(priming)** 등이 포함된다.

　㉠ 절차기억은 **기술기억(skill memory)**이라 부르기도 하며 **기술 또는 행위, 조작에 대한 기억**으로 일반적으로 학습된 기술을 수행하는 것과 관련된 기억을 의미한다.

　　ⓐ 예를 들어 운동화 끈을 묶는 방법을 말로 설명하기는 어렵지만 손쉽게 해낼 수 있다. 비슷한 예로 자전거 타기, 피아노 연주, 타이핑 등이 있다.

　　ⓑ 뇌전증으로 인해 해마가 제거되어 새로운 기억이 형성되지 않는 H. M.을 대상으로 여러 날에 걸쳐 거울-따라 그리기 과제(mirror-drawing task)를 실시하였다. 이 과제는 거울에 비친 이중선으로 그려진 별 그림을 보고 양쪽 선에 닿지 않게 최대한 빨리 그리는 것이다. 그 결과 매번 과제의 내용과 수행사실을 기억하지 못했지만 과제의 수행이 점차 향상되었다(Milner, 1962). 이로써 외현기억과 별도로 암묵기억이 장기기억에 저장되어 수행에 영향을 미칠 수 있음이 밝혀졌다.

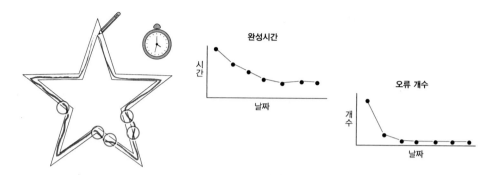

[거울보고 별 따라 그리기 과제와 수행 결과]

ⓛ 점화(priming)는 어떤 자극에 노출된 결과로 어떤 단어나 대상 등에 대해 더 잘 판단이 되거나 기억이 잘 나는 현상을 의미한다.

ⓐ 알콜성 치매 환자인 **코르사코프증후군**(Korsakov's syndrome) 환자를 대상으로 사흘에 걸쳐 일부가 지워진 정도가 큰 그림부터 순서대로 그림을 제시한 뒤(1단계→2단계→3단계→4단계→5단계), 어떤 그림인지 맞추는 과제를 실시하였다(그림조각 식별검사). 그 결과 검사를 했다는 외현기억은 없었지만 검사가 거듭될수록 식별오류가 점차 줄어들었다(Warrington & Weiskrantz, 1968). 이는 전통적인 외현기억과 상이한 기억이 존재한다는 점을 반영한 결과이다.

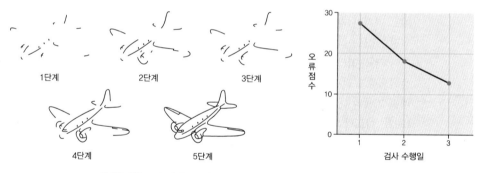

[불완전한 그림 검사를 통한 코르사코프증후군 환자의 암묵기억 실험]

ⓑ 정상 참가자들에게 특정 단어들을 제시한 뒤, 각 단어들이 얼마나 마음에 드는지 판단하도록 지시하고, 특정 자음을 뺀 뒤 단어를 완성시키는 과제를 시켰다. 그 결과 많은 참가자들이 앞서 나온 단어라는 사실을 인식하지 못했음에도 불구하고, 앞서 제시되었던 단어를 쓰는 비율이 높게 나타났다. 즉, 뇌손상 환자 관련 연구뿐만 아니라 정상 참가자들을 대상으로 한 연구에서도 외현기억과 암묵기억이 서로 독립적인 기억체계임을 증명한 것이다.

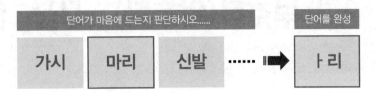

• 다리 / 사리 / 꽈리 / 아리보다는 '마리'를 인출하는 비율이 높음
• '마리'가 나왔었는지 기억 못함에도 불구하고 '마리' 비율이 높음

→ 단 '마리'를 기억한다는 보장을 못함

[반복 점화를 이용한 암묵기억 실험]

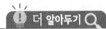

코르사코프증후군

코르사코프증후군(Korsakov's syndrome)은 러시아의 신경정신학자 세르게이 코르사코프(Sergei Korsakov)에 의해 명명된 증후군으로 주로 만성 알코올 중독으로 인한 뇌의 티아민(비타민 B1)의 결여에 의해 생기는 신경학적 장애이다.
전반적인 대뇌 위축뿐만 아니라 해마, 시상의 유두체와 내측 시상의 손상을 보이며, 주로 순행성 기억 상실(새로운 기억이 형성되지 않음), 작화[기억 상실을 매우기 위해(blackout) 새로운 사실을 꾸며내는 증상], 무관심과 무감동, 상황을 인지하는 통찰력의 결여 등의 증상을 보인다.

제 2 장 부호화(약호화), 저장, 인출

제 1 절 기억의 과정

1 정보처리관점

(1) 기억에 대한 관점

① 1950년대에 들어서서 심리학자들은 컴퓨터를 단순한 숫자를 계산하는 기계가 아니라 범용목적의 상징 조작체계로 보고, 인간의 마음도 정보처리체계로 간주하여 인간의 내부 기제에 관심을 갖기 시작했다.

② 컴퓨터가 복잡한 문제를 단순한 단계로 쪼개어 해결할 수 있다면 인간의 사고도 같은 전략에 근거하여 연구할 수 있다고 가정하기 시작했다. 특히 컴퓨터가 정보를 저장할 때의 과정과 마찬가지로 인간의 기억도 부호화(encoding), 저장(storage), 인출(retrieval)의 연속적 과정으로 개념화함으로써 기억을 분석하기 시작했다.

(2) 기억의 3단계

① **부호화**

　㉠ 부호화(encoding)는 물리적, 감각적 입력 정보를 기억에 저장할 수 있는 표상의 한 형태로 전환하는 것을 의미한다.

　㉡ 예를 들어, 단어는 시각적으로 부호화되거나 소리나 의미에 따라 부호화될 수 있다.

② **저장**

　㉠ 저장(storage)은 부호화된 정보를 기억에 담아두는 것을 의미한다.

　㉡ 감각기관에 등록된 정보들 중 주의를 둔 일부의 정보가 일정기간 단기기억에 저장되었다가 사라진다. 단기기억에서 여러 가지 부호화를 통해 정보가 장기기억에 저장된다.

③ **인출**

　㉠ 인출(retrieval)은 일반적으로 장기기억에 저장되어 있는 정보에 접근해 단기기억(작업기억)으로 전이시키는 과정을 의미한다.

　㉡ 필요한 정보를 적절한 순간에 활용하기 위해선 적극적인 탐색과 접근이 요구된다.

부호화 → 저장 → 인출	
부호화	정보가 어떻게 기억 속으로 입력되는가?
저장	정보는 어떻게 기억에서 유지되는가?
인출	정보는 어떻게 기억에서 인출되는가?

제 2 절   부호화

1 자동적 처리 vs 통제적 처리

(1) 자동적 처리(automatic processing)

① 사람들은 의식적 노력 없이도 많은 양의 정보를 자동적으로 받아들이는데, 이러한 과정을 자동적 처리라 한다.

② 노력을 하지 않고도 시간, 공간, 단어의 의미 등 방대한 양의 정보에 대해 자동적으로 부호화가 이루어지며, 이러한 자동적 처리는 오히려 중지시키기가 어렵다.

(2) 통제적 처리(control processing)

① 어떤 유형의 정보들은 노력과 주의를 기울일 경우에만 기억이 되는 경우도 있다. 이는 통제적 처리를 통해 이루어진다.

② 통제적 처리는 주의와 노력이 필요한 부호화로 일반적으로 **시연**(rehearsal)이 대표적인 예이다. 시연에는 **유지형 시연**(maintenance rehearsal)과 **정교형 시연**(elaborative rehearsal)이 있다.

　　㉠ 유지형 시연

　　　　ⓐ 단기기억 속의 정보를 단순히 반복하고 되뇌는 형태의 시연이다.

　　　　ⓑ 쉽고 단순하기 때문에 적은 양의 정보를 부호화하는 데는 효과적이지만 복잡하고 많은 양의 정보를 부호화하는 데는 비효율적이다.

　　㉡ 정교형 시연

　　　　ⓐ 단기기억의 정보를 장기기억 속에 저장된 정보와 연결 짓는 형태의 시연이다.

　　　　ⓑ 정보의 저장이나 기억효과 측면에서 정교화 시연이 유지형 시연보다 더 효과적인 경우가 많다.

제 3 절   저장

1 정보의 조직화

(1) 정보 조직화의 기본 특징

① 대부분의 정보가 의미에 근거를 두고 있으며, 이러한 의미를 바탕으로 관련된 지식들이 함께 묶여 저장되어 있다고 가정하고 있다.

② 이와 관련된 증거로는 유목별 군집화(categorical clustering), 주관적 조직화(subjective organization), 개념적 위계(conceptual hierarchy)가 있다.

(2) 유목별 군집화(categorical clustering) 중요 ★★

유목별 군집화는 의미적으로 유사하거나 관련 있는 것들을 무리지어 기억하는 현상을 의미한다.

① 보우스필드(Bousfield, 1953)는 동물, 사람이름, 직업, 야채의 네 개 범주에 속한 단어들을 하나씩 무선적으로 제시한 뒤 자유회상검사를 실시하였다.

② 그 결과 회상 시 동물은 동물끼리, 직업은 직업끼리, 야채는 야채끼리, 이름은 이름끼리 단어들을 함께 묶어 회상하는 경향성을 보였다. 이러한 결과는 참가자들이 단어들 사이의 범주적 관계를 탐지하여 단어들을 한 집단으로 조직화해서 저장함을 시사한다.

[유목별 군집화 예시]

(3) 주관적 조직화(subjective organization) 중요 ★★

주관적 조직화는 개인적으로 의미를 지니는 특이한 유목으로 군집화하는 경우를 말한다.

① 튤빙(Tulving1962)은 참가자들에게 완전히 무선적으로 선정된 단어들을 특정 순서로 제시하고 이들 단어들이 회상되는 순서를 탐색하였다. 참가자들은 목록을 읽고, 단어들을 회상하였다. 그리고 다시 같은 단어들을 완전히 새로운 무선적 순서로 두 번째 제시한 후, 다시 회상검사를 실시하였다.

② 단어들은 서로 의미적 관련성이 없음에도 불구하고 매번 비슷한 순서로 회상이 되었다. 이는 참가자들에게 개인적 의미를 지니는 방식으로 조직화하는 것으로 해석된다.

(4) 개념적 위계(conceptual hierarchy) 중요 ★★

개념적 위계는 정보 항목들 간의 공통적 속성에 기초한 중다 수준의 분류체계를 의미한다.

① 바우어(Bower, 1969)는 광물의 하위범주에 속하는 단어들로 구성된 범주 도표를 한 집단의 참가자들에게 제시하였고, 다른 집단의 참가자들에게는 같은 단어를 제시했지만 단어 순서를 무선적으로 재배치해 제시하였다. 모든 단어들에 대한 제시가 끝난 뒤 회상검사를 실시하였다.

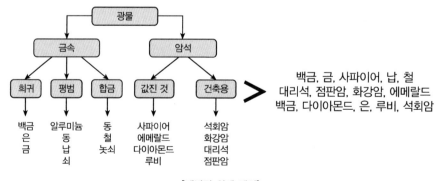

[개념적 위계 예시]

② 그 결과 무선 배열을 본 참가자들의 경우에는 제시된 단어의 18%만을 회상했지만, 조직화된 표를 본 집단은 65%의 회상률을 보였다.

1 인출과정

(1) 인출단서(retrieval cues)의 개념 중요 ★

① 인출단서란 기억에 저장된 정보를 기억해내는 데 도움이 되는 자극이나 정보를 의미한다. 해당 기억 흔적을 활성화시킬 수 있는 정보이며, 기억 속에 있는 특정한 정보에 접근하는 것을 도와주는 자극 이다.

② 부호화되어 저장된 정보를 사용하려면 반드시 인출과정이 있어야 한다. 실제로 기억 실패의 많은 경우가 인출과정의 문제로 발생한다. 이러한 인출과정에서 인출단서가 큰 역할을 한다.

③ 특정 목표정보의 부호화가 발생할 때 목표정보뿐만 아니라 분위기, 위치, 주변 자극들 등과 같은 **외부맥락단서(contextual cues)**와 신체 상태, 기분 등과 같은 **내적 상태(internal states)**도 함께 부호화된다. 추가적인 정보들은 표적 정보에 대한 꼬리표로, 나중에 정보를 인출하고자 할 때 인출단서로 사용될 수 있는 기점으로 작용된다.

④ **설단현상(tip-of-the-tongue phenomenon)** 중요 ★

   ㉠ 글자 그대로 '혀끝에 걸려있는 느낌'으로, 기억을 해내는 데 실패하는 현상을 의미한다(우리나라에서는 "혀끝을 맴돈다."라는 표현을 사용한다). 일반적으로 정보를 알고는 있지만 명확히 인출할 수 없는 상태를 의미한다.

   ㉡ 이는 장기기억에 존재하는 특정한 정보에 대해 정확하게 접근할 수 없기 때문에 발생하며, 여러 정보가 복잡하게 얽혀 있어서 기억에 실패하는 경우를 말한다. 보통은 적절한 인출단서를 제공해 줄 경우 쉽게 인출해 낼 수 있다.

[설단현상 예시]

(2) 인출단서의 역할

① 튤빙과 피어스톤(Tulving & Pearlstone, 1966)은 정보의 인출과정에서 인출단서가 어떻게 작용하는지 실험을 통해 증명하였다.

② 먼저 실험 참가자들에게 범주와 함께 범주에 속한 단어를 제시하고 학습하도록 하였다. 예를 들어 개(DOG), 고양이(CAT), 기린(GIRAFFE), 말(HORSE) 단어 앞에는 동물(ANIMAL)을 함께 제시하였다.

③ 단어 목록을 학습한 뒤 1차 회상검사가 실시되었다. 참가자들의 절반은 인출단서로 범주명을 제시받은 반면(단서집단), 절반의 참가자들은 범주명 없이(비단서집단) 회상검사가 실시되었다. 그 결과 단서집단이 비단서집단에 비해 높은 회상률을 보였다.

④ 1차 회상검사가 끝난 직후 바로 2차 회상검사가 실시되었다. 이때에는 두 집단 모두에게 인출단서로 앞서 제시된 범주명이 제시되었다. 그 결과 두 집단 간 회상률에 차이가 나타나지 않았다.

⑤ 1차 회상검사에서 비단서집단이 상대적으로 단서집단에 비해 낮은 회상률을 보인 이유는 저장된 정보의 차이 때문이 아니라 적절한 인출단서의 부족 때문이라고 해석할 수 있다.

2 부호화특정성원리

(1) 부호화특정성원리(encoding specific principle)의 개념 중요 ★★★

① 부호화특정성원리란 특정 정보가 기억이 날 확률은 그 정보를 부호화할 때의 맥락과 얼마나 유사한가에 달려 있다는 것을 의미한다. 즉, 부호화 시의 물리적·신체적·심리적 상태와 인출 시의 상태가 얼마나 일치하는가가 인출 정도에 영향을 미친다는 것이다(Tulving & Thompson, 1973).

② 이는 저장된 정보를 효과적으로 인출하기 위해서는 인출단계에서 부호화 시의 외부맥락이나 내적 상태와 얼마나 일치하는가가 중요하다는 것이다. 즉, 동일한 부호화 조건이라도 인출의 조건에 따라서 회상 가능성이 달라질 수 있음을 의미한다.

(2) 맥락효과(context effect) 중요 ★★

① 맥락효과란 학습했던 환경과 같은 환경에서 학습한 내용을 더 잘 회상하는 현상을 의미한다. 즉, 학습 맥락과 검사 맥락이 일치할 때 더 잘 회상할 수 있음을 의미한다.

② 고든과 배들리(Godden & Baddeley, 1975)는 잠수부들을 두 집단으로 나눈 뒤, 한 집단은 물 밖에서 단어 목록을 학습시켰고, 다른 한 집단은 물속에서 단어 목록을 학습시켰다. 이후 물 밖에서 학습한 집단의 절반은 물 밖에서 회상검사를 실시했고, 절반은 물속에서 회상검사를 실시하였다. 또한 물속에서 학습한 집단의 절반은 물속에서 회상검사를 실시했고, 절반은 물 밖에서 회상검사를 실시하였다. 그 결과 물속에서 학습한 조건은 물속에서, 물 밖에서 학습한 조건은 물 밖에서 검사했을 때 높은 회상률을 보였다.

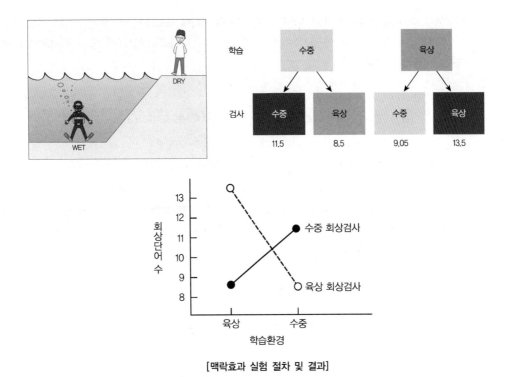

[맥락효과 실험 절차 및 결과]

③ 스미스(Smith, 1979)는 참여자들에게 지하실에서 80개의 무관 단어를 학습시킨 뒤 하루 뒤에 회상 검사를 실시하였다. 그중 절반의 참여자는 같은 지하실에서 검사를 실시했고, 절반은 지각적으로 매우 다른 방에서 검사를 실시하였다. 그 결과 같은 지하실에서 검사한 조건이 50% 이상 더 높은 회상률을 보였다.

(3) 상태의존학습(state-dependent memory) 중요 ★

① 상태의존학습이란 부호화 시의 내적 상태(기분, 생리적 상태 등)와 인출 시의 상태가 동일할 때 기억이 증가되는 현상을 의미한다.

② 학습 시 술에 취해 있던 사람은 검사 시에 술에 취해 있을 때 더 높은 회상률을 보였다(Goodwin, Powell, Bremer, Hoine & Stern, 1969).

③ 바우어(Bower, 1981)는 참가자들을 최면을 통해 행복한 기분과 슬픈 기분으로 유도한 뒤 각각의 기분 상태에서 서로 다른 단어목록들을 학습시켰다. 회상검사 시 행복한 기분으로 유도한 경우 행복한 상태에서 학습한 단어들이, 슬픈 기분으로 유도한 경우에는 슬픈 단어들의 회상률이 높게 나타났다.

(4) 전이적합성처리(transfer-appropriate processing) 중요 ★

① 전이적합성처리는 부호화와 인출 시에 수반된 인지 과제들이 동일한 경우 인출이 더 우수하다는 것을 의미한다.

② 모리스(Morris, 1977)는 참가자들에게 문장 내 한 단어를 '_____'(빈칸)으로 비워둔 한 개 문장을 들려준 뒤, 한 개의 표적 단어를 들려주었다. 이때 집단은 의미 과제와 운율 과제의 두 조건으로

나뉘었다. 의미 조건에서 과제는 빈칸을 채운 단어의 의미에 기초해서 '예' 또는 '아니오'라고 대답하는 조건이었다. 운율 조건에서 과제는 참가자가 단어의 소리에 기초해서 '예' 또는 '아니오'라고 대답하는 조건이었다.

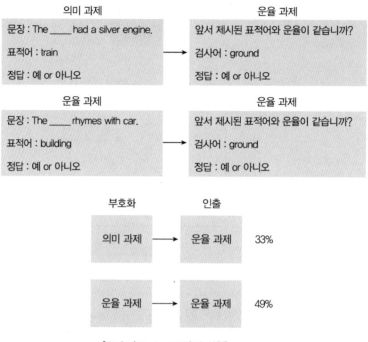

[모리스(Morris, 1977)의 실험]

③ 검사 단계에서 의미 과제를 한 집단에게는 앞선 표적 단어와 운율이 같은지를 묻는 운율 과제가 실시되었고, 검사 단계에서 운율 과제를 한 집단은 마찬가지로 운율이 같은지를 묻는 운율 과제가 실시되었다. 그 결과 운율 과제에 참여했던 참가자들이 의미에 집중했던 참가자들보다 더 많은 단어들을 기억해 냈고, 높은 운율 과제 수행을 보였다.

④ 이러한 결과는 인출 수행은 인출 과제가 부호화 과제와 일치하는지 여부에 달려 있다는 점이다. 즉, 처리 유형이 부호화와 인출에서 일치할 때 기억 수행이 더 우수했다. 또한 주목할 점은 의미적 처리 (깊은 처리)가 항상 높은 기억을 초래하는 것은 아니라는 점을 밝혔다는 것이다.

제 3 장 기억의 오류

제 1 절 망각의 과정

1 망각의 원인

(1) 소멸이론(쇠잔이론, decay theory) 중요 ★

① 소멸이론은 기억흔적이 시간경과에 따라 소멸되고 그에 따라 망각이 발생한다고 가정한다.

② 소멸이론은 망각이 기억의 과정 중 저장 단계에서 발생한다고 가정한다. 저장된 내용을 지속적으로 사용하게 되면 기억흔적이 유지되어 소멸되지 않지만, 오랜 기간 사용하지 않게 되면 기억흔적이 희미해지고 결국 사라지게 된다고 본다. 이러한 특성으로 인해 **불용이론**(disuse theory)이라 부르기도 한다.

③ 실제로 기억은 중추신경계에 어떤 변화를 일으켜 기억흔적을 남기게 되는데, 사용하지 않으면 시간경과에 따라 신진대사과정이 점차 희미해지고 결국 사라지게 된다.

④ 하지만 젠킨스와 달란바흐(Jenkins & Dallenbach, 1924)는 시간경과만으로 설명할 수 없는 망각과정을 실험을 통해 증명하였다.

ㄱ 두 집단의 참가자들에게 무의미 철자 10개를 학습시킨 뒤 1, 2, 4, 8시간 뒤에 기억검사를 실시하였다. 한 집단은 이른 아침에 학습을 시킨 뒤 지연시간 동안 일상적 활동을 지시하였으며, 다른 한 집단은 저녁에 학습을 시킨 뒤 지연시간 동안 잠을 자도록 지시하였다.

ㄴ 그 결과 동일한 시간이 지났음에도 불구하고 활동 집단이 수면 집단에 비해 낮은 기억률을 보였다. 즉, 파지 기간 동안 발생하는 경험에 따라 기억 정도가 달라짐을 보여주었다.

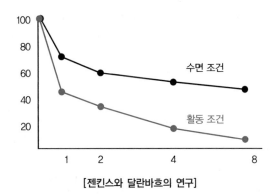

[젠킨스와 달란바흐의 연구]

(2) 간섭이론(interference theory) 중요 ★★★

① 간섭이론은 파지 기간 동안 일어나는 여러 정보들의 간섭으로 인해 망각이 발생한다는 관점으로, 정보들 간 경합이 발생하여 기억이 방해받는다고 가정한다.

② 간섭의 방향에 따라 크게 두 유형으로 나뉜다. **역행간섭(RI : Retroactive Interference)**은 나중에 학습한 정보가 먼저 학습한 정보를 간섭하는 것이며, **순행간섭(PI : Proactive Interference)**은 먼저 학습한 정보가 나중에 학습한 정보를 간섭하는 것을 의미한다.

③ 간섭으로 인해 망각이 발생하는 이유는 인출단서의 효율성 때문이다. 즉, 특정 단서와 함께 저장된 항목들이 많을수록 특정 항목을 인출하는 데 있어서 단서의 효율성이 감소하기 때문이다.

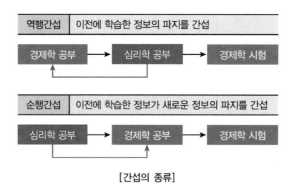

[간섭의 종류]

(3) 인출실패 : 단서의존망각(cue-dependent theory) 중요 ★★

① 단서의존망각은 저장된 정보에 접근하는 수단, 즉 인출단서가 부족하기 때문에 망각이 발생한다고 보는 관점이다.

② 기억에 저장된 정보와 일치되는 인출단서를 찾지 못해 망각이 발생하며, 이는 망각이 부호화나 저장 단계에서 발생하는 것이 아니라 인출단계에서 발생한다고 본다.

③ 실제로 많은 기억 이론들이 장기기억에 저장된 정보는 잘 사라지지 않고 오래 남아있는 것으로 가정하고 있으며, 이 과정에서 망각은 저장된 정보에 접근하지 못하기 때문이라고 보고 있다.

> **참고**
> 124p '(2) 인출단서의 역할'에서 툴빙과 피어스톤(Tulving & Pearlstone, 1966) 실험을 참조

2 기억의 왜곡

(1) 오기억(false memory) 중요 ★

① 오기억은 엄밀히 말해 기억이라기보다는 꾸며진 이야기나 착각으로 실제 발생하지 않은 사건을 기억하거나, 정보의 출처를 혼동하거나, 상상했던 일을 실제 발생한 일로 착각하는 경우를 말한다.

② 우리의 기억은 정보를 사진이나 영상기록처럼 있는 그대로 기억하는 것이 아니라 재구조화의 과정이 필요하다. 이러한 재구조화 과정에서 많은 오류가 발생할 수 있으며 기억 과정에서 있어서 필연적으로 발생하는 일이기도 하다.

③ 샥터(Schacter, 2001)는 인간의 기억이 심리적, 환경적 요인에 따라 지속적으로 재구성되는 연약하면서도 역동적인 과정이며 그 과정에서 7가지의 기억 왜곡 현상이 발생될 수 있음을 주장하였다.

구분	내용
일시성 (transience)	시간경과에 따른 망각
방심 (absent-mindedness)	주의 부족으로 인한 부호화 및 인출실패
차단 (blocking)	저장된 정보가 순간적으로 떠오르지 않는 경우
오귀인 (misattribution)	기억의 출처를 잘못 귀인하는 경우
피암시성 (suggestibility)	암시에 의해 실제 기억으로 왜곡되는 경우
편견 (bias)	현재의 지식과 신념에 의해 기억이 왜곡되는 경우
집착 (persistence)	외상 후 기억과 같은 원하지 않은 기억이 계속 떠오르는 것

④ 뢰디거와 맥더머트(Roediger & McDermott, 1995)는 Deese(1956)의 연구를 발전시켜 일반인 참가자들을 대상으로 실험실 상황 하에서 오기억이 발생할 수 있음을 증명하였으며, 이를 연구자의 앞글자를 따서 DRM 패러다임(DRM paradigm)이라 부른다.

  ㉠ 참가자들에게 cake, cookie, sugar, chocolate, candy 등의 15개 단어를 기억과제로 제시한 뒤, 일정 시간 지연 후 재인검사를 실시하였다. 참가자들에게 'sweet'이라는 단어가 제시되지 않았음에도 불구하고 대부분의 참가자들이 단어가 제시되었다고 재인하였다.

  ㉡ 이러한 결과는 앞서 제시된 단어들이 'sweet'과 의미적으로 강력하게 연합되어 있기 때문에 각 단어들이 나올 때마다 여러 번 활성화되었기 때문이다.

  ㉢ 이는 우리의 기억이 제시된 정보를 있는 그대로 정확히 저장하기보다는 사전 지식과의 통합이나 정교화 과정을 통해 끊임없이 새롭게 구성하거나 재구성하는 과정임을 보여준다.

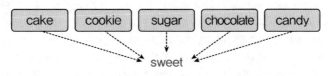

[DRM 패러다임에서 목표 단어의 활성화 과정]

⑤ 웨이드(Wade et al., 2002)는 **자전적 기억(autobiographical memory)**에 대한 오기억연구를 진행하였다.

㉠ 자전적 기억이란 개인사에 관한 기억을 의미한다. 참가자들의 가족사진을 이용하여 열기구에 타고 있는 사진으로 합성을 한 뒤 참가자들에게 열기구를 탔을 때 일어났던 모든 경험을 보고하도록 요구하였다.

㉡ 그 결과 50%가 열기구를 탄 적이 있다고 보고했으며, 심지어 한 참가자의 경우에는 열기구를 탔을 때의 경험을 아주 상세히 보고하였다.

[자전적 기억의 왜곡 실험]

출처 : Psychonomic Bulletin & Review, 9, 597-603

(2) 목격자기억(eyewitness memory)

① 목격자기억은 범죄 사건을 목격한 목격자가 그 사건에 대해 회상해내는 기억을 의미한다.

② 기억이 재구성되는 과정에서 발생할 수 있는 오류 가능성은 목격자 증언의 신뢰성에 큰 문제가 되고 있으며, 실제로 미국에서 매년 수천 명의 죄 없는 사람들이 목격자의 실수로 잘못된 판결을 받고 있는 것으로 추정되고 있다(Fruzzetti, 1992).

더 알아두기

> **돈 톰슨의 사례**
> 돈 톰슨(Don Thompson)은 당시 강력 범죄의 용의자로 체포되었으며, 용의자와 일반인을 세워 놓고 피해자가 지목하도록 하는 라인업(line up)에서도 피해자가 돈 톰슨을 범인으로 지목하였다. 이 사건은 당시 많은 흥미를 일으켰는데, 그 이유는 톰슨이 목격자기억을 연구하는 심리학자였기 때문이었다. 하지만 톰슨은 결국 무죄로 풀려났다. 실제로 톰슨은 범죄를 저지르지 않았으며, 심지어 범죄가 발생할 당시 생방송에서 범죄사건 기억에 관한 토론을 벌이고 있었다. 즉, 범죄 피해자는 피해 당시 TV를 켜 놓았고 당시 TV 출현 중이던 톰슨의 얼굴이 범죄자의 얼굴과 겹쳐지면서 톰슨을 범죄자로 잘못 기억하게 된 것이었다.

③ **무기초점화효과(weapon focusing effect)** 중요 ★★
　㉠ 사건 발생 시 왜곡 요인으로 정서적 각성을 유발하는 중심자극인 무기에 주의가 많이 할당되며, 제한된 주의로 인해 주변 부분이 제대로 부호화되지 못하는 현상이다.
　㉡ 일반적으로 목격자기억은 부적 정서를 일으키는 사건이 많다. 이러한 부적 정서 사건에 대한 기억은 기억 정보가 중심적 정보인지, 주변적 정보인지에 따라 기억 수행이 달라질 수 있다.

[목격자기억 관련 중심 주변 기억]

　㉢ 즉, 제한된 주의로 인해 사건 중심에 대한 기억은 잘 되는 반면, 주변 정보에 대한 기억은 상대적으로 기억이 되지 않을 가능성이 많다.

④ **오정보효과(misinformation effect)**
　㉠ 사건 발생 후 제공된 오정보로 인해 목격자기억이 달라지는 현상을 말한다.
　㉡ 로프토스와 팔머(Loftus & Palmer, 1974)는 참가자들에게 자동차 사고 영상을 제시한 뒤, 사고 시 차가 얼마나 빨리 달렸는지 '정면 충돌' 또는 '접촉 사고'라는 단어를 사용하여 질문을 하였다. 그 결과 '정면 충돌' 단어로 질문을 받은 집단이 자동차의 속도를 더 빠르게 추정하였고, 심지어 깨진 유리가 없었음에도 불구하고 보았다고 진술하였다.

(3) 섬광기억(flashbulb memory) 중요 ★★
① 섬광기억은 정서적 각성을 일으키는 놀라운 사건에 대한 생생한 기억으로 개인적, 사회적으로 중요한 의미를 지닌 사건들에 대한 기억을 의미한다(Brown & Kulik, 1977).
② 사건을 학습하기 직전부터 학습 직후까지의 상황에 대해 세부적인 내용까지 생생히 기억하는 사진과 같은 영구적인 기억으로 사건을 접한 장소, 순간 자신이 하고 있었던 행동, 사건을 전해준 사람, 자신과 타인들의 감정 등이 생생한 기억이다.

2001년 8월 27일?

2001년 9월 7일?

2001년 9월 11일?

이 사건이 있던 날 당신은 무엇을 했습니까?

[섬광기억 예시]

③ 브라운과 쿨릭(Brown & Kulik, 1977)은 섬광기억이 일반적인 기억과 질적으로 다른 기억임을 주장하였다.
  ㉠ 높은 각성 수준과 사건에 대한 중요성 등에 의해 유발되는 특수한 신경기제의 결과로 섬광기억이 형성되며, 진화론적으로도 중요한 사건의 경우 사진처럼 기억되면, 나중에 그 사건에 대한 분석이 가능하기 때문에 생존유지의 가치가 있다고 보았다.
  ㉡ 스트레스를 일으키는 끔찍하고 무서운 경험으로 인해 그에 대한 기억이 강렬하고 생생하게 지속적으로 떠오르며 고통을 유발시키는 외상 후 스트레스 장애(PTSD)와 유사하다.
④ 반면 네이서(Neisser, 1982)는 섬광기억이 일반적인 기억과 질적 차이가 없다고 주장하였다.
  ㉠ 섬광기억은 시연과 반복적인 인출에 의한 계속적인 재구성의 산물로서, 정서적 사건은 다른 기억에 비해 자주 인출되며 그로 인해 마치 질적으로 생생하게 기억되는 것처럼 인식된다고 보았다.
  ㉡ 섬광기억이 발생할 만한 사건이었던 미우주왕복선 챌린저호 폭발 사건 직후 사람들에게 '누구와 함께 있었는지', '무엇을 하고 있었는지' 등을 물어본 후 9개월 뒤 다시 당시의 기억을 검사해본 결과 폭발 당시의 기억과 큰 차이를 보였다.

더 알아두기

네이서의 오기억

네이서(Neisser)는 1941년 12월 7일 진주만 폭격 당시 …… '나는 거실에서 라디오로 야구 중계를 들으며 앉아 있던 생각이 난다. 그 경기는 공격 보도 때문에 중단되었고, 나는 어머니에게 말하려고 위층으로 달려갔다.', ……
이 기억은 너무 분명하여 지난해까지 그 자체에 대해 어떤 의문을 가져본 적이 없었다. 하지만 당시 12월 한겨울이었고 그 어떤 곳에서도 야구 경기 중계가 없었다는 사실을 확인한 순간 혼란스러웠다.

3 기억상실증

(1) 역행성 기억상실증(retrograde amnesia)

① 역행성 기억상실증은 기억과 관련된 뇌 부위의 손상으로 인해 손상 이전에 발생한 사건이나 사실을 기억하지 못하는 것이다. 기억의 손상 정도는 손상 직후 일부 기억을 못하는 경우도 있고, 몇 주에서 몇십 년 동안의 과거 경험을 기억하지 못하는 경우도 있다. 일반적으로 자전적 기억이 손상되는 경우가 대부분이다. 예를 들어, 골프나 운전을 배웠다는 사실은 기억하지 못하지만 그 수행은 손상되지 않는다.

② 일시적 전 기억상실증(transient global amnesia)

   ⊙ TV 등에 자주 등장하는 소재로 언어 능력, 기술 능력 등은 그대로 유지되지만, 자신의 이전 생애에 관한 모든 정보가 상실되는 경우이다.

   ⓒ 내측 측두엽의 신진대사와 혈류량의 감소가 관찰되며 일반적으로 자발적으로 회복이 이루어진다. 편두통, 뇌전증, 스트레스 호르몬 등이 관련되어 있다고 보고되고 있다.

③ 뇌진탕으로 인한 기억상실증(amnesia resulting from concussion)

   ⊙ 일반적으로 교통사고나 스포츠 경기에서 발생되는 충격으로 인해 발병되며, 아주 짧은 시간 동안 의식을 상실하게 되고 대부분 빨리 회복되는 특징을 보인다.

   ⓒ 손상을 입은 시기 전후로 순행성 기억상실증을 보이기도 한다.

(2) 순행성 기억상실증(anterograde amnesia)

① 순행성 기억상실증은 기억 관련 뇌 손상으로 인해 손상 이후에 새로운 기억을 형성하지 못하는 경우이다. 일반적으로 외현기억은 심한 손상을 보이는 반면 암묵기억에는 문제가 없는 경우가 많다.

② 대표적인 사례로 H. M.의 사례이다. H. M.은 심각한 뇌전증(간질)으로 뇌 수술을 받았으나 수술 직후부터 심각한 부작용을 겪게 된다. 수술 이후에 시간이 지나도 올해가 몇 년인지 물으면 수술받은 해인 1953년이라 말하는 등 수술 이후에 발생한 거의 모든 사건을 기억하지 못했다. 반면 기술의 습득 등 암묵기억은 문제가 없었다.

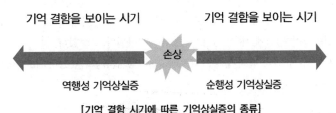

[기억 결함 시기에 따른 기억상실증의 종류]

제4장 기억의 생물학

제1절 기억의 생물학적 기반

1 신경과정의 변화

(1) 응고화(consolidation)의 개념 중요 ★★

① 응고화란 새로운 기억을 취약한 상태로부터 보다 항구적으로 변형시키는 과정으로 정의된다(Müller & Pilzecker, 1900).

② 뉴런이 지속적으로 자극을 받게 되면 뉴런의 전기적 변화가 발생하고 이어 해부학적 변화가 발생하며, 신경 시스템의 변화가 발생한다. 이러한 과정이 기억을 형성하는 신경과정의 기초일 수 있다.

③ 이러한 응고화 과정은 시냅스와 신경회로를 포함하는 두 가지 유형으로 구분된다. **시냅스 응고화**(synaptic consolidation)는 비교적 짧은 시간(몇 분 또는 몇 시간)에 걸쳐 발생되는데, 시냅스의 구조적 변화를 포함한다. **시스템 응고화**(system consolidation)는 오랜 기간(몇 개월 또는 몇 년)에 걸쳐 발생하며 이는 뇌 안에서 신경회로의 점진적 재조직화가 포함된다(Nader & Einarsson, 2010).

(2) 시냅스 응고화

① 헵(Hebb, 1948)은 학습과 기억이 시냅스에서 발생하는 생리적 변화에 의해 표상된다고 제안하였다.

② 시냅스에서의 반복된 활동이 구조적 변화, 더 많은 신경전달물질의 방출, 증가된 발화를 유발함으로써 시냅스를 강화시킨다고 보았다. 또한 특정 경험에 의해 거의 동시에 활성화된 수많은 시냅스에서 발생한 변화들이 경험에 대한 신경적 변화로 기록된다고 보았다.

③ 반복된 자극 후 뉴런의 발화가 증가되는데 이를 **장기상승작용**(LTP : long-term potentiation)이라 한다(Bliss & Lomo, 1973).

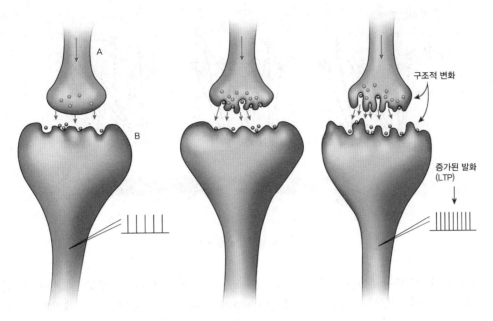

[장기상승작용(LTP)의 예시]

㉠ 뉴런 A가 맨 처음 자극받을 때 뉴런 B는 느리게 발화된다. 반복적인 자극으로 뉴런들에 구조적 변화가 일어나기 시작한다.

㉡ 많은 반복적인 자극 후에는 두 뉴런이 보다 복잡하게 연결되고, 발화율이 증가한다.

㉢ 이러한 변화는 어떤 경험에 관한 기억이 수천 개의 시냅스에서 변화를 유발하며, 특정 경험은 뉴런 집단 전체에 걸쳐 점화 패턴에 의해 표상된다고 가정된다.

(3) 시스템 응고화

① 응고화의 **표준모형**(standard model of consolidation)은 해마가 새로운 기억 형성에 필수적이라는 사실이 확인된 후 해마가 자극에 반응하며 시스템 응고화 과정에 어떻게 관여하는지를 제안한 모델이다.

㉠ 우리의 경험은 사고와 정서뿐만 아니라 시각 장면, 소리, 냄새 등을 수반할 수 있으며, 이러한 경험들에 의해 야기된 활동이 여러 피질 영역들 전반에 걸쳐 분포되어 있다.

㉡ 해마는 여러 피질 영역들의 활동을 조정하게 된다. 초기에는 피질과 해마 사이 연결들이 강하다. 이후 응고화의 주요 기전 중 하나인 **재활성화**(reactivation)를 통해 해마가 기억과 연합된 신경활동을 재생하게 되고, 이 과정 중 해마와 피질을 연결하는 네트워크에서 활성화가 발생하는데, 이 활동을 통해 다양한 피질 영역들 사이의 직접적 연결을 형성하는 데 도움을 주게 된다.

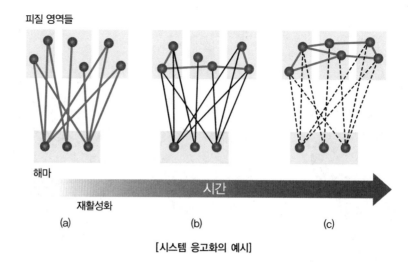

[시스템 응고화의 예시]

② 응고화 과정에 대한 증거는 머리에 외상을 입은 교통사고 환자들이 사고가 발생하기 전에 일어난 일들을 기억하지 못하는 **역행성 기억상실증(retrograde amnesia)**을 보인다는 사실에 의해 지지되고 있다. 즉, 사고의 외상으로 인해 사고 당하기 전의 기억흔적에 대한 응고화가 방해를 받아 기억 상실에 이르게 된다는 것이다.

③ 이러한 역행성 기억상실증 또한 손상 직전 발생한 사건에 대해 더 심각하며, 그 이전으로 갈수록 손상의 정도가 줄어들게 되며 이를 **등급 기억상실증(graded amnesia)**의 속성이라 부른다. 표준 모형에 따르면 사건 후 시간이 지날수록 피질 영역들 사이의 연결이 형성되고 강화되며 해마와 피질 사이의 연결은 약화되고 소멸되게 된다. 따라서 머리의 외상은 피질 영역들 간의 연결의 문제로 인해 발생한다고 가정한다.

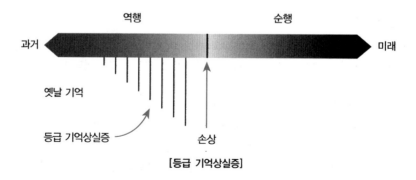

[등급 기억상실증]

제 3 편 실제예상문제

01 다음 중 에빙하우스(Ebbinghaus)의 기억연구에 대한 설명으로 옳지 <u>않은</u> 것은?

① 재학습 시 절약된 횟수를 원 학습 횟수에 대한 백분율로 하여 기억과 망각과정을 측정하였다.

② 새로 학습된 정보가 기존의 지식과 상호작용하는 방식에 관심을 가졌다.

③ 망각은 학습을 한 뒤 급격하게 발생되지만 어느 정도 시간이 경과된 후에는 천천히 진행된다.

④ 무의미 철자를 사용하여 기억과 망각과정을 연구하였다.

01 에빙하우스는 기존의 지식에 영향을 받지 않은 순수한 연합의 형성 과정을 연구하였다. 이를 위해 일반적인 단어가 아닌 자음-모음-자음으로 이루어진 무의미 철자를 사용하여 기억과 망각과정을 연구하였다.

02 다음 설명과 관련 있는 기억검사가 모두 옳게 연결된 것은?

> 재은이는 심리학 실험을 준비하고 있었다. 참가자들에게 단어인지 비단어인지 판단 과제를 시켰다. 모든 시행이 끝난 뒤, 참가자들에게 갑자기 앞서 제시되었던 단어들을 모두 떠올리도록 지시하였다.

① 외현 – 회상

② 외현 – 재인

③ 암묵 – 재인

④ 암묵 – 회상

02 암묵기억과제는 의식적·의도적으로 기억시킨 적이 없음에도 불구하고 과거 경험을 통해 남아 있는 기억을 검사하는 것이다. 회상검사는 단서 없이 학습한 항목을 떠올리도록 요구하는 검사이다.

정답 01 ② 02 ④

03 앳킨슨과 쉬프린(Akinson & Shiffrin, 1968)의 기억의 세저장소모형은 기억을 저장용량과 저장시간에 따라 감각기억, 단기기억, 장기기억으로 나누었다.

03 앳킨슨과 쉬프린(Akinson & Shiffrin, 1968)의 기억의 세저장소모형에서 기억을 나누는 기준은?

① 저장시간 − 저장용량
② 제시순서 − 저장순서
③ 저장시간 − 제시순서
④ 저장순서 − 저장용량

04 스펄링은 감각기억의 저장용량과 저장시간을 분석하기 위해 전체보고절차(전체보고법)과 부분보고절차(부분보고법)을 사용하였다.

04 다음 중 스펄링(Sperling)이 감각기억의 저장용량과 저장시간을 밝히는 데 사용한 연구 방법은?

① 전체보고법/부분보고법
② 계열회상검사
③ 절약법
④ 암묵기억검사

05 단기기억의 부호화는 주로 음운적(청각적) 부호화가 일어나지만 일부 시각적/의미적 부호화도 발생한다.

05 세저장소모형의 관점에서의 단기기억에 대한 설명으로 옳지 <u>않은</u> 것은?

① 단기기억의 지속시간은 시연을 하지 않을 경우 20여 초 정도 정보가 유지되고 사라진다.
② 단기기억에 들어온 정보는 시연 과정을 통해 장기기억으로 전이된다.
③ 단기기억의 부호화는 주로 시각적 부호화가 발생하지만 일부 의미적 부호화도 발생한다.
④ 단기기억의 저장용량은 적게는 5개에서 많게는 9개 정도이다.

정답 03 ① 04 ① 05 ③

06 브라운(Brown, 1958)과 피터슨과 피터슨(Peterson & Peterson, 1959)이 단기기억의 지속시간을 알아보기 위해 제시된 무의미 철자를 기억하는 동시에 산수 과제를 말로 답하도록 지시한 이유는?

① 시각적인 부호화 과정을 방해하기 위해 실시하였다.
② 감각기관에 저장되는 정보가 너무 빨리 사라지는 것을 방지하기 위해 실시하였다.
③ 시연을 통해 장기기억으로 넘어가는 것을 방지하기 위해 실시하였다.
④ 얕은 처리 수준을 일으키기 위해 실시하였다.

07 다음 중 런더스(Rundus, 1971)의 계열위치효과에 대한 설명으로 옳지 않은 것은?

① 앞쪽에 나온 단어들은 시연의 가능성이 더 많기 때문에 장기기억으로 전이될 확률이 높다.
② 계열위치효과는 단기기억과 감각기억의 실험적 증거이다.
③ 단어의 계열위치와 회상률을 그래프로 나타내면 U자형의 곡선을 이루게 된다.
④ 뒤쪽에 나온 단어가 방금 전에 제시되었기 때문에 기억에 남아 있을 확률이 높으며 이를 최신효과라 한다.

08 작업기억의 조음 루프(phonological loop)에 대한 실험적 증거로 옳지 않은 것은?

① 조음억제효과 – 조음 방해를 통해 조음 루프의 작용을 방해할 때 나타나는 현상
② 단어길이효과 – 단어 길이가 짧을수록 더 잘 기억되는 현상
③ 무시된말효과 – 주의를 기울이지 않고 무시된 말소리도 즉각적으로 기억장애를 일으키는 효과
④ 음운유사성효과 – 소리가 비슷한 항목이 그렇지 않은 항목보다 잘 기억되는 현상

안심Touch

09 기억의 체계이론은 장기기억이 하나가 아닌 여러 개의 체계로 구성되어 있다고 가정한다.

10 암묵기억에 속해 있는 절차기억은 기술이나 행위, 조작에 대한 기억이다.

11 정보처리관점은 컴퓨터가 정보를 처리하는 과정과 마찬가지로 인간의 기억 과정을 부호화, 저장, 인출의 연속적인 과정으로 개념화하였다.

정답　09 ③　10 ①　11 ③

09 다음 중 기억의 체계이론에 대한 설명으로 옳지 <u>않은</u> 것은?

① 암묵기억에는 절차기억, 점화 등이 포함된다.
② 외현기억은 의식적, 의도적으로 접근 가능하고 언어적으로 설명이 가능한 기억이다.
③ 단기기억이 하나가 아니라 여러 개의 체계를 지닌다고 가정한다.
④ 일화기억은 시간상 거꾸로 거슬러 올라가는 정신적 시간여행이 포함된다.

10 기술 또는 행위, 조작에 대한 기억으로 단순히 자극과 반응의 연합이나 수행의 순서 등을 포함하는 기억은?

① 절차기억
② 외현기억
③ 일화기억
④ 의미기억

11 다음 중 기억의 과정을 순서대로 옳게 배열한 것은?

① 부호화 → 인출 → 저장
② 저장 → 인출 → 부호화
③ 부호화 → 저장 → 인출
④ 인출 → 저장 → 부호화

12 다음 중 의미적으로 유사하거나 관련 있는 것들을 무리지어 기억하는 현상으로 옳은 것은?

① 유목별 군집화
② 주관적 조직화
③ 개념적 위계
④ 의미적 부호화

12 참가자들에게 동물, 사람이름, 직업, 야채의 네 개 범주에 속한 단어들을 하나씩 무선적으로 제시한 뒤 자유회상검사를 실시하였다. 그 결과 회상 시 동물은 동물끼리, 직업은 직업끼리, 야채는 야채끼리, 이름은 이름끼리 단어들을 함께 묶어 회상하는 경향성을 보였다. 이러한 현상을 유목별 군집화라 한다.

13 다음 중 기억에 저장된 정보를 기억해내는 데 도움이 되는 자극이나 정보는?

① 처리수준
② 인출단서
③ 제시순서
④ 부호화

13 인출단서는 해당 기억흔적을 활성화시킬 수 있는 정보이며, 기억 속에 있는 특정한 정보에 접근하는 것을 도와주는 자극을 의미한다.

14 다음 설명과 연관된 개념으로 옳은 것은?

> 학교에서 강의를 듣는 학생이 강의를 받던 곳에서 시험을 치르면 강의를 받지 않은 다른 곳에서 시험을 치르는 것보다 시험 결과가 좋아질 수 있다.

① 처리수준모형
② 기억부호의 정교화
③ 부호화특정성의 원리
④ 자기참조효과

14 부호화특정성의 원리란 특정 정보가 기억이 날 확률은 그 정보를 부호화할 때의 맥락과 얼마나 유사한가에 달려 있다는 것을 의미한다. 즉, 부호화 시의 물리적, 신체적, 심리적 상태와 인출 시의 상태가 얼마나 일치하는가가 인출 정도에 영향을 미친다고 가정한다.

정답   12 ①   13 ②   14 ③

15 소멸이론은 기억흔적이 시간경과에
따라 점차 소멸된다고 본다. 기억은
중추신경계에 어떤 변화를 일으켜
기억흔적을 남기게 되는데, 사용하
지 않으면 시간경과에 따라 신진대
사과정이 점차 희미해져 가고 결국
사라지게 된다고 본다.

15 다음 중 망각의 원인으로 기억흔적이 시간경과에 따라 점차 희미
해져 간다고 보는 것은?

① 간섭
② 인출실패
③ 동기화된 망각
④ 소멸

16 인출실패는 망각의 원인으로, 저장
된 정보를 인출할 수 있는 적절한 인
출단서가 부족하기 때문에 발생한다
고 본다.

16 망각의 원인 중 인출실패에 대한 설명으로 옳지 **않은** 것은?

① 저장된 정보가 완전히 사라진 것이 아닐 수 있다.
② 처음엔 기억을 하지 못하더라도 적절한 인출단서가 주어지면
  기억이 날 수 있다.
③ 인출단서와 기억에 저장된 정보가 일치하기 때문에 발생하는
  것이다.
④ 기억 속 정보에 접근하는 수단이 부족하기 때문에 발생한다.

17 섬광기억(flashbulb memory)이란 정
서적 각성을 일으키는 놀라운 사건
에 대한 생생한 기억을 말한다.

17 다음 설명과 관련된 기억의 종류는?

> 윤재는 아주 오랜 시간이 지났지만 2001년 9월 11일 저녁을
> 생생히 기억한다. 그날은 증조할아버지 제사였지만 학교에서
> 늦게까지 공부를 하느라 집에 늦게 들어가게 되었다. 집에 도
> 착했을 때 제사상은 그대로 놓여 있었고 모든 어른들이 TV
> 앞에 모여 앉아 뉴스를 보고 있었다. 그 때 작은 아버지가 미
> 국에서 전쟁이 났다고 말했고, TV 속 쌍둥이 빌딩에선 검은
> 연기가 피어오르고 있었다.

① 일화기억
② 섬광기억
③ 의미기억
④ 암묵기억

정답 15 ④ 16 ③ 17 ②

18 정서적 사건 발생 시 관련된 중심 자극에 주의가 많이 할당되어 주변 자극에 대한 기억이 상대적으로 약해지는 것은?

① 무기초점화효과

② 초두효과

③ 의미점화효과

④ 부채효과

18 일반적으로 목격자기억은 부적 정서를 일으키는 사건이 많다. 이러한 부적 정서 사건에 대한 기억은 기억 정보가 중심적 정보인지, 주변적 정보인지에 따라 기억 수행이 달라질 수 있다. 정서적 사건에 대한 제한된 주의로 인해 사건 중심에 대한 기억은 잘 되는 반면, 주변 정보에 대한 기억은 상대적으로 기억이 잘 되지 않을 가능성이 많다.

19 다음 중 기억상실증에 대한 설명으로 옳지 <u>않은</u> 것은?

① 일반적으로 기억상실증은 암묵기억에 심각한 손상을 일으킨다.

② 해마가 손상된 H. M.의 경우 거울을 보고 별모양 추적 과제를 실시한 결과 과제를 한 기억은 없지만 점차 시행이 늘어갈수록 과제 수행 능력은 향상됨을 보였다.

③ 전형적으로 기억상실증은 중추신경계에 입은 외상의 결과로 발생한다.

④ 역행성 기억상실증 환자들은 과거 기억은 정상인 반면 새로운 기억을 형성하지 못한다.

19 역행성 기억상실증은 기억과 관련된 뇌 부위의 손상으로 인해 손상 이전에 발생한 사건이나 사실을 기억하지 못한다. 기억의 손상 정도는 손상 직후 일부 기억을 못하는 경우도 있고, 몇 주에서 몇십 년 동안의 과거 경험을 기억 못하는 경우도 있다.

20 새로운 기억을 취약한 상태로부터 보다 항구적으로 변형시키는 과정으로 기억이 시냅스와 피질의 변화과정에 달려 있다고 보는 개념은?

① 응고화

② 공고화

③ 정교화

④ 범주화

20 응고화의 과정은 시냅스와 피질의 신경회로를 포함하는 두 가지 유형으로 나뉜다. 시냅스 응고화는 비교적 짧은 시간(몇 분 또는 몇 시간)에 걸쳐 발생하는데, 시냅스의 구조적 변화를 포함한다. 시스템 응고화(system consolidation)는 오랜 기간(몇 개월 또는 몇 년)에 걸쳐 발생하며 이는 뇌 안에서 신경회로의 점진적 재조직화가 포함된다.

정답   18 ①   19 ④   20 ①

안심Touch

01 **정답**

절약법

해설

절약법은 무의미 철자 15개를 완벽히 학습하는 데 걸리는 반복횟수(or 시간)를 측정한 뒤, 일정시간 지연 후 다시 완벽히 학습하는 데 걸리는 반복횟수(or 시간)의 측정치로 절약점수를 계산하는 방법이다.

02 **정답**

점화(priming)

해설

사전에 기억하라는 지시문을 주지 않았음에도 불구하고 앞서 제시된 것만으로도 판단이나 기억이 더 잘 되는 현상을 점화효과라 한다. 이는 암묵기억의 실험적 증거가 된다.

✔ **주관식 문제**

01 에빙하우스(Ebbinghaus)가 기억연구를 위해 사용한 방법으로 재학습 시 절약된 횟수와 원 학습 횟수에 대한 백분율로 기억과 망각과정을 측정하는 방법을 쓰시오.

02 다음 설명과 관련 있는 용어를 쓰시오.

어떤 자극에 노출된 결과로 어떤 단어나 대상 등의 자극이 더 잘 판단되거나 기억이 더 잘 나는 현상

03 다음 설명과 연관된 기억에 관한 효과를 쓰시오.

> 학습 시 술에 취해 있던 사람은 검사 시에 술에 취해 있을
> 때 더 높은 회상률을 보인다.

03 정답
상태의존학습(state-dependent memory)

해설
상태의존학습이란 부호화 시의 내적 상태(기분, 생리적 상태 등)와 인출 시의 상태가 동일할 때 기억이 증가 하는 현상을 의미한다.

04 이전의 정보가 새로 학습한 정보의 파지를 방해하여 망각이 일어 난다고 보는 간섭을 무엇이라 하는지 쓰시오.

04 정답
순행간섭(PI : Proactive Interference)

해설
파지 기간 동안 일어나는 여러 정보 들 간의 간섭으로 인해 망각이 발생 한다. 망각은 새로운 정보가 이전에 학습한 정보의 파지를 간섭하는 역 행간섭과 이전에 학습한 정보가 새 로운 정보의 파지를 간섭하는 순행 간섭이 있다

안심Touch

05 **정답**

부호화특정성의 원리란 특정 정보가 기억이 날 확률은 그 정보를 부호화 할 때의 맥락과 얼마나 유사한가에 달려 있다는 것을 의미한다.

해설

부호화특정성의 원리란 부호화 시의 물리적, 신체적, 심리적 상태와 인출 시의 상태가 얼마나 일치하는가가 인출 정도에 영향을 미친다는 것으로, 저장된 정보를 효과적으로 인출하기 위해서는 인출단계에서 부호화 시의 외부맥락이나 내적 상태와 얼마나 일치하는가가 중요하다고 가정한다.

05 부호화특정성의 원리에 대해 간략히 설명하시오.

제 **4** 편

지식표상

단원 개요

- 지식표상은 장기기억 속에 정보가 어떻게 저장되어 있는가를 다룬다. 기억부호가 생성되는 수준과 정교화와 독특성이 어떻게 작용하는지 알아본다.
- 시각심상의 특징과 주요 이론들에 대해 확인하고, 심상의 심적 조작에 대한 증거들에 대해 알아본다.
- 개념과 범주화와 관련된 속성, 유사성, 설명 기반의 특성에 대해 다룬다.
- 지식표상의 단위를 중심으로 개념적 지식표상, 명제적 지식표상, 도식적 지식표상에 대해 알아본다.

출제 경향 및 수험 대책

- 정보의 부호화 수준과 관련해 정보처리수준모형의 특징과 한계에 대해 이해하고, 정교화와 독특성이 지니는 부호화 특징에 대해 학습한다.
- 심상의 주요 이론의 특징과 심상을 통한 부호화의 장점에 대해 학습한다.
- 개념과 범주의 구조 및 특성에 대해 이해한다.
- 지식표상 단위에 따른 각 이론의 특징에 학습한다.

제 1 장 기억부호

1 기억부호의 개념

(1) 기억부호(memory code)

① 기억부호란 특정 항목을 기억에 저장할 때 이용되는 **표상(representation)**이다. 표상이란 단어의 뜻은 '다시 표현하다'라는 의미로 하나의 대상이나 현상이 가지고 있는 특정한 측면을 다른 방식으로 표현한 것이다.

② 우리는 실제 대상을 그대로 우리 머릿속으로 가져와 다루는 것이 아닌 어떤 상징이나 다른 형태로 재표현, 즉 추상화하여 다루게 되는데 이를 표상이라 하고 기억의 과정에서 이용되는 표상을 기억부호라 한다.

③ 사람들은 학습할 때 여러 가지 기억부호를 만들어낸다. 단어가 시각적으로 제시되면 그 단어의 시각적 이미지를 형성하고, 그 단어를 암송하면 음운부호를 창출한다. 그리고 단어가 의미를 가진 것이라면 의미상의 결합을 만들어내기도 한다.

(2) 기억부호의 형성

① 크레이크와 록하트(Craik & Lockhart, 1972)는 자극정보를 부호화하는 데는 다양한 방법이 있고, 각 방법에 따라 형성된 기억부호는 질적으로 다르다고 제안하였다.

② 자극의 물리적 속성만 분석하면 기억부호가 금방 붕괴되며, 자극의 정체를 확인하고 명명하면 기억부호가 상대적으로 강해지고 붕괴속도도 중간 정도를 나타낸다고 보았다. 자극의 의미를 정교화하게 되면 기억부호가 가장 강하고 오래 지속된다고 가정하였다.

③ 즉, 각각의 분석 수준에 따라 상이한 **기억흔적(memory trace)**이 생성되고, 기억부호의 붕괴(망각) 속도도 달라진다고 가정하였으며, 크레이크와 록하트는 이를 **처리수준모형(level of processing model)**을 통해 제안하였다.

2 처리수준모형

(1) 처리수준모형(level of processing model)의 특징 중요 ★★★

① 크레이크와 록하트(Craik & Lockhart, 1972)는 성공적인 기억을 위해서는 단순한 되뇌기의 양이 아니라 주어진 항목을 부호화할 때 수행된 처리의 유형(수준)에 따라 기억의 정도가 결정된다고 주장하였다. 즉, 자극의 질적 처리의 차이를 강조하였다.

② 처리수준모형은 특히 언어적 정보를 부호화하는 데 있어서 3종류의 처리수준(level of processing)의 유형[또는 처리수준의 깊이(depths of processing)] 방식을 가정하였다. **구조적 부호화(structural encoding)**는 얕은 처리, **음운적 부호화(phonemic encoding)**는 중간 처리, 그리고 **의미적 부호화(semantic encoding)**는 깊은 처리가 이루어지며 깊이 정도에 따라 기억이 더 오래 유지되기도 하고, 망각이 더 발생하기도 한다고 가정하였다.

㉠ 구조적인 부호화는 단어의 모양과 같은 구조적인 특징을 부호화하는 것이고, 음운적 부호화는 단어의 소리적 특성을 부호화하는 것이며, 의미적 부호화는 단어의 의미적 특성의 부호화를 의미한다.

㉡ 구조적, 음운적, 의미적 부호화에 따라 처리의 깊이가 다르다고 가정했다. 구조적 부호화는 **얕은 처리**, 음운적 부호화는 **중간 처리**, 의미적 부호화는 **깊은 처리**로 가정하였으며, 처리의 수준이 깊어질수록 기억이 더 오래 지속된다고 보았다.

부호화 유형(처리수준)	처리수준	특성
구조적 부호화	얕은 처리	단어의 물리적 속성을 부호화
음운적 부호화	중간 처리	단어의 발음을 강조하는 부호화
의미적 부호화	깊은 처리	언어적 입력 정보의 의미를 부호화

③ 이를 통해 기억을 단기기억과 장기기억과 같이 구조적으로 분리된 저장소라기보다는 정보처리수준의 깊이에 따라 연속적인 차원에서 분리되는 하나의 인지과정으로 간주하였다.

(2) 처리수준의 실험적 증거 중요 ★★

① 크레이크와 튤빙(Craik & Tulving, 1975)은 참가자들에게 단어들에 대한 지각과 반응속도와 관련된 실험이라 말한 뒤, 명사로 된 단어를 한 개씩 참가자에게 제시하고 각 단어마다 질문에 대한 답을 하도록 요구하였다[이는 특정 처리수준을 일으키기 위한 방법으로 **정향 과제(orienting task)**라 부른다].

② 참가자들은 제시된 단어들에 대한 질문이 옳은 것인지(적합한 것인지) 또는 옳지 않은 것인지(부적합한 것인지)에 대해 'yes' 또는 'no'로 대답을 하도록 지시받았다.

처리수준	정향 과제	응답	
		예	아니오
구조적 부호화 (얕은 처리)	단어가 대문자로 쓰였는가?	TABLE	table
음운적 부호화 (중간 처리)	단어가 WEIGHT와 운이 같은가?	crate	MARKET
의미적 부호화 (깊은 처리)	단어가 다음 문장에 부합되는가?	FRIEND	cloud

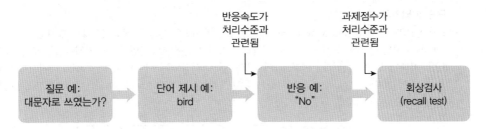

[처리수준 실험 절차]

③ 단어에 대한 질문과 응답이 모두 끝난 뒤, 참가자들에게 갑자기 앞서 제시되었던 모든 단어들에 대해 재인검사가 실시되었다(참여자들은 전혀 예상하지 못했음). 그 결과 '의미적 부호화(깊은 처리) 〉음운적 부호화(중간 처리) 〉구조적 부호화(얕은 처리)'의 순으로 재인율이 나타났다. 이러한 결과는 회상검사에서도 관찰되었다.

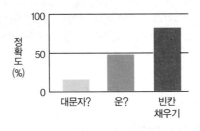

[처리수준 실험 결과]

④ 이러한 결과는 처리수준이 깊을수록 파지가 증가할 것이라는 처리수준모형의 예측을 강하게 지지해주는 결과였다.

(3) 처리수준모형의 한계 중요 ★

① 첫 번째 한계점은 **처리수준개념의 직관성**이다. 처리수준(처리 깊이)은 직관에 근거한 것으로 깊이가 무엇인지를 정확하게 정의하기 어렵고 독립적인 측정치가 없다. 어떤 절차가 우수한 기억을 초래하기 때문에 깊은 처리라 정의한 뒤, 그 절차를 사용하여 보다 깊은 처리가 우수한 기억을 초래한다는 것을 보여주는 것은 순환론적 추리에 속한다.

② 두 번째 한계점은 **처리수준에 따른 기억차이 원인의 불명확성**이다. 즉, 기억 부호화에 따라 효과적인 파지 정도가 다른 이유를 명확하게 설명하고 있지 못하다는 것이다. 의미적 부호화가 다른 부호화에 비해 왜 더 효과적인지를 설명하지 못하며, 또한 같은 의미적 처리수준 내에서도 기억률에 차이가 나는 이유를 설명하지 못한다.

③ 세 번째 한계점은 **측정값의 비일관성**이다. 여러 처리수준과 관련된 연구에서 기억의 측정 방법에 따라 기억률이 일관되게 나타나지 않았다.

> **⊕ 더 알아두기 ◯**
>
> **단순 되뇌기의 한계**
> 크레이크와 왓킨스(Craik & Watkins, 1973)는 단순 시연의 한계를 실험적으로 증명하였다. 참가자들에게 제시된 단어들 중 특정 낱자로 시작되는 마지막 단어만을 기억하라고 지시한 뒤, 27개의 단어들을 차례대로 제시하였다. 예를 들어 낱자 'g'로 시작되는 단어만을 기억하라고 지시했을 때, 'garden'이 제시되면 'garden'을 기억하기 위해 노력하다가 바로 'grain'이 나타나면 'garden'을 버리고 'grain'만을 기억하면 되는 과제였다.
>
>
>
> 모든 단어 제시가 끝난 뒤 참가자들에게 'g'로 끝난 단어들뿐만 아니라 앞서 제시되었던 모든 단어들을 회상하라고 지시하였다. 이러한 절차는 'g'로 시작한 단어들에 대한 되뇌기의 수를 조작하기 위해 고안된 실험적 절차였다. 즉, 앞서 제시된 'garden'의 경우에는 'grain'에 비해 되뇌기 숫자의 양이 상대적으로 작아지게 된다. 실험 결과 앞서 제시된 'garden'과 나중에 제시된 'grain'의 회상률에 차이가 없었다. 즉, 단순 되뇌기의 횟수에 따라 기억에 차이를 보이지는 않았다. 이는 단순 되뇌기가 기억에 차이를 필수적으로 발생시키지 않음을 실험적으로 보여준 것이다.

> **⊕ 더 알아두기 ◯**
>
> **자기참조효과(self-reference effect)**
> 자기참조효과란 제시된 정보에 대해 자기 자신과 관련지어 부호화할 때 기억이 향상되는 효과를 의미한다. 로저스, 퀴퍼와 키커(Rogers, Kuiper & Kirker, 1973)는 처리수준 실험에 추가로 참가자들에게 자기 참조(self-reference) 조건을 추가하였다. 추가된 자기 참조 관련 질문은 제시된 단어에 대해 '자기 자신을 나타내는가?'였으며 마찬가지로 'yes' 또는 'no'로 대답하도록 요구되었다. 일반적인 처리수준 실험과 마찬가지로 질문에 대한 답이 모두 끝난 뒤 참가자들이 예상하지 못한 갑작스러운 제시된 단어들에 대한 회상검사가 실시되었다. 그 결과 다른 어떤 부호화(처리수준)보다 자기참조부호화 조건이 높은 회상률을 보였다. 이러한 결과는 단어들이 자기 자신과 연결된다는 것을 보여준다. 일반적으로 마음속에서 보다 풍부하고 상세한 표상을 유발한 조건이 보다 우수한 기억부호를 초래하는 것을 시사한다.

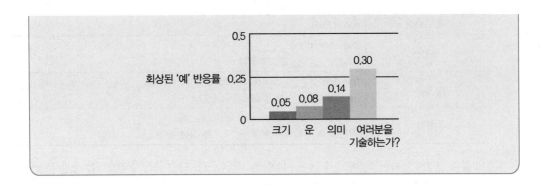

제 2 절   기억부호의 정교화와 독특성

1   기억부호의 정교화

(1) 정교화(elaboration)의 특징 중요 ★★

① 정교화는 정보를 기존의 지식과 연결함으로써 정보를 통합하고 보존하는 방법을 의미한다. 즉, 주어진 정보 이외에 부가적으로 연결되는 명제를 생성하는 과정으로, 기억해야 할 항목에 관련되고 확장되는 추가 정보를 만드는 과정이다.

② 새로운 기억흔적과 기억에 저장되어 있는 기억흔적들 사이에 많은 연합이 만들어짐으로써 이 흔적들과 연결된 모든 기억흔적들이 활성화될 확률이 높아진다.

③ 일반적으로 의미적 수준의 정교화가 시각적 수준이나 음운적 수준의 정교화보다 수월하다(Anderson & Reder, 1979).

④ 기억부호의 차이점에 관한 유력한 설명 중 하나는 저장된 기억부호가 정교화된 양과 질에서 서로 다르다는 점이다.

⑤ 정교화를 통해 처리수준모형이 설명하지 못한 동일한 처리수준 내에서 발생한 파지 차이를 설명하는 것이 가능하며, 또한 동일한 수의 부가적 명제가 목표 정보와 연결된 경우에도 기억차이가 발생하는 과정을 정교화의 질적 차이로 설명하는 것이 가능하다.

(2) 연결 복잡성(정교화의 양적 측면)

① 크레이크와 튤빙(Craik & Tulving, 1975)은 동일한 수준의 의미적 처리 내에서 일어나는 파지 차이를 설명하기 위해 같은 의미 처리수준 내에서 문장 맥락의 복잡성을 세 수준으로 조작하였다.

② 처리수준모형의 실험과 마찬가지로 참여자들에게 목표 단어가 문장에 부합하는지 판단하게 한 뒤, 목표 단어들에 대해 예상하지 못한 자유 회상검사가 실시되었다.

목표 단어	apple(사과)
단순	She cooked the _____. (그녀는 _____를 요리했다.)
중간	The ripe _____ tasted delicious. (잘 익은 _____는 맛있는 맛이 난다.)
복잡	The small lady angrily picked up the red _____. (작은 숙녀가 갑자기 빨간 _____를 집어 들었다.)

③ 그 결과 문장의 맥락이 복잡할수록 높은 회상률을 보였다. 즉, 단순 문장 조건보다는 중간 문장 조건에서 목표 단어에 대한 기억률이 높게 나타났으며 복잡 문장 조건에서 가장 높은 기억률을 보였다.

④ 이러한 결과는 문장 맥락이 복잡할수록 목표 단어를 중심으로 정교화된 기억구조와 인출통로가 생성되었기 때문이라고 볼 수 있다. 하지만 목표 단어가 문장 맥락과 부합되지 않을 경우에는 문장 맥락의 복잡성에 따른 기억의 이점이 발생하지 않았다.

⑤ 문장의 복잡성을 목표 정보와 연결된 명제의 수로 정의한다면, 이는 정교화의 양적 측면을 바라본 것으로 볼 수 있다.

(3) 정확 정교화(정교화의 질적 측면)

① 스테인과 브랜스포드(Stein & Bransford, 1979)는 동일한 수의 부가적 명제가 목표 정보와 연결된 경우라도 질적으로 다른 정교화로 인해 기억이 달라질 수 있음을 실험을 통해 증명하였다.

② 정교화의 질적 유형을 **정확 정교화**(precise elaboration)와 **부정확 정교화**(imprecise elaboration)로 구분하였다.

③ 실험은 4집단으로 나누어 진행되었다. 각 집단에게 문장이해도를 측정한다고 알린 다음, 통제 집단에게는 기본 문장을 제시했고, 정확 정교화 집단에게는 정확한 정교화 문장을 제시했다. 부정확 정교화 집단에게는 부정확한 문장을 제시했으며, 자기 생성 조건은 목표 단어를 제시한 뒤 문장을 스스로 생성하도록 지시하였다.

목표 단어	뚱뚱한
기본 문장	뚱뚱한 사람이 표지판을 읽는다.
정확 정교화 조건	뚱뚱한 사람이 얇은 얼음을 경고하는 표지판을 읽는다.
부정확 정교화 조건	뚱뚱한 사람이 높이가 2미터인 표지판을 읽는다.
자기 생성 조건	〈목표 단어를 이용해 문장 만들기〉

④ 정확 정교화 조건의 얇은 얼음의 위험 정도가 목표 단어 '뚱뚱한'과 의미적으로 관련이 있는 반면, 부정확 정교화 조건의 표지판의 높이와 목표 단어 '뚱뚱한'과는 의미적으로 크게 관련이 없다.

⑤ 모든 문장들이 제시된 후에 목표 단어가 생략된 기본 문장(예 _____ 사람이 표지판을 읽는다)을 단서로 제시한 뒤 목표 단어에 대한 회상검사가 실시되었다. 그 결과 '정확 정교화 집단은 7.4개, 자기 생성 조건은 5.8개, 기본 문장은 평균 4.2개, 부정확 정교화 집단은 2.2개' 순의 회상 결과를 보였다. 부정확 정교화 조건이 정확 정교화 조건과 비슷한 복잡성을 보였음에도 불구하고 가장 기본 문장 조건보다 낮은 회상률을 보였다.

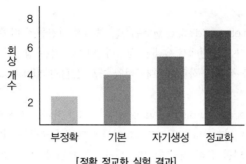

[정확 정교화 실험 결과]

⑥ 이러한 결과는 정교화 과정에 있어서 단순한 양적 측면만이 중요한 것이 아니라 의미가 부합되는 질적인 측면도 고려해야 함을 제시한다.

2 기억부호의 독특성

(1) 독특성(distinctiveness) 중요 ★

① 기억부호는 정교화의 정도에서뿐만 아니라 독특성의 차원에서도 다를 수 있다. 독특성이란 어떤 항목을 다른 항목과 구별하기가 얼마나 쉬운가를 의미한다.

② 어떤 것을 기억하려 할 때 그것에 대한 기억을 간섭할 수 있는 다른 정보들과 다르고 독특하게 만드는 것이 유리하게 작용한다.

③ 쉬미치(Schmich, 1991)는 독특성을 크게 일차적 독특성, 이차적 독특성, 정서적 독특성, 처리의 독특성의 4가지로 구분하였다.

(2) 독특성의 유형

① 일차적 독특성

일차적 독특성(primary distinctiveness)은 인접 맥락과의 차이에 의해 결정되는 독특성을 의미한다. 검은색 단어들 사이에 단어 하나가 빨간색으로 제시되었을 때 빨간색으로 제시된 단어가 검은색으로 제시된 단어들에 비해 기억될 확률이 높아진다. 주변 단어와 다른 색깔로 인해 독특성을 갖게된 것이다.

② 이차적 독특성

이차적 독특성(secondary distinctiveness)은 인접 정보에 의한 차이가 아닌 장기기억의 정보에 따라 결정되는 독특성을 의미한다. 예를 들어 표기법상 독특한 단어들(예 khaki, afghan)이 제시되었을 때 표기법상 평범한 단어들(예 airway, kennel)에 비해 기억에 남아 있을 확률이 높아진다. 이는 인접 맥락과 비교를 통한 독특성이 아닌 장기기억 속에 저장되어 있는 단어들에 비해 독특하다는 것이다.

③ **정서적 독특성**

정서적 독특성(emotional distinctiveness)은 중성적 사건들에 비해 강한 정서적 반응을 유발하는 사건이 잘 기억된다는 발견에서 유래된 것이다. 한 연구자는 정서적 사건에 대해 '마음에 닻이 내려 졌다.'라는 표현을 쓰기도 하였다. 대표적인 예로 **섬광기억(flashbulb memory)**이 있다.

④ **처리의 독특성**

처리의 독특성(processing distinctiveness)은 우리가 자극을 어떻게 처리하는가에 달려 있다. 즉, 자극 자체의 특징이라기보다는 우리가 그 자극에 대해 창출하는 기억부호의 결과이다. 예를 들어, 특정 자극을 정교화를 통해 처리한다면 그 자극은 특별히 더 기억이 잘 될 수 있다.

제 2 장 시각심상

제 1 절 심상의 표상

1 심상의 개념

(1) 심상(imagery) 중요 ★★

① 심상이란 감각 기관을 통해 현재 감지되고 있지 않은 것들(예 사물이나 사건, 환경자극 등)에 대한 심적 표상을 의미한다. 즉, 실제 자극이 존재하지 않는 상황에서 마음에 형성한 이미지를 말한다.

② 심상은 시각뿐만 아니라 청각, 미각, 후각, 촉각 등의 심상도 가능하며, 심지어 한 번도 경험하지 못한 것도 심상이 가능하다. 예를 들어, 가까운 곳에서 들리는 총소리를 떠올릴 수 있으며, 장미꽃이나 라일락의 향기를 떠올릴 수 있다. 또한 추운 겨울 한강에서 수영을 한 경험이 없더라도 상상을 통해 감각을 떠올릴 수 있다.

③ 사람들은 문제를 해결하고 특정 대상과 관련된 질문에 답하기 위해 심상을 사용하기도 한다. 예를 들어, 딸기와 체리 중 어떤 것이 더 붉은색인지, 또는 집에 문이 몇 개인지 질문을 받으면 질문 속의 대상에 대해 마음속에 심상을 생성하여 문제를 해결해 나간다.

(2) 심상 연구의 역사

① 심상은 본질적으로 주관적 경험이기 때문에 연구에 있어서 어려움과 논란이 있어 왔다.

② 분트(Wundt)는 인간의 의식이 감각 및 감정과 아울러 심상의 기본요소로 이루어졌으며, 사고에는 반드시 심상이 수반되기 때문에 사고를 연구하는 한 가지 방법으로 심상의 연구를 제안하였다.

③ 이후 심상 없이 사고가 가능한 것인지에 관한 **무심상사고논쟁(imageless-thought debate)**으로 이어졌으며, 행동주의 심리학의 탄생과 함께 심상은 심리학 연구에서 사라지게 되었다.

④ 그 뒤 1950년대 인지 혁명이 일어난 뒤 심상의 연구는 마음에 대한 과학적 연구의 부활과 함께 인지 심리학의 주요 주제로 재등장하게 되었다.

2 심상의 주요 이론

(1) 이중부호화가설(dual coding hypothesis) 중요 ★★

① 페이비오(Paivio, 1969, 1971)는 **언어부호**(verbal code)와 **심상부호**(imagery code)를 모두 사용해 세상의 정보를 표상한다고 제안하였다.

② 심상부호는 대상의 지각적 특성을 반영하는 구체적인 정보를 표상하고, 언어부호는 언어의 의미에 대한 추상적인 정보를 표상한다고 가정하였다.

③ 심상부호는 물리적 자극에 대한 **아날로그부호**(analog code)라 가정하였다. 아날로그부호란 대상의 지각적 세부특징을 그대로 표상하는 것을 의미한다. 마치 아날로그시계의 시침 움직임이 시간의 흐름과 유사한 것처럼 우리 마음에 형성하는 내적 이미지도 우리가 관찰하는 물리적 자극과 유사하다는 것이다.

④ 언어부호는 **상징부호**(symbolic code)로 무언가를 의미하거나 나타내기 위해 임의적으로 선택된 지식표상의 한 형태로, 표상되는 것과 지각적으로 관련성이 없는 형태로 표상되는 것을 의미한다. 예를 들어, 디지털시계가 숫자를 사용해 시간의 흐름을 표상하는 것과 유사하다.

⑤ 그림이나 구체적인 명사(예 개구리)는 언어부호와 심상부호로 모두를 표상하는 반면, 추상명사(예 평화)는 오로지 언어부호로만 표상된다. 따라서 그림이 단어보다, 구체적인 명사가 추상명사보다 더 잘 저장되고 인출이 되는 이유는 상대적으로 표상부호가 다양하기 때문이다.

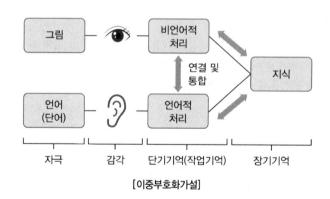

[이중부호화가설]

(2) 관계조직화가설(relational-organizational hypothesis)

① 바우어(Bower, 1970)는 심상이 기억을 증진시키는 이유가 풍부한 정보를 담고 있기 때문이 아니라 기억해야 할 정보들 사이에 연합이 잘 이루어지도록 만들기 때문이라고 가정하였다.

② 바우어와 윈젠즈(Bower & Winzenz, 1970)는 단어들에 대해 시각적 심상을 상호작용시키면 기억이 향상됨을 증명하였다.

　　㉠ **쌍대연합학습**(paired-associate learning) 절차를 사용하였는데, 이는 단어쌍 목록(예 개구리-피아노)이 모두 제시된 뒤, 각 쌍의 첫 번째 단어가 제시되면 참가자는 그 단어와 쌍을 이루었던 단어를 기억해 내는 것이다.

　　㉡ 집단은 학습 유형에 따라 크게 세 집단으로 구성되었다. 첫 번째 집단은 단어쌍이 제시되었을 때 소리내지 않고 되뇌기를 하도록 지시받았고, 두 번째 집단은 각 단어들을 따로 시각적 심상을

떠올리도록 지시받았고, 세 번째 집단은 두 단어들에 대해 상호작용하는 시각적 심상을 형성하도록 지시받았다. 모든 단어쌍이 제시된 뒤 회상검사가 실시되었다.

ⓒ 그 결과 단순 시연 조건보다는 시각적 심상 조건이 높은 회상률을 보였으며, 상호작용하는 시각적 심상을 떠올린 조건이 가장 높은 회상률을 보였다. 부호화 시 시각적 심상을 떠올리거나 자극들이 서로 상호작용하는 시각적 심상을 떠올릴 경우 기억에 이점으로 작용됨을 증명하였다.

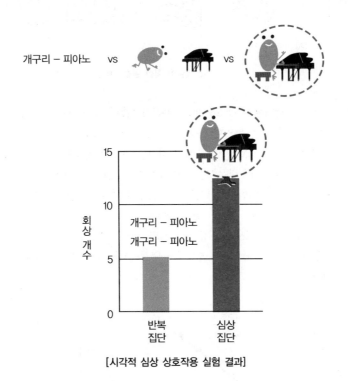

[시각적 심상 상호작용 실험 결과]

제 2 절 　 시각적 심상의 심적 조작

1 시각적 심상에 관한 경험적 연구

(1) 심적 회전(mental rotation)의 연구 중요 ★

① 셰파드와 메츨러(Shepard & Metzler, 1971)는 실험을 통해 사람들이 원하는 조망을 얻기 위해 대상을 머릿속에서 회전시킨다고 생각하였다.

② 3차원의 기하학적인 두 쌍의 그림을 제시한 뒤 같은 그림인지 여부를 판단시킨 후 반응시간을 측정하였다.

③ 제시된 도형은 같은 도형 중 하나를 2차원 평면이나 3차원 깊이 차원에서 0~180도의 각도로 회전시킨 자극이 제시되었다. 또한 한 자극이 거울상으로 유사하지만 다른 도형도 제시되었다.

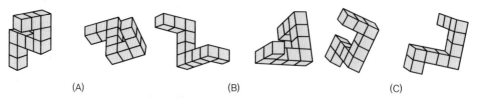

(A)   (B)   (C)

[심적 회전 실험 자극]

④ (A) 자극은 2차원 평면에서 각도상 80도 차이가 있는 동일한 자극 쌍, (B) 자극은 3차원 깊이에서 각도상 80도 차이가 있는 동일한 자극 쌍, (C) 자극은 각도와 상관없이 동일하지 않은 자극이다.

⑤ 실험 결과 참가자들의 반응시간이 도형이 회전된 정도에 비례한 선형함수로 나타났다. 즉, 도형의 회전 각도가 증가함에 따라 반응시간도 증가하였다. 이러한 결과는 두 자극 중 하나를 마음속에서 회전시켰다는 사실을 의미한다. 이러한 결과는 물리적인 사물을 공간에서 회전시켰을 때 기대하는 반응과 기능적으로 동일한 결과로 볼 수 있다.

⑥ 또한 자극을 평면으로 회전시키는 경우인 (A)와 깊이로 회전시키는 경우인 (B)에서 반응시간의 차이를 보이지 않았다. 이는 자극을 평면상에서 회전시키는 것이 아니라 3차원상에서 회전시키고 있음을 시사한다.

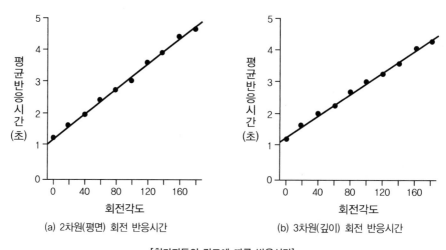

(a) 2차원(평면) 회전 반응시간   (b) 3차원(깊이) 회전 반응시간

[참가자들의 각도에 따른 반응시간]

(2) 심상 주사(imagery scanning) 연구 <u>중요</u> ★

① 코슬린(Kosslyn, 1973)은 심상이 공간적 특성을 보유하고 있다는 사실을 실험을 통해 증명하였다. 심상 주사 실험의 기본 과제는 특정 대상이나 영역의 심상을 형성하고, 심상의 한 영역에서 다른 영역으로 주사(scanning)하는 데 걸리는 시간을 측정하는 방식이었다.

㉠ 참가자들에게 배와 같은 사물의 사진을 기억하도록 지시한 뒤, 머릿속에 그 사물의 이미지를 만들어 닻과 같은 물체의 한 부분에 집중하도록 지시하였다. 그 다음 모터와 같은 사물의 다른 부분을 탐색하도록 한 뒤, 만약 그 이미지를 찾으면 반응키를 누르도록 지시한 후 그 반응시간을 측정하였다.

㉡ 실험 결과 처음 생각한 이미지와 멀리 떨어진 위치의 사물일수록 오랜 시간이 걸렸다.

㉢ 이러한 결과는 심상이 지각처럼 공간적이며 처음 초점을 둔 부분에서 더 멀리 떨어진 위치일수록 사물의 이미지를 가로질러 탐색해야 하기 때문에 찾는 시간이 더 오래 걸린 것으로 추론할 수 있다.

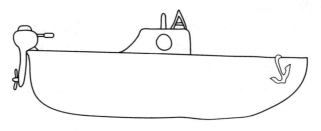

[심상 주사 실험에 사용된 배 자극]

㉣ 하지만 리(Lea, 1975)는 참가자들이 탐색하는 도중 선실 등 다른 흥미를 끄는 부위와 마주쳤을 수 있으며, 이러한 방해로 인해 반응속도가 증가했을 가능성을 제시하였다.

② 이에 코슬린과 동료들(Kosslyn, Ball & Reiser, 1978)은 가상의 지도를 사용하여 심상 주사 실험을 실시하였다.

㉠ 가상의 지도에는 7개의 위치를 포함하고 있는 한 섬을 대상으로 특정 위치에 초점을 맞추고 있다가 실험자가 다른 위치를 알려주는 순간 심상을 주사하고 목표 위치에 도착하면 버튼을 누르도록 지시하였다.

㉡ 실험 결과 배 실험과 마찬가지로 이미지 상에서 거리가 멀수록 탐색에 더 긴 시간이 소요되었다. 이러한 결과는 심상이 공간적 속성을 가진다는 주장을 지지하는 결과이다.

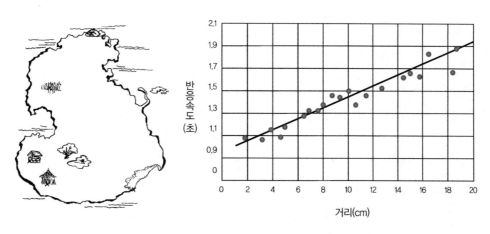

[심상 주사 실험에 사용된 지도 자극과 실험 결과]

2 심상 연구의 한계점

(1) 연구의 편향 가능성

① 심상의 결과는 대부분 심상의 형성과 조작에 따른 것이 아닌 주어진 과제에 대한 참가자들의 신념, 기대, 암묵적 지식이 반영된 것일 가능성이 있다.

② 예를 들어, 심상 주사에서 거리가 멀수록 시간이 많이 걸려야 한다는 사실을 알고 있기 때문에 그 신념이나 암묵적 지식에 맞추어 반응했다고도 해석이 가능하다.

(2) 심상의 본질적 모호성

① 심상의 본질이 무엇인지 이를 명확히 제시할 수 있는 방법이 없다.

② 심상을 '심적 사진'으로 표현하지만 분명 물리적 사진과는 다르다. 사진은 보는 사람이 어떻게 해석하든 변하지 않지만 심상은 해석에 따라 쉽게 변한다.

③ 일상적으로 심상을 보편적으로 사용한다는 사실을 부정할 수는 없지만, 그 본질에 관해서는 여전히 밝혀야 할 점이 많이 있다.

(3) 심상을 별개의 표상부호로 상정할 근거의 부족

① 지식을 단일 표상으로 주장하는 명제론자들은 심상이 별개의 표상부호로 기능한다는 주장을 받아들이지 않는다.

② 명제론자들은 지식의 기본 단위를 명제로 보며, 명제부호가 모든 정보를 저장하고 표상하는 데 사용된다고 가정한다. 우리가 심상을 공간적으로 경험하는 것은 실제 정보 처리 기제가 아닌 실제 기제에 수반되는 부수현상일 수 있다고 주장한다.

제 3 장 범주화

제 1 절 개념과 범주의 특징

1 개념과 범주의 개념

(1) 개념(concept)

① 개념은 지식표상의 기본 단위로서 범주화, 기억, 추리와 판단, 언어의 사용과 이해 등을 포함한 모든 인지활동에 사용되는 심적 표상을 의미한다.

② 개념에는 사물이나 사건에 특징적으로 연합된 모든 정보가 포함되며 이러한 개념을 형성하는 능력은 세상을 이해하는 핵심이다.

③ 예를 들어, 고양이에 대한 개념을 형성할 수 없다면 모든 고양이들을 개별적으로 기억해야 하며, 또한 같은 고양이라도 자세와 각도, 거리에 따라 다르게 보이기 때문에 수많은 연속적인 자극들을 따로 기억해야만 한다. 결국 모든 자극이 독특하다면 수많은 독특한 것들 속에서 길을 잃게 된다.

④ 우리가 거친 지각의 물결에서 일관성을 유지할 수 있는 것은 유사한 사상들을 개념으로 묶을 수 있기 때문이다.

(2) 범주(category)와 범주화(categorization)

① 범주란 같은 유목에 함께 속한다고 생각하는 사물이나 사건들의 유목을 지칭한다. 즉, 특정개념의 모든 가능한 사례들을 의미한다.

② 개념은 물체들을 범주로 분류하는 규칙을 제공한다. 즉 '고양이' 개념의 심적 표상은 우리가 어떤 동물을 고양이 범주에 포함시킬지에 영향을 미친다. 예를 들어, '고양이' 개념을 통해 '고양이' 범주에 얼룩무늬 고양이, 샴 고양이, 페르시아 고양이 등을 포함시키지만, 비글이나 치와와는 포함시키지 않는다.

③ 범주화는 사물이나 사건들을 같은 범주로 할당하는 과정으로 사물들을 범주들에 위치시키는 처리를 의미한다.

④ 범주화를 통해 어떤 대상을 특정 범주로 배정하고 나면 그 대상에 대한 많은 것을 알 수 있게 된다.

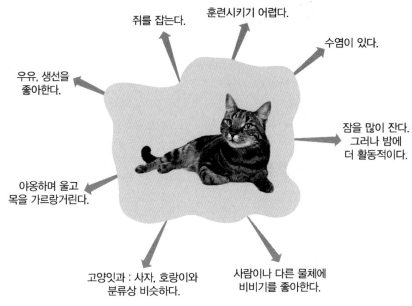

쥐를 잡는다.

훈련시키기 어렵다.

수염이 있다.

우유, 생선을
좋아한다.

잠을 많이 잔다.
그러나 밤에
더 활동적이다.

야옹하며 울고
목을 가르랑거린다.

고양잇과 : 사자, 호랑이와
분류상 비슷하다.

사람이나 다른 물체에
비비기를 좋아한다.

['고양이' 범주화를 통해 제공된 정보의 예]

2 개념과 범주의 기능 중요 ★

(1) 범주화 기능

① 개념은 범주화를 통해 특정 사례가 특정 범주의 소속인지의 여부를 결정하는 한편, 특정한 개념이 다른 개념의 부분집합인지를 결정하도록 해준다.

② 또한 범주화는 형태재인(pattern recognition)의 도구로도 사용되며, 새로운 대상을 유목화하고 그 대상을 추론하는 데 사용된다.

(2) 이해, 설명, 예측 기능

개념은 주위에서 일어나는 사건들을 의미 있는 단위로 분할하여 이해하고, 설명하며, 그 사건이 어떻게 전개될 것인지를 예측할 수 있도록 한다.

(3) 추론 기능

① 저 멀리 보이는 것이 소나무라면 그것은 침엽수이고 솔방울이 달려 있고, 가지가 휘어져 있을 것이라 추론할 수 있다.

② 또한 사람들은 새로운 상황이나 대상들을 표현하기 위해 개념들을 결합하여 사용하기도 하는데, 이는 해석 방법에 따라 전혀 다른 추론 과정으로 진행될 수 있다.

(4) 의사소통 기능

① 의사소통은 사람들이 지식을 공유하고 있고, 그 지식을 동일한 개념 또는 범주를 통해서 주고받을 때 가능하다.

② 만일 동일한 언어적 표현이라도 그 표현이 서로 다른 개념을 반영한 것이라면 의사소통은 이루어지지 않는다.

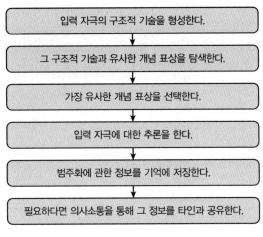

[범주화 과정의 도식 흐름도]

제 2 절 개념과 범주의 구조

1 고전적 견해(속성 기반 견해) 중요 ★

(1) 고전적 견해(classic view)의 의의

① 고전적 견해는 아리스토텔레스까지 거슬러 올라가며 1970년대까지 개념과 범주와 관련해서 심리학의 지배적 관점 중 하나였다.

② 어떤 개념에 속한 모든 사례들이 기본적인 속성(characteristic) 또는 특징(feature)을 공유하고 있다는 관점이다.

③ 표상되는 특징들이 개별적으로 필수적이고 집합적으로 충분한 것이라 본다. 즉, 어떤 개체가 X가 되기 위해서는 그 속성을 지녀야 하며 그렇지 않다면 그것은 X가 아니다.

④ 예를 들어, 정사각형은 '같은 길이의 변을 네 개 가지고 도형의 내각이 모두 같은 평면 도형'으로, 이를 충족시키지 못한다면 정사각형이 아니며, 이를 충족시킨다면 정사각형이다.

(2) 고전적 견해의 특성

① 개념은 정의 속성 목록으로 표상된다. 예를 들어, '독신남' 개념은 '사람', '남자', '성인', '미혼'의 속성 목록으로 규정될 수 있다.

② 각 범주의 경계가 명확하다. 예를 들어, 어떤 사람이 '독신남'인지 아닌지의 여부는 속성 목록을 통해 명확히 구분된다.

③ 한 범주에 속한 사례들은 그 범주에서 동등한 지위를 갖는다. 예를 들어 '독신남'으로서 필요충분 속성을 지닌다면 누구나 동등한 '독신남'으로 '더 나은' 또는 '더 나쁜' 독신남은 없다.

개념	특징
독신남	• 사람 • 남자 • 성인 • 미혼
짝수	• 정수 • 2로 나누어짐
삼각형	• 평면도형 • 폐쇄 기하도형 • 3개의 각

(3) 고전적 견해의 한계

① 범주에 속하는 모든 사례가 같은 속성을 공유하지 않을 수 있다. 예를 들어, 모든 게임의 공통적인 속성을 찾는 일은 거의 불가능에 가깝다. 게임의 정의 속성이 있는지 명확하지 않음에도 불구하고 우리는 모두 게임이라는 단어가 무엇을 의미하는지, 또 무엇을 의미한다고 생각하는지 알고 있다.

② 어떤 것은 정의 속성을 가지고 있는 것처럼 보이지만 그 정의 속성의 위반이 그것을 정의하는 범주를 바꾸는 것처럼 보이지 않는다. 예를 들어, 날 수 있는 능력이 새이기 위한 중요한 요소라 생각되지만 날개가 잘려 날지 못해도 새이고, 날지 못하는 타조 역시 새이다.

③ 같은 범주에 속한 사례들 중에서도 좀 더 전형적인 사례와 그렇지 않은 사례가 있다. 즉, 한 범주에 속한 사례들이 동등한 지위를 갖지 못한다. 타조나 펭귄은 참새나 제비보다는 '새' 범주에서 덜 전형적인 사례로 볼 수 있다.

2 유사성 기반 견해 중요 ★★★

(1) 유사성 기반 견해(similarity-based view)의 의의

① 유사성 기반 견해는 사람들이 개별 속성의 일치 여부가 아닌 얼마나 비슷한지 확률에 근거하여 범주를 구성하고 새로운 사례들을 범주화한다는 주장이다.

② 유사성 기반 견해는 유사한 대상들은 동일 범주에 속하며, 유사하지 않은 대상들은 서로 다른 범주에 속하는 경향이 있다고 가정한다.

③ 개념의 속성들이 존재하는 정도가 확률적으로 결정되며, 새로운 사례의 범주화 또한 확률적으로 이루어지므로, **확률적 견해**(probabilistic view)로 불리기도 한다.

④ 유사성 기반 견해를 취하는 대표적 이론으로 **원형이론**(prototype theory), **사례이론**(exemplar theory) 등이 있다(제2편 형태재인과 주의에서의 원형이론과 사례이론이 지각의 관점에서 바라본 것이라면, 이번 내용은 개념과 범주의 관점에서 바라본 것이다).

(2) 원형이론(prototype theory)

① 원형이론의 특징

㉠ 원형(prototype)이란 사례들이 평균적으로 가지고 있는 속성들의 추상적인 집합체로서 특정 범주의 가장 전형적인 구성부분을 의미한다.

㉡ 대상을 원형과의 비교를 통해 특정 범주에 넣을지가 결정되며 원형과의 유사성 정도에 따라 판단이 이루어진다.

㉢ 반드시 모든 특징이 원형과 일치할 필요는 없으며, 공통적인 특징을 공유할 필요성도 없다. 이는 어떤 속성은 일부 범주 구성원에게는 적용되지만 모든 구성원에게 적용되지는 않을 수 있다는 의미이다.

㉣ 어느 한 가족의 식구들은 서로 비슷하게 생겼지만 모든 식구들이 공유하는 속성은 없을 수도 있다. 이러한 특징을 **가족유사성**(family resemblance)이라 하며 철학자 비트겐슈타인(Wittgenstein, 1953)이 제안하고 심리학자 로쉬(Rosch, 1973)에 의해 정교화되었다.

9명이 모두 가지는 공통적인 속성은 없지만 부분적으로 중복되는 속성이 있다. 9번 얼굴이 가장 전형적인 얼굴이다.

[가족유사성의 예시]

ⓜ 로쉬(Rosch, 1973)는 원형이론에 대한 실험적 증거로 **전형성효과**(typicality effect)를 제안하였다. 전형효과과란 원형과 유사할수록 범주 소속에 대한 판단이 빨라지는 현상을 의미한다.
  ⓐ 로쉬(1973)는 이를 증명하기 위해 사례와 범주로 구성된 문장을 제시한 후, 진위판단과 함께 반응시간을 측정하였다.

> **다음 문장이 맞으면 yes 키를, 틀리면 no 키를 최대한 빠르게 누르도록 지시한 뒤, yes 반응에 대한 반응시간을 조사**
>
> | 종달새는 새이다 | < | 타조는 새이다 |
> |---|---|---|
> | 참새는 새이다 | | 펭귄은 새이다 |
>
> **종달새나 참새가 타조나 펭귄보다 문장 진위판단 검사 반응시간이 빠르게 나타남**

[전형성효과 실험]

  ⓑ 그 결과 새에 대한 범주 전형성이 클수록 문장 진위판단 과제의 반응시간이 빨라졌다. 즉, 특정 대상을 범주화할 때 걸리는 시간은 그 물체가 그 범주의 원형과 닮은 정도에 반비례하였다.
  ⓒ 실제로 아이들이 특정 범주의 구성원을 학습하는 순서도 구성원의 전형성이 높은 대상을 더 빠르게 학습한다(타조나 펭귄보다는 참새나 종달새를 새로 빠르게 학습한다).
② **원형이론과 고전적 견해와의 차이점**
  ㉠ 원형이론은 개념이 속성 목록으로 표상되는 것이 아니라 원형에 의해 표상된다고 가정한다.
  ㉡ 범주 간의 경계가 모호할 수 있다. 어떤 사례가 특정 범주에 속하는지에 대한 판단은 사람마다 다를 수 있으며, 같은 사람도 다르게 판단할 수 있다(예 토마토를 과일 또는 야채로 판단할 수 있다).
  ㉢ 원형이론에서는 범주에 속한 사례들이 범주에 대한 대표성, 즉 전형성에서 차등적인 등위 구조를 갖는다고 가정한다. 원형과 공유하는 속성이 적을수록 덜 전형적인 사례가 된다.
③ **원형이론의 한계**
  ㉠ 범주 사례들 사이에서 전혀 지각적 유사성이 없는 경우에도 적절한 맥락이 주어질 경우 이를 범주화할 수 있다. 예를 들어, 어린아이와 귀금속은 어떠한 지각적 유사성이 없음에도 불구하고 '집에 불이 났을 때 가지고 나와야 할 중요한 대상'의 범주로 묶인다.
  ㉡ 사람들은 지각적 유사성보다는 범주의 정의와 같은 정보를 이용해서 범주화하고 어떤 사례의 속성을 추론하기도 한다.
  ㉢ 맥락에 따라 전형성의 정도가 달라지는 현상을 잘 설명하지 못한다. 예를 들어, 홍차는 늦은 오후 찻잔에 마시는 전형적인 음료이지만, 트럭 운전사들이 마시는 음료로는 전형적이지 않다.

(3) 사례이론(exemplar theory)

① 사례이론의 특징

　㉠ 사례(exemplar)는 한 범주를 전형적으로 대표하는 사례로 범주에 속해 있는 실제 구체적인 대상을 의미한다.

　㉡ 사례이론은 구체적인 사례와의 비교를 통해 범주 소속성을 판단한다고 가정한다. 예를 들어, 어떤 사람이 이전에 종달새나 참새를 본 적이 있다면, 그 사람에게는 종달새나 참새가 '새' 범주의 사례가 되는 것이다. 종달새나 참새를 기준으로 주어진 대상(예) 부엉이, 타조 등)과의 유사성을 비교해 범주 소속성에 대한 판단을 하게 된다.

　㉢ 많은 연구자들은 사람들이 원형이론과 사례이론이 두 가지 접근법을 모두 사용하고 있다고 가정한다. 학습 초기에는 사례들의 평균으로 원형을 만들어 학습이 이루어지지만, 이후에는 일부 사례 정보들이 강해질 수 있다고 가정하였다.

② 원형이론과 사례이론의 차이점

　㉠ 실제 사례를 사용하기 때문에 날지 못하는 새와 같이 전형적이지 않은 사례들도 설명이 가능하다는 장점이 있다. 타조를 '평균'적인 새와 비교하는 대신, 날지 못하는 새도 있다는 것을 기억하면 된다.

　㉡ 게임과 같이 변산성이 큰 범주를 더 잘 설명할 수 있다. 축구, 다중 접속 롤플레잉 게임, 혼자 하는 카드 게임이나 오락실 게임, 골프와 같은 다양한 게임의 원형을 형성하기는 어렵지만 사례이론에서는 다양한 예들 중 일부를 기억하는 것만으로도 가능하다.

③ 사례이론의 한계

　㉠ 어떤 사례가 범주의 사례로 사용되느냐 하는 점을 명세화하기 어렵다. 이전에 경험한 모든 사례들이 범주의 표상으로 사용된다는 가정은 너무나 비효율적이다.

　㉡ 사례이론은 원형이론과 차별화된 이론이라기보다는 상호보완적인 이론으로서 원형이론의 문제점들을 크게 벗어나지 못했다.

3 설명 기반 견해(이론 기반 견해)

(1) 설명 기반 견해(explanation-based view)의 의의

① 상대적으로 최근에 제기된 이론으로 범주화는 단순히 기억 속의 표상과 속성들을 비교하는 것에 국한되는 것이 아니라 범주 체제화에 관한 지식을 이용하여 자신의 분류를 정당화하고, 어떤 사례들이 동일한 범주로 묶이는지 설명하는 데 초점을 둔다.

② 사람들이 개념에 대해 가지고 있는 암묵적인 이론이나 보편적인 생각에 따라 개념을 이해하고 범주화한다고 주장하며 이론 기반 견해(theory-based view)라고도 불린다.

(2) 설명 기반 견해의 특성

① 개념의 정보에는 그 개념이 다른 개념들과 관련된 방식에 대한 정보와 개념 속성들 사이에 존재하는 기능적·인과적·설명적 관계에 대한 정보가 포함된다. 예를 들어 '새' 개념에는 깃털이 있고, 알을 낳으며, 다리가 두 개이도록 만드는 유전적 구조를 가지고 있다는 정보도 포함되어 있다.

② 개념적 지식을 사용하는 데 있어서도 설명의 역할이 중요하다. '형용사-명사' 또는 '명사-명사'의 결합은 사람들의 세상 지식, 즉 서로 다른 대상들이 서로 어떻게 상호작용하는가에 대한 지식을 통해서 속성들을 선택하고 가중치를 부여할 수 있을 때 이해될 수 있다. 즉, 지각적 유사성이 없어도 필요나 지식에 의해 형성되는 범주를 잘 설명한다(예 집에 불이 났을 때 가지고 나와야 할 중요 대상).

③ 범주의 본질에 대한 지식은 전문성에 따라 달라질 수 있다. 일반적으로 일반인들에 비해 전문가들은 분류를 더 정확하게 할 것으로 기대된다. 특히 분류 기준이 미묘한 경우 더욱 그러하다.

(3) 설명 기반 견해의 한계

① 직관적으로는 그럴듯해 보이지만 사람들의 판단의 기저에 있는 기제를 명확히 밝히지 못했다.

② 개념에 대해 이루어지는 추론에는 어떤 유형들이 있는지 불명확하다. 만약 여러 가지 유형이 존재한다면 추론을 통해 유도된 정보와 개념이 표상하고 있는 정보 간에는 어떤 구분이 가능한 것인지도 불명확하다.

③ 어휘지식 또는 개념지식으로서 **사전적 지식**(dictionary knowledge)과 일반지식으로서 **백과사전적 지식**(encylopedic knowledge) 간의 차이를 어떻게 다룰 것인지가 명확하지 않다.

제 **4** 장 지식의 조직

1 위계적망모형 중요 ★★★

(1) 위계적망모형(hierarchical network model)의 특성

① 위계적망모형은 심리학자인 콜린스(Collins)와 컴퓨터 공학자인 퀼리안(Quillian)이 1969년에 제안한 장기기억의 개념적 지식표상에 관한 초기의 대표적 모형 중 하나이다.

② TLC(Teachable Language Comprehender)라 불리는 컴퓨터 프로그램에 근거하여 의미적으로 관련된 단어들이 장기기억에 어떻게 표상되어 있고, 어떤 방식으로 처리되어 인출되는지를 다루는 모형이다.

(2) 위계적망모형의 기본 가정

① 마디(node)와 고리(link)로 구성되어 있으며, 마디는 개념에 해당되며 고리는 마디들 간의 관계를 표시한다.

② 개념들이 망 안에서 위계적으로 조직화되어 있다. 망 내의 연결은 상위 또는 하위의 위계를 나타내며, '~이다'의 관계로 연결되어 있다. 예를 들어, '동물'은 '새'의 상위개념으로 '새는 동물이다'의 관계로 표시된다.

③ 각 개념에는 속성들이 연결되어 저장되어 있으며, '~ 갖는다'의 관계로 연결되어 있다. 예를 들어, '카나리아'는 '노래를 부를 수 있다(있는 능력을 갖는다)', '노란색이다(노란색의 깃털을 갖는다)'의 관계로 표시된다.

④ 상위개념의 속성은 하위개념에서 반복되지 않는다. 예를 들어 '동물'의 속성에 '호흡한다'가 저장되어 있으면 하위개념인 '새'와 '새'의 하위개념인 '카나리아'에 '호흡한다'를 개별적으로 표시하지 않는다. 동물의 속성은 모든 동물에 공통적이므로 개별적으로 반복해서 표시하지 않는다. 이와 같은 저장 방식을 **인지적 절약성(cognitive economy)**이라 한다.

⑤ 정보의 인출 과정과 관련해서 한 개념 마디로부터 다른 개념 마디로 탐색이 이루어질 때 시간이 소요된다고 가정하였다. 즉, 탐색하는 고리의 수가 많을수록 탐색에 소요되는 시간이 증가된다고 보았다.

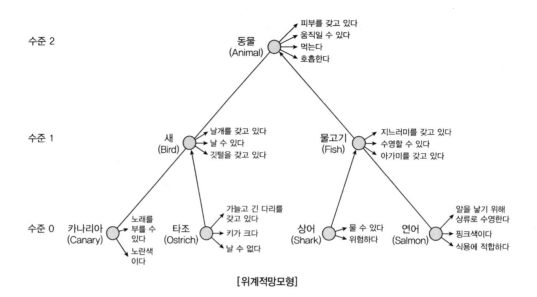

[위계적망모형]

(3) 위계적망모형의 실험적 증거

① 콜린스와 퀼리안은 모형이 예측한 대로 탐색해야 하는 고리의 수가 증가할수록 시간이 증가하는지 검증하기 위해 문장 진위판단 검사(sentence verification task)와 함께 반응시간(reaction time)을 측정하였다.

② '카나리아는 새이다'와 같은 범주 문장과 '카나리아는 날 수 있다'와 같은 속성 문장을 보고 각 문장이 참인지의 여부를 빠르게 판단시킨 뒤 반응시간을 조사하였다.

③ 실험 결과 탐색해야 할 수준이 많을수록 반응시간이 증가하였으며, 이는 정보가 저장되어 있는 형태뿐만 아니라 인출 방식까지 명쾌하게 증명되었다.

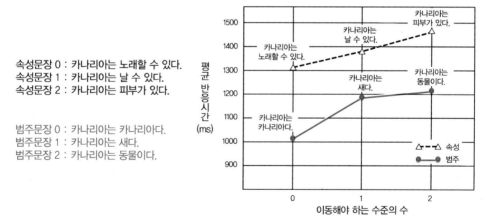

[문장 검증 과제 결과]

(4) 위계적망모형의 한계

① 검증시간이 위계 수준의 함수가 아닌 경우가 나타났다. 예를 들어, '포유동물'은 '동물'의 하위 수준임에도 불구하고 '개는 동물이다'보다 '개는 포유동물이다'의 문장에서 검증시간이 더 많이 소요되었다.

② 전형성효과(typicality effect)를 설명하지 못한다. 동일 범주(예 새)에 속하는 사례들이라 할지라도 보다 전형적인 사례(예 참새)에 대한 판단속도가 전형적이지 않은 사례(예 타조)에 대한 판단 속도보다 빠르다는 점을 설명하지 못한다.

2 세부특징비교모형 중요 ★★

(1) 세부특징비교모형(feature comparison model)의 특성

① 스미스, 쇼벤과 립스(Smith, Shoben & Rips, 1974)가 전형성효과를 설명하기 위해 제안한 모형으로, 개념 지식이 세부특징들의 목록으로 기억에 표상되어 있다고 가정한다.

② 개념적 지식이 엄격한 개념 위계가 아닌 세부특징의 비교를 토대로 체제화된다고 가정하며, 이러한 세부특징은 크게 두 가지 유형으로 구분된다.

세부특징의 종류	내용
특징적 세부특징 (characteristic feature)	범주 소속성을 판단하는 데 반드시 필요한 것은 아니지만 다수의 범주 사례들이 많이 공유하고 있는 세부특징이다. 예 참새 – 체구가 작다, 나뭇가지에 앉는 것을 좋아한다 등
정의적 세부특징 (defining feature)	범주 소속성을 판단하는 데 있어서 가장 핵심적인 세부특징이다. 예 참새 – 날개가 있다, 깃털이 있다 등

(2) 세부특징비교모형의 기본 가정

① 한 개념에 대한 범주 소속성 판단에 있어서 두 단계가 있으며, 단계를 거칠수록 시간이 소요된다고 가정한다.

② 첫 번째 단계에서는 두 개념의 특징적 세부특징에 대한 비교가 이루어진다.

    ㉠ 예를 들어 '참새는 새인가?'를 판단해야 할 때는 '참새'가 가진 특징적 세부특징과 새의 원형 또는 대표적 사례인 비둘기의 특징적 세부특징과의 비교를 통해 '새'인지를 판단하게 된다.

    ㉡ '새'의 전형적인 사례인 '참새'는 첫 번째 단계의 특징적 세부특징 비교만으로도 판단이 되기 때문에 즉각적으로 반응이 이루어진다.

③ 두 번째 단계에서는 두 개념의 정의적 세부특징에 대한 비교가 이루어진다.

    ㉠ 두 개념에 대한 비교가 특징적 세부특징만으로는 알 수 없는 경우, 정의적 세부특징에 대한 비교가 이루어진다.

    ㉡ 예를 들어, '참새'보다 새에 덜 전형적인 '타조'의 경우에는 '타조는 새인가?'라는 질문에 특징적 속성만으로는 판단이 어려울 수 있기 때문에 정의적 특징까지 비교가 이루어진다.

(3) 세부특징비교모형의 한계

① 특징적 세부특징과 정의적 세부특징의 구분이 모호하다. 일반적으로 새의 특징적 세부특징은 '크기 가 작다', '날 수 있다'이며 정의적 세부특징은 '피부를 갖고 있다', '깃털을 가지고 있다' 등이지만 이들 특징을 규정하는 객관적 기준이 없다.

② 어떤 개념의 경우 정의적 세부특징이 없는 경우도 있다. 다양한 종류의 '게임'을 정의하는 데 필요한 정의적 세부특징은 찾기 어렵다.

③ 개념들 간의 경계가 명료하지 않고 모호한 경우들도 있다. 예를 들어, '컵'과 '사발'을 구분하는 뚜렷 한 경계는 존재하지 않는다.

3 활성화확산모형 중요 ★★★

(1) 활성화확산모형(spread activation model)의 특성

① 콜린스와 로프터스(Collins & Loftus, 1975)는 위계적망모형과 세부특징비교모형의 한계를 극복하 기 위한 새로운 모형을 제안하였다.

② 개념 마디들이 고리로 연결되어 있다는 점에서 일종의 망 모형에 해당하지만, 위계적 구조와 각 고 리의 강도가 같다고 가정한 위계적망모형과 달리 일부 고리들의 강도가 서로 다르다고 가정하였다.

(2) 활성화확산모형의 기본 가정

① 마디(node)와 고리(link)로 구성되어 있지만, 개념들 간의 의미적 관련성 정도를 고리의 길이로 나 타내었다. 즉, 의미적으로 가까우면 짧은 선분으로, 의미적으로 멀면 긴 선분으로 표시되었다.

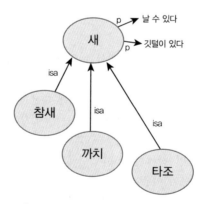

[콜린스와 로프터스의 새로운 망 형태]

② '참새-새' 고리가 '타조-새'보다 의미적으로 관련성이 더 크기 때문에 고리의 길이가 짧게 연결되어 있으며, 따라서 '타조는 새이다'보다 '참새는 새이다'가 더 빠르게 처리된다고 가정한다.

③ 이러한 연결은 사람마다 다르고, 또 같은 사람이라도 변할 수 있다. 예를 들어, 연인과 함께 '일출' 장면 보는데 갑자기 연인이 '장미'를 선물했다면 '일출-장미'의 새로운 연결이 생길 수 있다.

④ 활성화확산모형의 핵심 가정 중 하나는 망의 고리를 따라 **활성화확산**(spreading activation)이 이루어진다는 점이다. 어떤 마디의 활성화는 망 속에서 연결되어 있는 고리들을 따라 다른 마디들로 확산되어 간다는 것이다. 또한 확산은 고리를 따라 무한정 퍼져나가는 것이 아니라 거리가 멀어질수록 활성화의 크기가 감소한다고 가정하였다.

⑤ 예를 들어, '빨강'이라는 단어를 제시하면 의미적으로 가까운 즉, 가깝게 연결되어 있는 '주황', '불'과 같은 개념은 활성화가 이루어지지만 '해넘이', '장미'와 같이 의미적으로 먼 개념들은 상대적으로 약하게 활성화가 이루어진다.

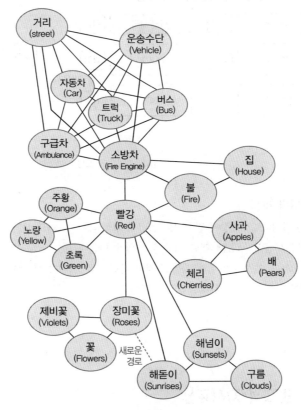

[활성화확산모형]

(3) 활성화확산모형의 적용

① 위계적망모형의 한계 중 하나였던 검증 수준이 위계 수준의 함수가 아닌 경우를 설명하는 것이 가능하다. '개는 동물이다'가 '개는 포유류이다'보다 문장 진위판단 과제 시 반응시간이 빨랐던 이유는 '개-동물'이 '개-포유류'보다 가깝게 연결되어 있기 때문이다.

② 전형성효과 역시 범주에 전형적인 개념들이 더 가깝게 연결되어 있기 때문에 문장 진위판단 검사 시 반응시간이 빠르게 나온 것으로 해석이 가능하다.

③ 활성화확산모형은 **의미점화효과**(semantic priming effect)를 잘 설명한다. 의미점화효과란 특정 단어가 제시된 후 의미적으로 관련된 단어가 후에 제시되었을 때 뒤에 제시된 단어의 탐지나 재인이 촉진되는 현상을 의미한다.

　㉠ 메이어와 쉬바네벨트(Meyer & Schvaneveldt, 1976)는 자극을 제시한 뒤 제시된 자극이 단어인지 비단어인지를 최대한 빠르게 판단하도록 지시하였다.

　㉡ 그 결과 '빵(bread)' 뒤에 '버터(butter)'가 제시되었을 경우가 '빵(bread)' 뒤에 '간호사(nurse)'가 제시되었을 때보다 판단 속도가 빠르게 나타났다.

　㉢ 활성화확산모형에 따르면 '빵(bread)'으로부터 확산된 활성화에 의해 '버터(butter)'의 처리가 빠르게 촉진되었다고 볼 수 있다.

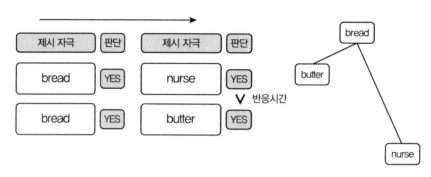

[의미점화효과 실험]

(4) 활성화확산모형의 한계

① 모형의 많은 가정과 그 가정이 진술되는 일반적 형식 때문에, 거의 모든 상황에 대한 설명이 가능한 반면, 그러한 사실이 모형에 대한 검증을 어렵게 만든다.

② 활성화확산모형은 예측하기 위해 개발된 것이 아닌 현존하는 자료와 해당 모형의 전제가 얼마나 잘 일치하는가를 보여주기 위해 개발되었을 뿐이다.

제 2 절　명제적 지식표상

1 명제와 명제표상

(1) 명제(proposition)의 특성 중요★

① 명제란 하나의 독립된 단언 또는 주장을 나타내는 최소의 지식단위로서, 진위(進僞) 판단을 할 수 있는 의미의 최소단위를 의미한다.

② 예를 들어, '페이머스램 빵'과 '맛있다'는 그 자체로 참인지 거짓인지 알 수 없지만, '페이머스램 빵은 맛있다'는 명제로서 진위 여부를 판단할 수 있다.

③ 하나의 문장은 하나의 명제를 가질 수도 있고, 여러 개의 명제를 가질 수도 있다.

복문	단문
세종대왕은 집현전의 학자인 성삼문에게 맛있는 음식을 보냈다.	세종대왕은 성삼문에게 음식을 보냈다.
	성삼문은 집현전의 학자다.
	음식은 맛있다.

④ 명제는 단순히 문장이나 심상을 나타낸 것이 아닌 생각을 나타낸다. 즉, 언어(예 어절, 문장, 문단, 연설, 기록 등)로 전달되는 의미의 추상적 표상으로 사실을 부호화한 것이라 볼 수 있다.

(2) 명제의 표기

① 킨치(Kintsch, 1974)는 명제를 표기하는 방법으로 '관계(relation)'와 '논항(argument)'으로 표시하는 방법을 제안하였다.

② 관계는 문장의 동사, 형용사 또는 다른 관계항에 해당하며, 논항은 특정 시간, 장소, 사람 그리고 대상을 지칭하는 것으로 흔히 명사에 해당한다.

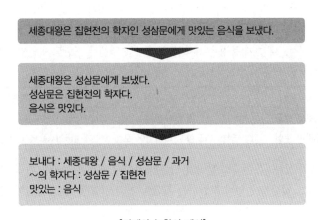

[관계와 논항의 예시]

③ 관계에 따라서 취하는 논항의 수가 다를 수 있다. 예를 들어, '보내다'는 네 개, '~학자다'는 두 개, '맛있는'은 한 개의 논항을 취하고 있다.

(3) 명제표상의 증거 중요 ★

① 사람들이 문장을 접하게 되었을 때 문장을 있는 그대로 부호화하는 것이 아니라 그 의미를 부호화한다.

② 브랜스포드와 프랭크스(Bransford & Franks, 1971)는 명제가 기억의 기본적인 표상단위임을 실험을 통해 증명하였다.

ⓒ 참여자들에게 아래와 같은 12개의 문장을 학습하도록 지시하였다.

> 1. 개미들이 탁자 위에 있는 달콤한 젤리를 먹었다.
> 2. 부엌에 있는 개미들이 젤리를 먹었다
> 3. 부엌에 있는 개미들이 탁자 위에 있는 젤리를 먹었다.
> 4. 젤리는 달콤했다.
> 5. 바위가 산 아래로 굴러 숲 옆에 있는 오두막을 부쉈다.
> ⋮

ⓛ 위의 문장들 중 처음 4개의 문장은 다음과 같은 네 개의 명제로 구성되었다.

> • 먹다 : 개미들 / 젤리 / 과거
> • 달콤하다 : 젤리 / 과거
> • 위에 있는 : 젤리 / 탁자 / 과거
> • 안에 있는 : 개미들 / 부엌 / 과거

ⓒ 모든 문장이 제시된 후 문장들에 대한 재인 기억 검사가 실시되었다. 이때 세 종류의 문장이 제시되었다. 첫 번째 문장은 실제 학습한 문장, 두 번째 문장은 새로운 문장이지만 기존의 명제가 포함된 문장, 세 번째 문장은 새로운 문장이고 명제가 포함되지 않았지만 학습한 단어로 이루어진 문장으로 구성되었다.

기존 문장	실제 학습 문장	부엌에 있는 개미들이 젤리를 먹었다.
새로운 문장	명제 포함	개미들이 달콤한 젤리를 먹었다.
무관한 문장	명제 미포함 / 학습단어 포함	개미들이 숲 옆에 있는 젤리를 먹었다.

ⓔ 실험 결과 참가자들은 기존문장과 명제가 포함된 새로운 문장을 거의 구분하지 못했으며, 두 문장 중 어느 하나를 들었다고 말하는 확률이 거의 같았다. 반면 무관한 문장 즉, 학습단어로 이루어졌지만 명제가 포함되지 않은 문장의 경우에는 전혀 듣지 못했다고 자신 있게 말했다.

ⓜ 이러한 결과는 사람들이 문장을 있는 그대로 기억하는 것이 아니라 문장의 의미를 추출하여 기억하며, 더 나아가 문장들의 정보를 통합한다는 것을 보여준다.

③ 렉클리프와 맥쿤(Ratcliff & McKoon, 1978)도 문장이 단어들의 결합이 아닌 명제로 표상이 된다는 사실을 실험을 통해 증명하였다.

ⓒ 참가자들에게 여러 문장을 제시한 뒤 읽도록 지시하였다. 문장 제시가 끝난 뒤 특정 목표 문장에 제시된 단어 쌍이 이전에 제시되었던 문장에 있던 단어들인지 최대한 빠르게 평가하도록 지시하였다.

> The mausoleum that enshrined the tsar overlooked the square.
> (황제를 모신 왕릉이 광장을 내려다보고 있다.)

ⓛ 어떤 참가자에게는 A 단어 쌍을 제시하였고 다른 참가자에게는 B 단어 쌍을 제시한 뒤 반응시간(reaction time)을 분석하였다.

A : tsar 황제 – square 광장	B : mausoleum 왕릉 – square 광장

ⓒ 만일 문장을 학습할 때 단어들 간의 연합을 형성했다고 가정한다면 A 조건 단어들에 대해 빠르게 반응할 가능성이 높다. 문장 상에서 B 조건의 단어들보다는 A 조건의 단어들이 가깝게 붙어 있기 때문이다.

ⓔ 반면 문장을 명제의 형태로 저장을 한다면 B 조건의 단어들에 대해 빠르게 반응할 가능성이 높다. B 조건 단어들은 같은 명제 속에 있는 반면, A 조건의 단어들은 서로 다른 명제 속에 있기 때문이다.

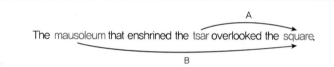

명제 1 : The mausoleum enshrined the tsar. (왕릉은 왕을 모신 것이다.)
명제 2 : The mausoleum overlooked the square. (왕릉은 광장을 내려다 보고 있다.)

ⓜ 실험 결과 참여자들은 A 조건의 단어들에 비해 B 조건의 단어들에 대해서 빠르게 반응하였다. 이는 사람들이 문장을 학습할 때 그 문장을 있는 그대로 부호화하는 것이 아니라 명제의 형태로 부호화함을 증명한 것이다.

④ 물론 명제가 문장을 저장하는 유일한 형태는 아니다. 어떤 조건에서는 문장을 있는 그대로 축어록의 형태로 저장을 할 때도 있다.

2 ACT 모형 중요 ★★

(1) ACT 모형(Adaptive Control of Thought model)의 특성

① 앤더슨(Anderson)이 제안한 모델로 명제를 기본적인 표상 단위로 간주하는 대표적인 모형이다.

② ACT 모형은 지식의 습득, 기억, 추론, 언어 이해와 언어 습득의 기저에 있는 인지구조와 처리 과정을 설명하는 모형이다.

③ 명제마디와 이를 연결하는 고리가 지식표상의 핵심으로, 흔히 **명제망 모형**(propositional network model)이라 부르기도 한다.

(2) ACT 모형의 명제표상

① 명제망 조직에서 각 명제는 타원(ellipse)으로 표시되며, 타원은 명칭이 붙은 화살표로 관계와 논항
이 연결된다.

② 명제, 관계, 논항은 마디(node)이며, 화살표는 각 마디들을 연결하는 고리(link)이다.

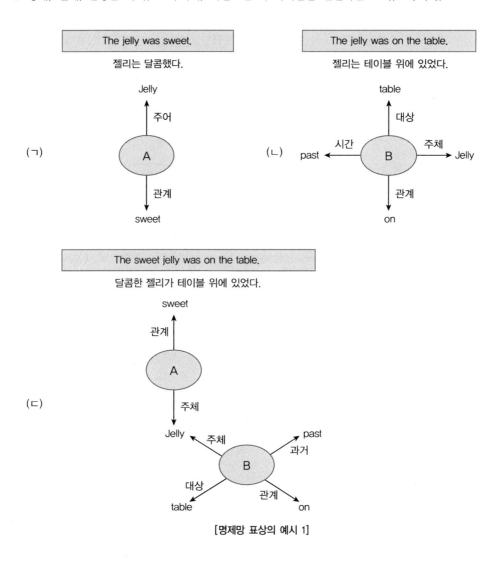

[명제망 표상의 예시 1]

③ (ㄱ)은 'The jelly was sweet.' 문장의 명제적 표상을 보여준다. A라고 표시된 마디는 전체로서의
명제를 나타내며, 주어(jelly)와 관계(sweet)의 두 요소를 지닌다. 이것이 가장 간단한 형태의 명제
이다.

④ (ㄴ)은 'The jelly was on the table.'이라는 더 복잡한 문장을 나타낸 명제를 보여준다. 이 명제는
네 개의 요소를 지닌다. 주체(jelly), 대상(table)과 위(on)라는 관계를 지니며, 시간이 과거라는 것
이다.

⑤ 명제망 조직은 확장되어 각각의 망 조직들이 동일한 마디를 포함하기도 하며(→ 'jelly'는 (ㄱ)과 (ㄴ)에 포함됨), 이와 같은 단순한 명제들이 상호 중복된 망을 형성하며 복잡한 생각을 표현할 수 있다.

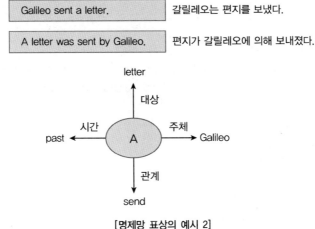

| Galileo sent a letter. | 갈릴레오는 편지를 보냈다. |
| A letter was sent by Galileo. | 편지가 갈릴레오에 의해 보내졌다. |

[명제망 표상의 예시 2]

⑥ 이와 같은 명제들은 단어들 자체가 아니라 단어들로 구성된 의미를 나타내고 있다는 점에서 추상적이다. 단어의 배열이 다름에도 불구하고 두 문장 모두 동일한 기본 관계를 나타내고 있으며, 따라서 동일한 명제로 표상된다.

(3) ACT 모형의 개념과 사례의 구분

① ACT 모형에서는 지식표상과 관련해서 보편적 개념과 특정 사례를 구분한다. 보편적 개념을 **타입**(type), 특정 사례를 **토큰**(token)으로 명명한다.

② 타입마디(type node)는 의미정보가 장기기억 속에 개념과 개념 간의 관계로 연결된 의미망에서의 일반적인 개념과 같은 것이다. 예를 들어, '책상'의 타입마디는 일반적인 책상을 의미한다.

③ 토큰마디(token node)는 타입마디와 달리 특정 사례나 예시를 의미한다. 예를 들어, '저 책상은 크다'는 진술에서 '책상'의 토큰마디는 진술상에서의 특정 책상을 의미한다.

④ '특정한 책상'이 일반적인 '책상'에 연결되어 있듯이 토큰은 타입마디에 연결된다. 또한 책상에 대해 학습한 새로운 정보는 그 책상에 대한 토큰마디에 새롭게 연결되어 저장된다.

(4) ACT 모형에서 기억인출 기본 가정

① **강도**
각 마디들을 연결하는 고리의 강도는 서로 상이하며, 정보를 경험하는 빈도가 많을수록 강해진다.

② **활성화**
지식표상의 명제망의 수많은 마디들 가운데 어느 한 순간 극히 일부만이 활성화되며, 일정 수준 이상의 활성화가 이루어져야만 해당 마디가 의식된다.

③ **시간경과**
활성화의 강도는 시간이 경과함에 따라 약해진다.

④ **확산적 활성화**

한 마디가 활성화되면 연결된 다른 마디로 활성화확산이 이루어진다. 다만 확산될 수 있는 활성화의 양은 제한되어 있으며, 연결고리가 많아질수록 활성화는 분산되어 확산되는 활성화의 양은 감소한다.

(5) ACT 모형의 지식인출 실험

① 앤더슨(Anderson)은 지식인출 실험을 통해 학습한 지식의 인출속도를 측정하였다. 먼저 참가자들에게 '(어떤 사람)이 (어떤 장소)에 있다.'라는 형식의 문장 26개를 학습시켰다.

> 1. **의사가 은행**에 있다. (1-1)
>   (The doctor is in the bank.)
> 2. **소방수가 공원**에 있다. (1-2)
>   (The fireman is in the park.)
> 3. **변호사가 교회**에 있다. (2-1)
>   (The lawyer is in the church.)
> 4. **변호사가 공원**에 있다. (2-2)
>   (The lawyer is in the park.)
>
>   :

② 문장 제시가 모두 끝난 뒤 각 문장에 대해 하나씩 앞서 학습한 문장인지를 판단하는 재인검사가 실시되었다. 참가자들은 최대한 빠르게 앞서 제시된 문장인지를 판단하도록 지시받았다.

③ 그 결과 참가자들의 재인판단 반응속도는 사람마디와 장소마디의 연결고리 수가 많을수록 판단이 느려졌다. 즉, 연합된 사실의 수가 많을수록 기억으로부터 인출속도가 느려졌다. 예를 들어, '의사'와 '은행'은 각각 한 개의 마디하고만 연결되어 있고, '변호사'와 '공원'의 경우에는 각각 두 개의 마디와 연결되어 있다. 실제로 '의사가 은행에 있다.'의 반응속도가 '변호사가 공원에 있다.'보다 반응시간이 빨랐다.

④ ACT 모형의 가정과 마찬가지로 연결고리 수가 증가함에 따라 인출속도가 느려졌으며 이러한 현상을 **부채효과**(fan effect)라 한다. 부채효과는 한 개념과 연합된 사실의 수가 늘어날수록 그 개념에 대한 인출이 느려지는 현상을 의미한다.

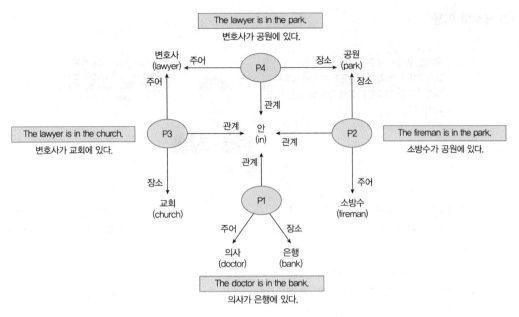

[확산적 활성화에 따른 부채효과의 예시]

⑤ 부채효과에 따르면 어떤 항목에 대한 지식이 증가할수록 정보에 대한 인출이 어려워진다고 가정한다. 이는 많이 알수록 질문에 답하기 어려워진다고 예상할 수 있다. 하지만 우리의 기억 판단은 정확한 정보의 인출이 아닌 그럴듯한 것에 대한 추론을 통해 이루어지기 때문에 한 개념에 대해 많은 사실을 알수록(즉, 연결고리가 많을수록) 반응은 빨라지게 된다.

제 3 절 도식적 지식표상

1 도식(스키마 : schema)

(1) 도식의 특성 중요 ★

① 도식이란 대단위의 지식표상을 나타내는 데 사용하는 개념이며 대상, 사회적 상황 등을 표상하는 지식의 덩어리로 어떤 개념이나 대상에 관한 조직화되고 구조화된 신념을 의미한다.

② 도식에 관한 최초의 본격적 연구를 한 사람은 영국의 심리학자 바틀렛(Bartlett, 1932)으로 정신적 구조를 통해 새로운 기억 재료들을 기억한다는 사실을 발견하였다.

③ 지식은 낱개의 사실 검증뿐만 아니라 추론, 문장, 덩이글, 상황, 사건 등의 이해에도 중요하게 작용한다.

(2) 도식의 이용

윤재는 번데기 장수의 리어카를 보았다.
그는 집으로 달려가 저금통을 흔들어 보았다.
하지만 돈이 부족했고 집에 있던 빈 병을 찾기
시작했다.

윤재의 현재 나이, 윤재의
당시 나이, 저금통에 들어
있던 돈의 액수, 빈 병을
찾은 이유

[도식 이용의 예시]

① 문장에 진술되어 있지 않지만 윤재가 번데기를 먹고 싶었고, 저금통을 흔든 이유, 그리고 빈 병을 찾은 이유를 쉽게 이해할 수 있다. 또한 번데기를 사먹으려던 당시의 나이와 현재 나이 등에 대해 대략적인 추론이 가능하다.

② 단순한 문장일지라도 이를 이해하는 데 있어서 주어진 정보를 이해하는 것 이상의 복잡한 과정이 요구된다. 즉, 관련된 세상에 대한 상당한 지식이 요구되며, 이러한 추론을 할 수 있는 형태로 지식이 저장되어 있다고 추정할 수 있다.

③ 하지만 기존의 의미망 조직을 이용한 모형들은 비교적 작은 규모의 지식 구조만을 다루고 있을 뿐, 보다 큰 규모의 지식 구조를 다루는 데 한계가 있다.

2 도식이론

(1) 도식이론의 기본 가정 중요 ★

① 도식은 일반적인 지식이다.

특정 상황에 국한된 정보를 표상하는 것이 아니라 일반적인 상황 정보, 상황의 특정 유형에 관한 정보를 함께 표상한다.

② 도식은 구조화되어 있다.

도식은 정보들이 단순한 집합을 이루고 있는 것이 아니라 위계적으로 조직화되어 있다.

㉠ 도식은 슬롯(slot) 구조로 이루어져 있으며, 슬롯은 도식의 속성으로 여러 값을 가질 수 있다고 가정한다. 예를 들어, 집 도식에는 여러 슬롯이 있고 각 슬롯은 여러 값을 지닌다.

㉡ 슬롯값에 대한 지정값(default) 가정을 한다. 이에 따라 어떤 이야기에 특정 정보가 누락되어 있다고 해도 지정값에 따라 누락된 정보를 추론할 수 있다. 예를 들어, 누군가 집에 대해 이야기할 때 집에 대한 모든 것을 이야기하지 않아도 방이나 화장실이 있을 것이라 추론할 수 있다.

㉢ 한 도식은 다른 도식의 하위 도식에 내포될 수 있다. 예를 들어, 집 도식에 있는 방이나 창문에는 각각의 도식이 추가적으로 존재한다.

[집 도식]

슬롯(slot)	값(value)
이다	: 건물 …
부분	: 방, 화장실, 복도, 창문 …
재료	: 나무, 벽돌, 시멘트 …
기능	: 주거용 …
형태	: 직사각형, 삼각형, 원형 …
크기	: 100~10,000 평방미터 …

※ 값은 지정값에 해당됨

(2) 도식의 인지적 역할 중요 ★★

① 도식의 중요한 인지적 역할은 이해와 기억을 용이하게 해준다는 점이다.

② 특정 상황이나 조건에서 여러 정보들이 함께 주어질 때 각 정보들의 상호 관련성이나 각 정보들의 적절성을 일일이 파악하느라 애쓸 필요 없이, 어떤 정보가 도식의 어떤 슬롯에 해당하는지 파악함으로써 쉽게 이해할 수 있고, 해당 도식의 각 슬롯값에 근거하여 세부적인 정보들을 기억할 수 있다.

③ 브루어와 트레이언스(Brewer & Treyens, 1981)는 도식이 기억추론에 미치는 효과에 대해 실험을 실시하였다.

[브루어와 트레이언스(Brewer & Treyens, 1981) 실험의 연구 대기실]

㉠ 참가자들을 개별적으로 불러 교수 연구실에서 35초간 기다리게 한 뒤, 다른 방으로 불러 앞서 있던 방의 물건을 회상하도록 지시하였다.

   ⓛ 30명의 참가자들 중 29명이 의자와 책상이 있었다고 회상한 반면, 일반적으로 교수 연구실과 관련이 없는 두개골 모형이 있다고 보고한 참가자들은 8명이었다. 교수 연구실 도식과 관련된 물건은 잘 기억하는 반면, 관련 없는 물건은 잘 기억하지 못했다.

   ⓒ 또한 연구실에는 실제 책이 없었음에도 불구하고 9명의 참가자들이 책이 있었다고 보고하였다. 이러한 결과는 장소에 대한 기억이 해당 장소에 대한 도식에 크게 영향을 받는다는 점을 보여준다. 즉, 도식은 **지정값 가정**(default assumpt)을 부호화하는 방식의 하나로 볼 수 있다.

④ 브랜스포드와 존슨(Bransford & Johnson, 1972)은 사람들이 낯선 상황에서 적절한 도식을 찾지 못했을 때의 상황을 실험을 통해 연구하였다.

> 그 절차는 실제로 매우 간단하다. 우선 당신은 항목들을 몇 개의 집단으로 분류한다. 물론 해야 할 일의 양에 따라 한 무더기이면 충분할 수도 있다. 만일 시설이 없다면 어디론가 가야하는 것이 다음 단계이다. 그럴 필요가 없다면 거의 준비가 된 것이다. 너무 무리하지 않는 것이 중요하다. 즉, 한꺼번에 너무 많이 하기보다는 적게 하는 것이 더 낫다. 짧게 보면 이는 중요해 보이지 않을 수도 있지만 쉽게 문제가 생길 수 있다. 실수는 비싼 대가로 치른다. 처음에는 전체 절차가 복잡해 보일 수 있다. 그러나 곧 생활의 한 측면이 된다. 그렇게 해야 될 필요성을 예견하기 어려우며, 말할 수도 없다. 그 절차가 끝난 후에 그 재료들을 다시 다른 집단으로 분류한다. 그리고 그들을 적절한 장소에 놓아둔다. 그들은 다시 사용될 것이며, 전체 주기는 반복될 것이다. 그렇지만 그것은 삶의 부분인 것이다.

   ㉠ 참가자들을 크게 세 집단으로 나누었다. 첫 번째 집단은 글의 주제를 제시하지 않은 상태에서 글을 읽은 뒤 회상하였다. 두 번째 집단은 글을 읽은 뒤에 '빨래'라는 제목을 말해준 뒤 회상을 하였다. 세 번째 집단은 글을 읽기 전에 '빨래' 제목을 들려준 뒤, 제시된 글을 회상하였다.

   ⓒ 첫 번째 집단은 14개의 문장 중 4개만을 회상하였다. 두 번째 집단은 제목이 주어지자 그 문장이 갑자기 이해되었지만, 회상에 어려움을 겪었다. 세 번째 집단은 제목을 듣고 문장을 이해하였고, 그 결과 8개 이상의 문장을 회상하였다.

   ⓒ 이러한 결과는 새로운 상황에 처하게 되면, 그 상황의 해석을 위해 기존 도식을 탐색하게 되고, 만일 적절한 도식을 찾지 못하게 되면 상황에 대한 이해도 어렵고, 기억하기도 어려워질 수 있음을 보여주었다.

3 스크립트 종요★★

(1) 스크립트의 특성

① 스크립트(script)는 정형화된 상황에서 일상적으로 일어나는 사건의 순서와 관련된 도식적 지식을 의미한다. 예를 들어, 극장가기, 데이트하기, 식당가기와 같이 일상적으로 반복되는 일련의 사건들에 대한 지식을 말한다.

② 실제로 우리는 식당에 가서 음식을 사먹을 때 일어나는 일련의 사건들에 대한 지식을 경험을 통해 가지고 있으며, 이러한 지식에 근거하여 주어지지 않은 정보들에 대해 추론하고 이해할 수 있다.

(2) 스크립트의 구조

① 생크와 아벨슨(Schank & Abelson, 1977)은 스크립트가 **계기적 연결**과 **위계적 연결**의 구조적 특성을 지닌다고 가정하였다. 식당 스크립트에서 제목-장면-행동은 위계적 연결 구조를 지니며, 각 장면 내의 구체적인 행동들은 계기적 연결 구조를 가진다고 가정한다.

[식당 스크립트]

스크립트 제목	장면1	장면2	장면3	장면4
	들어가기	주문하기	먹기	나가기
식당에 가기	안으로 들어간다. 빈자리를 찾는다. 자리에 앉는다.	메뉴를 본다. 음식을 주문한다.	음식이 나온다. 음식을 먹는다. 입을 닦는다.	자리에서 일어선다. 음식값을 지불한다. 밖으로 나간다.

② **시간적 순서성**은 다른 유형의 도식과 달리 스크립트만이 지닌 독특한 특성 중 하나이다. 바우어(Bower)는 스크립트 행동들의 순서를 바꾸어 참가자들에게 제시한 뒤 이 행동들을 기억할 때 제시된 순서대로 기억하는지 여부를 조사한 결과, 바뀐 순서를 원래의 정상적인 순서로 회상해내는 경향을 보았다.

실제예상문제

01 크레이크와 록하트는 구조적, 음운적, 의미적 부호화에 따라 처리의 깊이가 다르다고 가정했다. 구조적 부호화는 얕은 처리, 음운적 부호화는 중간 처리, 의미적 부호화는 깊은 처리로 가정하였으며, 처리의 수준이 깊어질수록 기억이 더 오래 지속된다고 보았다.

01 크레이크와 록하트(Craik & Lockhart)의 처리수준모형에 관한 실험에서 기억이 오래 지속되는 순서대로 올바르게 나열한 것은?

① 구조적 부호화 〉 음운적 부호화 〉 의미적 부호화
② 음운적 부호화 〉 의미적 부호화 〉 구조적 부호화
③ 의미적 부호화 〉 음운적 부호화 〉 구조적 부호화
④ 의미적 부호화 〉 구조적 부호화 〉 음운적 부호화

02 처리수준모형의 한계는 처리수준개념의 직관성이다. 즉, 처리수준이 직관에 근거한 것으로 깊이가 무엇인지를 정확하게 정의하기 어렵고, 독립적인 측정치가 없다.

02 다음 중 처리수준모형의 한계에 대한 설명으로 옳지 <u>않은</u> 것은?

① 같은 처리수준 내에서의 기억차이를 잘 설명하지 못한다.
② 각 처리수준에 따른 기억차이의 원인을 잘 설명하지 못한다.
③ 여러 처리수준과 관련된 연구에서 측정값들이 일관되게 나타나지 않는다.
④ 각 처리수준의 깊이에 따른 명확한 측정치가 기억이 분리되어 있는 저장소라는 증거로 볼 수 있다.

03 정교화를 통해 새로운 기억흔적과 기억에 저장되어 있는 기억흔적들 사이에 많은 연합이 만들어져 이 흔적들과 연결된 모든 기억흔적들이 활성화될 확률이 높아진다.

03 주어진 정보를 기존의 지식과 연결함으로써 정보를 통합하고 보존하는 방법은 무엇인가?

① 유지형 시연
② 중간 처리
③ 정교화
④ 점화

정답 01 ③ 02 ④ 03 ③

04 다음 설명과 관련된 기억부호의 내용으로 옳은 것은?

> 검은색 단어들 사이에 단어 하나가 빨간색으로 제시되었을
> 때, 빨간색으로 제시된 단어가 검은색으로 제시된 단어들에
> 비해 기억될 확률이 높아진다. 주변 단어와 다른 색깔로 인해
> 독특성을 갖게 된 것이다.

① 일차적 독특성
② 이차적 독특성
③ 정서적 독특성
④ 처리의 독특성

04 기억부호와 관련한 독특성은 어떤 항목이 다른 항목과 얼마나 구별이 쉬운가를 의미한다. 어떤 것을 기억하려 할 때 다른 정보와 다르고 튀게 만드는 것이 유리하게 작용한다. 쉬미치(Schmich, 1991)는 독특성을 일차적 독특성, 이차적 독특성, 정서적 독특성, 처리의 독특성의 4가지로 구분하였다. 그중 일차적 독특성은 인접 맥락과의 차이에 의해 결정되는 독특성을 의미한다.

05 다음 중 심상(imagery)에 대한 설명으로 옳지 <u>않은</u> 것은?

① 심상은 실제 자극이 존재하지 않는 상황에서 마음에 형성한 이미지를 의미한다.
② 심상은 시각과 관련된 것만을 의미한다.
③ 사람들은 문제를 해결하고 특정 대상과 관련된 질문에 답하기 위해 심상을 사용한다.
④ 심리학의 행동주의 시대에는 심상에 대한 연구가 거의 이루어지지 않았다.

05 심상이란 감각기관을 통해 현재 감지되고 있지 않은 것들에 대한 심적 표상을 의미한다. 심상은 시각뿐만 아니라 청각, 미각, 후각, 촉각 등의 심상도 가능하며 심지어 한 번도 경험하지 못한 것도 심상이 가능하다.

06 기억부호화와 관련한 페이비오(Paivio)의 이중부호화가설(dual coding hypothesis)에서 가정하는 두 부호가 올바르게 짝지어진 것은?

① 언어부호-심상부호
② 시각부호-청각부호
③ 객관적 부호-주관적 부호
④ 이미지 부호-추상적 부호

06 페이비오의 이중부호화가설은 언어부호(verbal code)와 심상부호(imagery code)를 모두 사용해 세상의 정보를 표상한다고 제안한다. 심상부호는 대상의 지각적 특성을 반영하는 구체적인 정보를 표상하고, 언어부호는 언어의 의미에 대한 추상적인 정보를 표상한다고 가정한다.

정답 04 ① 05 ② 06 ①

07 셰파드와 메츨러(Shepard & Metzler, 1971)의 심적 회전(mental retation) 실험에서 비교 도형의 회전 정도에 따라 반응시간이 선형함수로 나타났다. 즉, 도형의 회전 각도가 증가함에 따라 반응시간도 증가하였다.

07 다음 중 시각 심상에 관한 연구로서 심상 주사 연구에 대한 설명으로 옳지 <u>않은</u> 것은?

① 같은 모양의 3차원 기하학적 도형의 쌍 중 하나가 2차원 평면 차원에서 틀어진 각도가 적을수록 도형이 같은지에 대한 판단 속도가 느려졌다.

② 두 도형이 같은지에 대한 판단속도와 관련해 2차원 평면 차원에서 회전시킨 경우와 3차원 깊이 차원에서 회전시킨 경우 반응시간에 차이가 거의 없었다.

③ 심상의 크기에 따라 심상 주사에 걸리는 시간에 차이가 있었다.

④ 주사의 시작점에서 종착점까지의 거리가 길수록 주사에 걸리는 시간이 길었다.

08 명제란 하나의 독립된 단언 또는 주장을 나타내는 최소의 지식 단위로서 진위판단을 할 수 있는 의미의 최소 단위를 의미한다.

08 개념(concept)과 범주(category)에 대한 설명으로 가장 옳지 <u>않은</u> 것은?

① 개념은 지식표상의 기본 단위로서 세상을 이해하는 방식을 의미한다.

② 범주란 같은 유목에 속한다고 생각하는 사물이나 사건들의 유목을 의미한다.

③ 범주화란 사물이나 사건들을 같은 범주로 할당하는 과정으로 사물들을 범주에 위치시키는 처리를 의미한다.

④ 개념은 진위 언명을 판단할 수 있는 최소한의 단위이다.

09 고전적 견해는 정의 속성 견해를 표방하는 반면, 유사성 기반 견해는 특징 속성 견해를 표방한다.

09 개념과 범주와 관련된 유사성 기반 견해(similarity-based view)에 대한 설명으로 옳지 <u>않은</u> 것은?

① 개념을 정의 속성 목록으로 표상한다.

② 범주화의 원인이 유사성에 있다고 가정한다.

③ 확률적 견해로 불리기도 한다.

④ 원형 모형, 사례 모형 등이 포함된다.

정답 07 ① 08 ④ 09 ①

10 개념과 범주의 내적 구조에 관한 이론 중 사례이론(exemplar theory)에 대한 설명으로 옳지 <u>않은</u> 것은?

① 자극 일반화의 관점을 토대로 한다.
② 사례는 한 범주를 전형적으로 대표하는 사례를 말한다.
③ 사례를 범주화하는 데 있어서 여러 개의 특정 사례들을 사용한다.
④ 어떤 사례가 범주의 사례로 사용되느냐를 결정하는 체계적인 규칙이 있다.

10 사례이론은 어떤 사례가 범주의 사례로 사용되느냐 하는 점을 명세화하기 어렵다는 한계가 있다.

11 다음 설명과 관련된 개념과 범주의 구조에 대한 견해로 옳은 것은?

> 상대적으로 최근에 제기된 이론으로, 범주화는 단순히 기억 속의 표상과 속성들을 비교하는 것에 국한되는 것이 아니라 범주 체제화에 관한 지식을 이용하여 자신의 분류를 정당화하고, 어떤 사례들이 동일한 범주로 묶이는지를 설명하는 데 초점을 둔다.

① 고전적 견해
② 유사성 기반 견해
③ 속성 기반 견해
④ 설명 기반 견해

11 설명 기반 견해는 사람들이 개념에 대해 가지고 있는 암묵적인 이론이나 보편적인 생각에 따라 개념을 이해하고 범주화한다고 주장하며 이론 기반 견해(theory-based view)라고도 불린다.

12 다음 중 위계적망모형에 대한 설명으로 옳지 <u>않은</u> 것은?

① TLC(Teachable Language Comprehender)라는 컴퓨터 프로그램에 근거한 모형이다.
② 개념들이 망 안에서 위계적으로 조직화되어 있다.
③ 상위개념의 속성은 하위개념에서 반복적으로 나온다.
④ 연결고리를 통해 탐색이 이루어질 때 시간이 소요된다.

12 위계적망모형에서 상위개념의 속성은 하위개념에서 반복되지 않는다. 이를 인지적 절약성이라 한다.

정답 10 ④ 11 ④ 12 ③

13 전형성효과란 동일 범주에 속하는 사례들일지라도 사례에 좀 더 전형적인 사례에 대한 판단이 더 빠른 현상을 말한다.

13 '두리안은 과일이다'와 '바나나는 과일이다'라는 문장이 각각 제시된 후, 맞는지 틀리는지를 판단시켰을 때 일반적으로 '바나나는 과일이다'라는 문장을 더 빨리 판단하였다. 이러한 현상을 무엇이라고 하는가?

① 초두효과
② 전형성효과
③ 부채효과
④ 최신효과

14 세부특징비교모형은 범주 소속성을 정의하는 데 있어 가장 핵심적인 세부특징인 정의적 세부특징과 범주 소속성을 판단하는 데 반드시 필요한 것은 아니지만 많이 공유하고 있는 특징적 세부특징의 두 유형을 가정한다.

14 다음 중 세부특징비교이론이 전형성효과를 설명하는 방식으로 옳은 것은?

① 세부특징들의 목록으로 저장된 정보를 망을 따라 탐색하기 때문에 발생한다.
② 연결고리를 따라 탐색이 이루어질 때 발생하는 시간차이 때문에 발생한다.
③ 정의적 세부특징과 특징적 세부특징을 분석하는 차이 때문에 발생한다.
④ 어떤 개념은 정의적 세부특징이 없기 때문에 발생한다.

정답 13 ② 14 ③

15 **다음 설명과 관련된 개념적 지식표상에 관한 모형으로 옳은 것은?**

> • 장기기억의 지식표상에 대한 모델로서 의미적 관련 단어들이 장기기억에서 어떻게 표상되고 처리되는지를 다루는 모형이다. 마디와 고리로 구성되어 있으며, 개념들 간의 의미적 관련성 정도를 각 고리의 길이로 표현한다.
> • 어떤 마디의 활성화는 망 속에서 연결된 고리를 따라 다른 마디로 활성화되며, 활성화의 크기는 고리의 길이가 멀어질수록 감소된다.

① 위계적망모형
② 세부특징비교모형
③ 활성화확산모형
④ 원형모형

15 활성화확산모형은 콜린스와 로프터스(Collins & Loftus, 1975)가 제안한 개념적 지식표상에 관한 모형으로, 개념 마디들이 고리로 연결되어 있다는 점에서 일종의 망 모형에 해당하지만, 위계적 구조와 각 고리의 강도가 같다고 가정한 위계적망모형과 달리 일부 고리들의 강도가 서로 다르다고 가정하였다. 또한 어떤 마디가 활성화되면 고리를 따라 제한적으로 활성화가 확산된다고 가정하였다.

16 **다음 중 '책상(desk)' 뒤에 나온 단어에 대한 어휘판단 속도가 가장 빠른 조건과 그 현상의 명칭이 옳게 연결된 것은?**

① 버터(butter) – 부채효과
② 버터(butter) – 의미점화효과
③ 의자(chair) – 의미점화효과
④ 의자(chair) – 부채효과

16 의미점화효과란 의미적으로 관련된 단어가 앞서 제시된 후 이와 관련된 단어가 제시될 때 후자에 대한 의미 처리가 빨리 일어나는 현상을 말한다.

17 **다음 중 명제와 명제표상에 대한 설명으로 옳지 않은 것은?**

① 명제는 진위 언명을 할 수 있는 의미의 최소 단위이다.
② 하나의 문장은 하나의 명제만을 가진다.
③ 명제는 어문정보의 의미를 추상적이고 분석적으로 표상한다.
④ 사람들은 기본 단어의 의미를 보존하는 방식으로 정보를 기억에 표상한다.

17 하나의 문장은 하나의 명제를 가질 수도, 여러 개의 명제를 가질 수도 있다.

정답   15 ③   16 ③   17 ②

안심Touch

18 ACT 모형은 앤더슨(Anderson)이 제안한 모델로 명제를 기본적인 표상 단위로 간주하는 대표적인 모형이다. 명제마디와 이를 연결하는 고리가 지식표상의 핵심으로, 흔히 명제망 모형(propositional network model)이라 부르기도 한다.

18 다음 중 ACT 모형에 대한 설명으로 옳지 <u>않은</u> 것은?

① 개념을 기본적인 표상 단위로 간주하는 대표적 모형이다.
② 마디와 고리에 의해 상호 연결된 지식마디들로 구성된 망으로 지식의 기억을 기술한다.
③ 단순한 명제들이 상호 중복되는 망을 형성함으로써 복잡한 생각을 표현한다.
④ 마디들이 연결하고 있는 고리의 강도가 서로 다르다.

19 도식적 처리는 정보처리를 용이하게 해주고 정보처리 속도를 빠르게 해주지만 정보의 왜곡 가능성을 높일 수 있다.

19 다음 중 도식(schema)의 특징에 대한 설명으로 옳지 <u>않은</u> 것은?

① 주어진 정보만을 이해할 수 있다.
② 누락된 정보를 추론할 수 있게 해준다.
③ 정보처리 속도를 빠르게 해준다.
④ 정보의 왜곡 가능성이 존재한다.

20 도식적 지식표상 중 극장가기, 식당가기 등과 같이 일상적인 친숙한 상황에 대한 조직화된 지식을 스크립트라 부른다. 이러한 스크립트의 핵심 특징은 시간적 순서성이다.

20 다음 중 스크립트에 대한 설명으로 옳지 <u>않은</u> 것은?

① 정형화된 사건에 대한 조직화된 지식을 말한다.
② 자전거타기 기술 등과 같이 일상적인 일에 대한 절차적인 지식이다.
③ 제목-장면-행동은 위계적으로 연결되어 있고, 각 장면 내 행동은 계기적으로 연결되어 있다.
④ 일상적인 사건의 시간적 순서를 바꾸어 제시해도 사람들은 원래의 시간적 순서대로 기억을 한다.

정답 18 ① 19 ① 20 ②

✔ 주관식 문제

01 다음 설명과 관련된 지식표상 모형이 무엇인지 쓰시오.

- Collins와 Quillian(1969)에 제안한 지식표상에 대한 대표적 모형
- TLC(Teachable Language Computer)라는 컴퓨터 프로그램에 근거
- 의미를 가진 개념들이 장기기억에 어떻게 저장되고 처리되는지를 다룸
- 개념들이 위계를 가지며 마디와 고리로 구성되어 있음

01 정답
위계적망모형
해설
위계적망모형은 장기기억의 지식표상에 관해 초기에 제안된 대표적 모형으로 개념들이 망 안에서 위계적으로 조직화되어 있다고 가정한 모델이다.

02 다음 설명에서 괄호 안에 들어갈 내용을 순서대로 쓰시오.

세부특징비교모형은 두 유형의 세부특징을 가정한다. (㉠) 세부특징은 범주 소속성을 정의하는 데 가장 핵심적인 세부특징이고, (㉡) 세부특징은 범주 소속성을 판단하는 데 반드시 필요한 것은 아니지만 많이 공유하고 있는 세부특징이다.

02 정답
㉠ 정의적, ㉡ 특징적
해설
세부특징비교모형은 범주 소속성 판단 시 두 단계를 가정한다. 첫 번째 단계에서 두 개념의 유사성 정도를 판단하기 위해 두 개념의 세부특징을 모두 비교하며, 두 번째 단계에서는 유사성 정도가 비슷할 경우 정의적 세부특징을 비교함으로써 판단을 하게 된다.

03 **정답**

부채효과

해설

ACT 모형의 확산적 활성화의 실험적 증거로서 지식인출 실험 결과 연결고리의 수가 증가함에 따라 인출속도가 느려지는 부채효과를 보였다.

03 ACT 모형이 확산적 활성화가 이루어진다는 실험적 증거로서 "'어떤 사람'이 '어떤 장소'에 있다." 형태의 문장을 학습한 후 재인여부를 빠르게 판단시켰을 때 연결고리의 수가 증가함에 따라 인출속도가 느려지는 현상이 무엇인지 쓰시오.

04 **정답**

단어의 물리적 속성을 부호화하는 것을 얕은 처리, 단어의 음운적 속성을 부호화하는 것을 중간 처리, 그리고 단어의 의미적 속성을 부호화하는 것을 깊은 처리가 이루어진다고 가정하였다. 또한 정보처리 수준의 깊이가 깊어질수록 기억이 더 오래 유지된다고 가정하였다.

해설

처리수준모형은 특히 언어적 정보를 부호화하는 데 있어서 3종류의 처리수준(level of processing)의 유형 [또는 처리수준의 깊이(depths of processing)] 방식을 가정하였다. 구조적 부호화(structural encoding)는 얕은 처리, 음운적 부호화(phonemic encoding)는 중간 처리, 그리고 의미적 부호화(semantic encoding)는 깊은 처리가 이루어지며 깊이 정도에 따라 기억이 더 오래 유지되기도 하고, 망각이 더 발생하기도 한다고 가정하였다.

04 처리수준모형이 가정한 세 개의 처리수준에 대한 특징을 기술하시오.

05 개념과 범주의 구조와 관련해서 고전적 견해의 특징에 대해 기술하시오.

05 **정답**

고전적 견해는 어떤 개념에 속한 모든 사례들이 기본적인 속성(characteristic), 또는 특징(feature)을 공유하고 있다는 관점이다.

해설

고전적 견해는 속성 기반 견해로서 개념이 정의 속성 목록으로 표상된다고 가정한다.

여기서 멈출 거예요? 그치가 바로 눈앞에 있어요.
마지막 한 걸음까지 SD에듀가 함께할게요!

제 **5** 편

문제해결과 추리

단원 개요

- 문제해결은 목표에 도달하는 방법을 찾아내려는 과정을 의미한다. 문제해결 사고의 유형과 이론적 관점, 문제해결의 단계에 대해 알아본다.
- 문제표상과 조작자의 특징에 대해 확인하고, 문제해결에 영향을 주는 요인을 다룬다.
- 의사결정이론의 특징과 의사결정의 과정에서 발생하는 편향에 대해 알아본다.
- 연역추리와 귀납추리의 특징과 유형에 대해 확인하고, 전문성과 창의성의 특징에 대해 알아본다.

출제 경향 및 수험 대책

- 문제해결 과정의 특성을 이해하고, 문제해결 요인에 대해 학습한다.
- 의사결정 과정의 특성에 대해 학습한다. 어림법과 편향의 특징에 대해 이해한다.
- 연역추리와 귀납추리의 특징과 종류에 대해 학습한다.
- 전문성의 특징과 창의적 과정에 대해 이해한다.

혼자 공부하기 힘드시다면 방법이 있습니다.
시대에듀의 동영상강의를 이용하시면 됩니다.
www.sdedu.co.kr ➜ 회원가입(로그인) ➜ 강의 살펴보기

제 **1** 장

문제해결의 과정

제 1 절 문제해결의 특징

1 문제해결의 개념

(1) 문제해결(problem solving)

① 문제해결이란 현상과 목표 사이에 무언가 장애물이 있을 때 목표에 도달하는 방법을 찾아내려는 과정을 의미한다. 즉, 목표를 성취하기 위한 전략을 구상하고, 다양한 전략 중에서 목표에 대한 적절한 전략을 선택하는 심적 과정이다.

② 일반적으로 목표 대상이 존재하고, 몇 가지 제약이 가해지며, 해당 목표 대상에 대한 문제를 해결해야 하는 경우를 말한다.

③ 예를 들어, 9개의 점을 연결하는 문제에서, 목표(또는 목표 대상)는 9개의 점을 4개의 선분으로 연결하는 것이고, 제약은 해당 선분들이 연속적이어야 한다는 것이다.

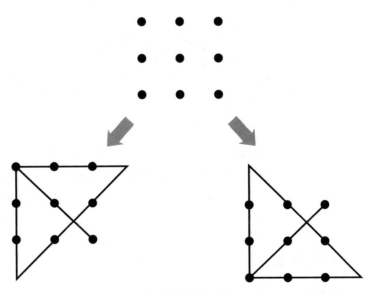

[9개의 점 연결 문제]

(2) 문제해결 사고의 유형 중요 ★

① 비지향적 사고(undirected thinking)와 지향적 사고(directed thinking)

    ⊙ 비지향적 사고는 정해진 목적 없이 통상적인 제약을 받지 않고 전개되는 사고로서 창의성을 발휘할 수도 있으며 글짓기, 그림 그리기, 정원 꾸미기 등과 같이 명확하게 정해지지 않은 **불분명한 문제**(ill-defined problem)의 해결책을 찾는 데 중요한 역할을 하는 사고유형이다.

    ⓛ 지향적 사고는 목표 지향적이고 합리적으로 전개되는 사고로서 사고의 목표가 명확하고 분명한 특징을 지니며, 주요 과제는 목표 지점으로 가는 경로를 최대한 신속하게 찾아내는 것이다. 분명한 문제(well-defined problem)를 해결하는 데 요구되는 사고로서 문제해결을 위한 구체적인 방향이 있을 때 발생되는 사고이다.

② 생산적 사고(productive thinking)와 재생형 사고(reproductive thinking)

    ⊙ 생산적 사고는 통찰력과 창의성을 필요로 하는 정신활동을 의미하며, 문제를 새롭게 조직하는 방식, 즉 사고와 지각의 요소를 새롭게 조직하는 방식이 중요한 사고과정이다.

    ⓛ 재생형 사고는 검증된 방법을 문제해결에 적용하는 인지활동을 의미하며, 문제를 해결할 수 있는 절차를 기억 속에서 인출해 내서 그대로 재현하는 방식으로 문제를 해결하는 사고과정이다.

③ 확산적 사고(divergent thinking)와 수렴적 사고(convergent thinking)

    ⊙ 확산적 사고는 주어진 문제에 대한 가능한 해결책을 다양하게 생각해 보는 사고로서, 문제에 대해서 아이디어의 연계와 관련성 등을 신경 쓰지 않고 많은 아이디어를 창출해 내는 과정이다.

    ⓛ 수렴적 사고는 문제가 명확하게 정의되는 하나의 정답을 지니고 있음을 전제로 하는 사고이다. 일반적으로 확산적 사고를 통해 생성해 낸 많은 정보들을 더 잘 이해할 수 있도록 자료를 분류하고 평가하여 가장 좋은 아이디어를 선택해 낼 때 사용하는 방법이다.

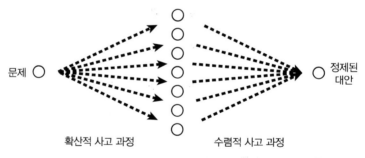

[확산적 사고와 수렴적 사고를 통한 문제해결 과정]

2 문제해결의 이론적 관점

(1) 손다이크(Thorndike)의 관점

① 손다이크(Thorndike, 1898)는 학습이 추상적인 지적 활동에 의해 이루어지기보다는 **시행착오**(trial and error)를 통해 점진적으로 이루어진다고 주장하였다.

② 손다이크는 **퍼즐 상자(puzzle box)**와 고양이를 사용하여 실험을 실시하였다. 퍼즐 상자는 안쪽의 지렛대를 누르면 문이 열리는 구조로 되어 있었으며 고양이가 문을 열고 나오면 맛있는 먹이를 먹을 수 있도록 설계가 되었다.

③ 실험 결과 문제를 해결(고양이가 문을 열고 먹이 먹기)하는 데 소요된 시간은 시도횟수의 증가에 따라 점진적으로 감소하였다.

④ 이러한 문제해결 방식을 쾰러(Köhler)는 시행착오-기반 문제해결로 구분하였으며 이는 일종의 재생형 사고로도 볼 수 있다.

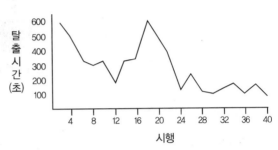

[손다이크의 퍼즐상자와 시행에 따른 탈출시간]

(2) 형태주의(Gestalt, 게슈탈트)의 관점

① 문제해결과 관련하여 형태주의 접근의 중심적인 생각은 문제가 마음에 어떻게 **표상(representation)** 되는지에 달려 있다는 점이다. 정확하게 문제를 표상하고 문제해결을 위해 다른 방식으로 표상, 즉 **재구조화(restructuring)**를 통해 문제가 해결된다고 가정하였다.

② 특히 형태주의 심리학자인 쾰러(Köhler)는 재구조화가 문제해결책에 대한 갑작스러운 발견인 **통찰(insight)**과 연합되어 있으며, 이러한 문제해결 방식을 통찰-기반 문제해결로 보았다. 통찰이란 문제에 대한 해결책에 이르는 결정적인 요소를 갑작스럽게 발견하는 과정을 의미한다.

③ 쾰러(Köhler)는 통찰과정을 증명하기 위해 침팬지를 대상으로 손이 닿지 않는 천장에 바나나를 매달아 놓은 뒤, 주변에 나무 상자들을 배치하였다. 침팬지는 처음에는 바나나를 먹기 위해 손을 뻗거나 점프를 뛰는 등 몇 가지 시도를 하지만 실패하였다. 하지만 어느 순간 갑자기 무언가 깨달은 듯 상자를 바나나 밑으로 옮겨 놓은 뒤 올라가 바나나를 먹는 데 성공한다.

④ 쾰러가 발견한 이러한 문제해결의 방식은 목적과 수단의 전체적 구조 속에서 상황을 재구성하는 과정으로 손다이크의 고양이가 보여주었던 시행착오적 문제해결과는 명백히 구별된다. 형태주의는 문제해결을 문제에 대한 표상을 바꾸는 재구조화 과정으로 보았다.

[쾰러의 통찰 실험]

🔍 더 알아두기

쾰러의 원 문제

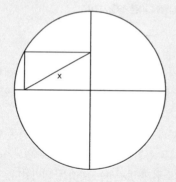

원의 반지름이 r이라면 선분 x의 길이는 얼마인가?

이 문제는 형태주의 심리학자인 쾰러(Köhler, 1929)가 제안한 문제로 원의 반지름의 길이가 r일 때 그림에서 x로 표시된 선분의 길이를 알아내는 문제이다. 수학적 계산이 필요 없는 문제로, 문제해결의 과정은 먼저 물체를 지각하고 이어 다른 방식으로 표상, 즉 재구조화를 통해 문제가 해결된다.

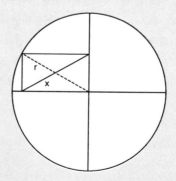

x와 r은 사각형의 대각선이기 때문에 선분 x는 반지름 r과 길이가 같다.

(3) 정보처리접근의 관점 중요 ★★

① 정보처리접근은 단지 문제의 초기 구조와 문제를 해결했을 때 달성되는 새로운 구조만을 고려하는
   대신 문제가 제기될 때부터 해결책에 이를 때까지 발생하는 탐색과정으로 서술하였다.

② 뉴엘과 사이먼(Newell & Simon)은 문제해결에 대한 주요 용어들을 제안하였다.

용어	내용
초기상태 (initial state)	문제가 시작될 때의 조건들
중간상태 (intermediate state)	문제를 해결하기 위해 한 단계가 시행된 후의 조건들
목표상태 (goal state)	문제의 해결책
조작자 (operator)	문제를 한 상태에서 다른 상태로 이동시키는 행위로 일반적으로 조작자는 규칙의 지배를 받는다.
문제공간 (problem space)	문제를 해결할 때 일어날 수 있는 모든 가능한 상태
수단-목표 분석 (means-end analysis)	초기상태와 목표상태 간의 차이를 줄이는 게 목표인 문제해결 방법
하위목표 (subgoal)	목표상태에 더 근접하는 중간상태를 만드는 것을 도와주는 작은 목표로서 종종 목표상태와 거리가 멀어지는 것처럼 보이지만 결국에는 목표에 이르는 가장 짧은 경로를 만들어냄

③ 문제해결의 과정을 초기상태에서 몇몇 중간상태를 거쳐 목표를 충족시키는 목표상태에 이르는 과정
   으로 보았다. 특히 문제해결은 현재의 문제상태와 목표상태 사이의 공간을 이동하면서 적절한 조작
   자를 찾는 검색과정으로 가정하였다.

④ 뉴엘과 사이먼(Newell & Simon)과 동료들은 하노이 탑 문제(tower of hanoi problem)를 통해 문제
   의 해결과정을 제시하였다. 규칙과 목표는 다음과 같다.

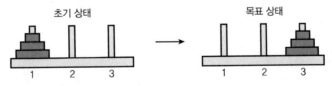

초기 상태 → 목표 상태

(a) 하노이 탑 문제의 초기상태와 목표상태

규칙 1 : 원반들은 한 번에 하나만 한 말뚝에서 다른 말뚝으로 옮긴다.
규칙 2 : 원반은 그 위에 다른 원반이 없을 때만 옮길 수 있다.
규칙 3 : 큰 원반은 작은 원반 위에 있을 수 없다.

(b) 문제해결에서 허용되는 세 가지 규칙

[하노이 탑 문제의 목표와 규칙]

ⓐ 이 문제는 목표상태에 도달하기 위해 원반을 옮길 수 있는 방안이 여러 개가 있으며, 여러 중간 상태를 거쳐 마지막 목표상태에 도달하게 된다.

ⓑ 특정 문제의 초기상태, 목표상태, 가능한 모든 중간상태들은 그 문제의 문제공간을 만든다.

ⓒ 해결책을 찾기 위해 문제공간을 탐색해야 하며, 한 가지 방법으로 수단-목표 분석 전략을 사용한다. 수단-목표 분석의 1차적 목표는 초기상태와 목표상태의 차이를 줄이는 것이다. 이는 목표상태에 보다 근접한 하위목표를 만들어 달성하게 된다.

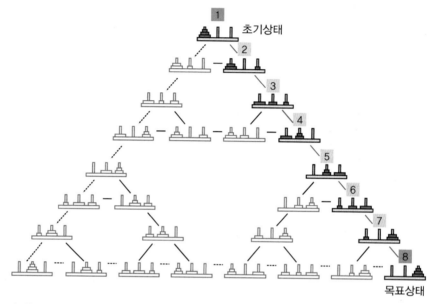

▶ 청록색 선은 초기상태 1에서 목표상태 8에 이르기까지 가장 짧은 경로를 보여주며, 점선은 더 긴 경로를 보여준다.

[하노이 탑의 문제공간]

⑤ 정보처리접근이 문제해결에 기여한 점은 초기상태에서 목표상태에 도달하는 가능한 과정들을 체계적이고 명료하게 구현했다는 점이다.

> 🔍 **더 알아두기** 🔍
>
> **하노이 탑 문제의 기원**
> 하노이 탑 문제는 하노이 근처 사원에서 이 문제풀이로 수행을 하는 스님들이 있다는 전설 때문에 붙여진 이름이다. 전설에 따르면 말뚝 하나에 원반이 64개가 있으며, 이 문제를 풀면 세상에 종말이 온다고 전해진다. 다행히 전설이 맞다고 해도 당장은 종말을 걱정할 필요는 없다. 스님들이 1초마다 다음 행동을 하고, 그 행동들이 다 옳다고 해도 문제를 완벽히 풀기 위해선 거의 1조 년이 걸린다.

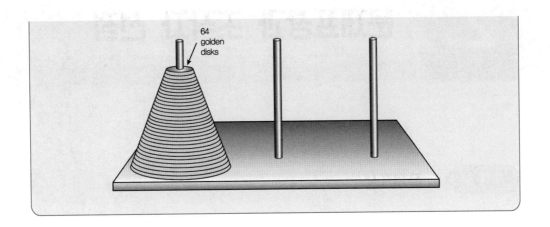

64
golden
disks

제 2 절   문제해결의 단계

1 문제해결의 주요 단계 중요 ★★

(1) 스턴버그(Sternberg)의 문제해결주기(problem solving cycle)

단계	구분	내용
1단계	문제 인식	실제로 문제가 있는가?
2단계	문제 정의와 표상	정확하게 무엇이 문제인가?
3단계	전략 구성	어떻게 문제를 해결할 수 있는가?
4단계	정보 조직화	문제에 포함되어 있는 다양한 정보들을 어떻게 함께 묶을 것인가?
5단계	자원 할당	해당 문제에 시간, 노력, 재정을 얼마나 많이 투여할 것인가?
6단계	점검 또는 감시하기	문제를 해결하는 경로를 잘 따라가고 있는가?
7단계	평가	문제를 정확하게 해결했는가?

(2) 헤이즈(Hayes)의 문제해결의 6단계 과정

단계	구분	내용
1단계	문제 확인	해당 문제가 어떤 문제인지를 확인한다.
2단계	문제 표상	해당 문제를 표상한다.
3단계	계획 수립	해결 계획을 수립한다.
4단계	계획 수행	수립된 계획에 따라 문제해결을 시도한다.
5단계	계획 평가	수립된 계획의 문제해결 가능성을 평가한다.
6단계	해결 평가	모든 조건에 부합하도록 성공적인 문제해결이 이루어졌는가를 평가한다.

제 2 장 문제표상과 조작자 선정

제 1 절 문제표상

1 문제표상의 특징

(1) 문제표상(problem representation)의 의의 중요 ★

① 문제표상은 문제해결의 과정에서 가장 중요한 단계로, 현재의 문제 상황을 심적 공간에 구성하는 것이다.

② 문제표상에서는 목표 해결 상황을 현재 상황과 비교하는 과정이 수반되는데, 그 과정에서 문제해결자의 관련 지식이나 문제해결 전략이 작용하게 된다.

③ 문제해결의 표상이 명료하게 구성되었을 경우 문제해결의 과정이 수월해질 수 있다.

④ 문제의 지식이 문제해결에 필요한 것이지만, 문제에 적절한 지식을 적용하는 것이 쉽지는 않다.

(2) 문제표상의 중요성

① 정확한 문제표상을 취하는 것은 성공적인 문제해결에 있어서 핵심적인 과정이다. 즉, 문제해결의 상대적 용이성을 결정하는 일차적인 요인은 문제표상의 방식에 있다.

② 카플란과 사이먼(Kaplan & Simon, 1990)은 **끝이 잘린 체스판 문제**(multilated checkerboard problem)를 통해 문제표상의 중요성을 증명하였다.

    ㉠ 체스판은 64개의 정사각형으로 되어 있는데, 두 개의 정사각형을 덮을 수 있는 도미노 32개로 이 체스판을 완전하게 덮을 수 있다. 체스판의 두 귀퉁이를 잘라내면 체스판에 남아 있는 62개의 정사각형들을 31개의 도미노로 덮을 수 있을까?

    ㉡ 끝이 잘린 체스판 문제를 푸는 관건은 하나의 도미노는 정사각형 두 개를 덮는다는 것과 이 두 개의 정사각형들은 색이 달라야 한다는 원리를 이해하는 것이다. 체스판에서 같은 색의 정사각형을 잘라내었기 때문에 정답은 '덮을 수 없다'가 된다.

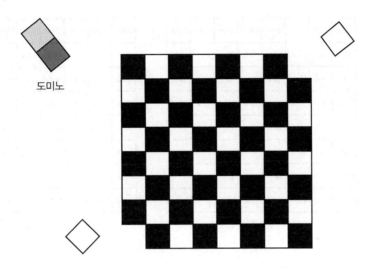

도미노

[끝이 잘린 체스판(multilated checkerboard)]

ⓒ 카플란과 사이먼은 참가자들이 이러한 원리를 자각할 가능성이 문제해결에 영향을 줄 것이라 가 정하였다. 이를 조작하기 위해 빈 체스판, 색깔이 번갈아 칠해진 체스판, black과 pink를 교대로 써 놓은 체스판, bread와 butter를 교대로 써 놓은 체스판을 제시한 뒤 같은 문제를 제시하였다.

ⓔ 실험 결과 bread-butter 조건 집단이 빈칸 조건 집단보다 두 배 이상 빠르게 문제를 해결했으 며, 색 조건 집단과 black-pink 조건 집단은 두 조건의 중간 정도의 수행을 보였다.

ⓜ 이러한 결과는 bread와 butter가 서로 연합되어 있지만, 다른 조건과 달리 구분이 명확히 되어 butter-butter 조건이 정사각형 간의 차이가 가장 강조된 조건이기 때문으로 볼 수 있다. 즉, 참가자들이 문제를 정확하게 표상할 수 있도록 도와주는 정보가 제공될 때 문제해결이 용이하다 는 증거가 된다.

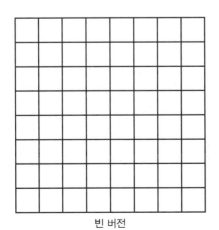

빈 버전

색 버전

black	pink	black	pink	black	pink	black	pink
pink	black	pink	black	pink	black	pink	black
black	pink	black	pink	black	pink	black	pink
pink	black	pink	black	pink	black	pink	black
black	pink	black	pink	black	pink	black	pink
pink	black	pink	black	pink	black	pink	black
black	pink	black	pink	black	pink	black	pink
pink	black	pink	black	pink	black	pink	black

butter	bread	butter	bread	butter	bread	butter	bread
bread	butter	bread	butter	bread	butter	bread	butter
butter	bread	butter	bread	butter	bread	butter	bread
bread	butter	bread	butter	bread	butter	bread	butter
butter	bread	butter	bread	butter	bread	butter	bread
bread	butter	bread	butter	bread	butter	bread	butter
butter	bread	butter	bread	butter	bread	butter	bread
bread	butter	bread	butter	bread	butter	bread	butter

black과 pink 버전   bread와 butter 버전

[카플란과 사이먼의 끝이 잘린 체스판 문제의 4가지 조건]

제 2 절 조작자

1 조작자의 특징

(1) 조작자(operator)의 의의

① 조작자는 문제해결을 위해 시도해 볼 수 있는 변화를 의미한다.

② 목표상태(goal state)에 접근하기 위해서는 현재상태와 목표상태 간에 존재하는 차이를 줄여나가야 한다.

③ 특수한 상태에서는 여러 문제해결 조작자가 적용될 수 있지만, 보통 적용할 조작자 하나를 선택하는 것이 중요한 과제로 제시될 수 있다.

(2) 조작자의 획득

① **발견(discovery)**

㉠ 노력이든 우연이든 새로운 조작자를 발견함으로써 획득하는 것이다.

㉡ 예를 들어, 가까운 곳에 새로 문을 연 마트를 발견하게 되면, 장을 보기 위해 새로운 조작자를 선택하게 된다.

② **직접 지시(direct instruction)**

㉠ 직접적인 지시를 통해 문제해결 조작자를 학습하는 것이다.

㉡ 추상적인 지시만으로 문제를 풀 경우 본질적인 개념에 대한 이해가 어려울 수 있다.

③ 예제 해결 모형(modeling example problem solution)
- ㉠ 새 조작자에 관해 듣거나 다른 사람의 예를 관찰함으로써 새 조작자를 획득하는 것이다.
- ㉡ 문제해결 조작자를 학습할 경우 참가자에게 무엇을 할지 직접 지시하는 것보다는 예를 제시하는 것이 더 효과적일 수 있다.

2 조작자 선정의 기준 중요 ★★

(1) 후진 회피(backup avoidance)
① 문제해결자가 이전 조작자들의 효과를 무효화하는 어떠한 조작자들도 취하지 않으려는 경향을 말한다.
② 예를 들어, 어떤 사람은 퍼즐 문제를 풀 때 문제해결을 위해 꼭 필요한 경우에서조차 한 단계 물러서기를 꺼려한다.

(2) 차이 감소(difference reduction)
① 문제해결자가 현재상태의 차이를 가장 크게 줄이는 비반복적 조작자를 택하는 경향을 말한다.
② 쾰러(Köhler)는 닭 모이 실험에서 닭이 먹이를 가로막고 있는 담장을 돌아가지 않고 어떻게 원하는 먹이를 향해 곧장 이동하는지 기술하였다. 닭은 차이 감소와 후진 회피 외의 조작자 선정을 위한 다른 어떤 원리도 갖고 있지 못하므로 앞으로 갈 수도, 차마 뒤로 가려고도 하지 못한 채 담장 앞에서 무력한 상태에 놓이게 된다.

(3) 수단-목표 분석(means-end analysis)
① 문제해결자가 현재상태와 목표상태를 비교하여 그 차이를 줄이는 데 필요한 조작자를 찾아내려는 경향을 말한다.
② 쾰러의 침팬지 실험에서 침팬지는 닭과 달리 바나나를 얻기 위해 새로운 도구를 만들고자 하였다. 이와 같이 인간을 포함한 고등 영장류들은 수단-목표 분석을 사용함으로써 차이 감소만을 쓸 때보다 목표를 획득하는 데 더욱 풍부한 방략을 사용할 수 있다.

3 수단-목표 분석의 특징 중요 ★★★

(1) 수단-목표 분석(means-end analysis)의 의의
① 수단-목표 분석은 뉴엘과 사이먼(Newell & Simon, 1972)이 인간의 문제해결을 모형화한 컴퓨터 시뮬레이션 프로그램, 즉 일반문제해결자(GPS : General Problem Solver)에서 널리 사용되는 것으로서, 조작자를 선정하는 것보다 정교한 방법으로 볼 수 있다.

② 수단–목표 분석은 차이 감소(difference reduction)와 마찬가지로 초기상태와 목표상태의 차이를 최소화하려는 것이나, 이를 좀 더 정교하게 변형한 것으로 볼 수 있다.

③ 수단–목표 분석은 차이 감소와 달리 어떤 조작자가 즉각적으로 적용될 수 없어도 이를 표기하지 않으며, 여러 하위목표들과 이를 달성하기 위한 새로운 조작자들을 선정함으로써 문제해결에 근접한다.

(2) 수단–목표 분석의 특징

① 수단–목표 분석은 차이 감소와 하위목표(subgoals) 설정으로 이루어진다.

② 현재 문제상태를 목표상태로 바꾸는 목표, 차이를 줄이는 목표 등이 어떻게 달성되는지 보여준다.

③ 문제해결의 기본은 문제해결자가 초기상태와 목표상태 간의 가장 큰 차이를 찾고 그 차이를 제거하는 데 있다.

(3) 일반문제해결자를 통한 수단–목표 분석의 절차

① 현재상태를 목표상태로 변경하는 과정

　㉠ 일반문제해결자(GPS)는 현재상태를 일련의 차이로 나누고 그 각각의 차이를 하위목표로 정한다.

　㉡ 이때 일반문제해결자가 처음 제거하고자 하는 것은 가장 중요한 차이로 지각된 대상이다.

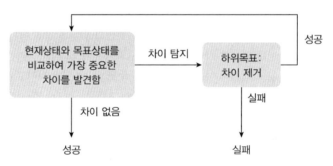

[현재상태를 목표상태로 변경하는 과정]

② 조작자 발견을 통해 차이를 제거하는 과정

　㉠ 일반문제해결자(GPS)는 차이를 제거하기 위해 조작자를 찾고자 한다. 이때 일반문제해결자가 조작자를 바로 적용하지 못할 수 있는데, 이는 조작자의 조건과 환경 상태 간에 차이가 있기 때문이다.

　㉡ 따라서 조작자를 적용하기 전에 다른 차이를 제거할 필요가 있다. 특히 조작자의 적용을 막고 있는 차이를 제거하는 것이 목적인 하위목표를 조작자 하위목표(operator subgoal)라고 한다.

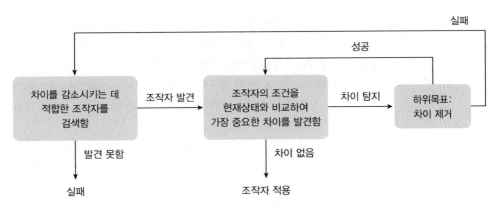

[조작자 발견을 통해 차이를 제거하는 과정]

(4) 일반문제해결자에 사용된 수단-목표 분석의 전략

① 주어진 것이 원하는 것이 아닐 경우 주어진 것과 원하는 것 사이에 차이를 발견하게 될 것이다.

② 조작자는 조작대상의 속성 중 일부에만 영향을 미치며, 그 나머지는 그대로 둔다. 따라서 조작자의 특성은 그 조작자가 야기하는 변화로 정의될 수 있다.

③ 만약 적합한 조작자를 적용할 수 없는 경우, 그 조작자를 적용할 수 있도록 조작대상을 수정하는 것이 이득이 될 수 있다.

④ 차이는 경우에 따라 제거하기 쉬울 수도, 어려울 수도 있다. 따라서 제거하기 어려운 차이를 제거하려고 시도하는 것은 비록 그로 인해 덜 어려운 차이가 새롭게 생성되더라도 이득이 될 수 있다.

제 3 절 ▶ 문제해결에 영향을 주는 요인

1 문제해결의 장애물

(1) 기능적 고착(functional fixedness) 중요 ★★

① 기능적 고착이란 어떤 물체의 친숙한 기능이나 자주 쓰는 용도에 집중하여 사물을 지각하는 경향을 의미한다.

② 일상에서 흔히 경험하는 문제의 대부분은 문제해결의 지식이 결여되어 있어서라기보다는 기존 지식을 적절하게 활용하지 못하거나, 기본 지식을 한 방향으로 고착하여 적용하려는 문제해결 전략에서 비롯되는 경우가 많다.

③ 기능적 고착의 대표적인 예로 던커(Duncker, 1945)의 양초 문제가 있다. 던커는 참가자들에게 여러 가지 물건을 이용하여 과제를 완수하도록 요구하였다.

ⓐ 탁자 위에 양초, 성냥, 압정들이 놓여 있다. 문제는 촛농이 바닥에 떨어지지 않도록 양초를 벽에 붙여 불을 붙이는 것이다. 한 집단의 참가자들에게는 압정이 담긴 종이상자와 함께 양초와 성냥을 주었고, 다른 집단의 참가자들에겐 같은 재료를 종이상자 바깥쪽에 놓아두고 함께 주었다.

ⓑ 정답은 상자에 양초를 넣고 불을 붙인 뒤 압정으로 벽에 고정시키는 방법을 사용하는 것이다. 실험 결과, 상자가 비어 있는 채로 제시된 조건 집단보다 상자에 압정이 든 상자를 제시한 조건 집단이 문제를 더 어려워했다.

ⓒ 이는 상자를 용기로 보는 것이 상자를 받침대로 사용하는 것을 억제하는 기능적 고착을 보인 것이다. 우리는 세상에 대한 다양한 지식을 가지고 있지만, 기억은 도식(schema)의 형태로 구성되어 있다. 던커의 양초 문제를 풀기 어려웠던 이유는 바로 도식화된 지식을 있는 그대로 적용하여 문제해결을 시도했기 때문이다.

(a) 통제집단 제시 조건   (b) 기능적 고착 집단 제시 조건

[기능적 고착에 관한 양초 문제]

> **💡 더 알아두기 🔍**
>
> **기능고착에 관한 마이어(Maier, 1931)의 두 끈 문제(two-string problem)**
> ① 참가자에게 주어진 문제는 천장에서부터 내려와 있는 두 개의 끈을 묶는 것이다. 두 끈은 멀리 떨어져 있기 때문에 한 손으로 끈을 잡고 다른 끈을 잡는 것은 불가능하다.
> ② 방 안에는 의자와 펜치가 한 개씩 놓여 있고, 이 두 개의 도구를 이용하는 것이 가능하다.
> ③ 이 문제를 풀기 위해선 펜치를 첫 번째 줄에 묶은 다음 진자 운동을 하게 하면 된다. 실험 결과 60명의 참가자 중 37명이 이 문제를 풀지 못했다.
> ④ 문제해결이 어려웠던 이유는 펜치를 추의 대용으로 지각하지 못한 데 있다. 즉, 참가자들이 사물을 관습적 기능에 따라 표상하는 데 고착되어 있으므로 새로운 기능을 표상하지 못했기 때문이다.

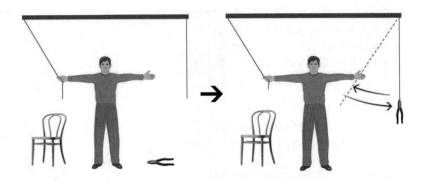

[기능적 고착에 관한 두 끈 문제]

(2) 갖춤새 효과(set effect) 중요 ★★

① 갖춤새 효과란 문제해결에서 특정 조작자를 고집하는 선입견을 의미한다. 이러한 선입견은 사람이 이전에 경험한 것이나 이전에 효과가 있던 방법에 의해 정해진다.

② 러친스(Luchins, 1942)는 물병 문제(water jug problem)를 통해 문제를 푸는 과정에서 갖춤새 효과가 발생할 수 있음을 실험적으로 증명하였다.

ㄱ 실험 참가자들에게 용량이 다른 물병들을 측정도구로 이용하여 특정한 양의 물을 얻는 방법을 종이에 적도록 지시하였다. 이 문제의 규칙은 물병을 채우거나 비우거나 또는 한 물병에서 다른 물병으로 물을 채울 수만 있다는 것이다.

(단위 : 리터)

문제	물병 A의 용량	물병 B의 용량	물병 C의 용량	목표량
1	21	127	3	100
2	14	163	25	99
3	18	43	10	5
4	9	42	6	21
5	20	59	4	31
6	20	50	3	24
7	15	39	3	18
8	28	59	3	25

ㄴ 러친스는 집단을 갖춤새 집단과 갖춤새가 없는 집단의 둘로 나누었다. 갖춤새 집단에게는 첫 번째 문제를 풀도록 약간의 시간을 준 다음 해결책을 알려주었다. 문제 1의 해결책은 '원하는 양 = B − A − 2C'로 표기될 수 있다(공식은 알려주지 않고 과정만 보여줌). 그리고 2~8번 문제를 풀도록 지시하였다. 갖춤새가 없는 집단에게는 문제 7과 8만 풀도록 지시하였다.

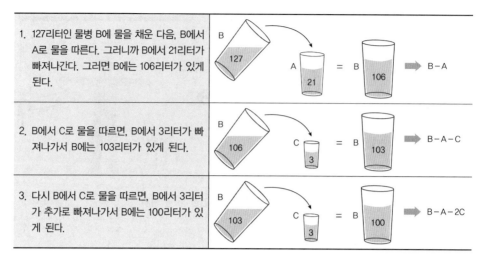

1. 127리터인 물병 B에 물을 채운 다음, B에서 A로 물을 따른다. 그러니까 B에서 21리터가 빠져나간다. 그러면 B에는 106리터가 있게 된다.	
2. B에서 C로 물을 따르면, B에서 3리터가 빠져나가서 B에는 103리터가 있게 된다.	
3. 다시 B에서 C로 물을 따르면, B에서 3리터가 추가로 빠져나가서 B에는 100리터가 있게 된다.	

[러친스(Luchins, 1942)의 물병 문제 예시]

ⓒ 문제 7과 8의 경우에는 B−A−2C 공식으로도 풀리지만, 더 간단한 방법으로도 풀 수 있다.

> • 문제 7 : 원하는 양 = A + C(A와 C를 채워서 B에 붓는다)
> • 문제 8 : 원하는 양 = A − C(A를 채운 다음 C에 따른다)

ⓔ 실험 결과 갖춤새 집단의 23%의 참가자들만이 문제 7번과 8번에서 간단한 해결방안을 사용하였다. 하지만 갖춤새가 없는 집단에서는 모든 참가자들이 간단한 방법으로 문제를 해결하였다.

ⓜ 러친스의 갖춤새 효과는 **아인슈텔룽 효과**(einstellung effect) 또는 **사고의 기계화**(mechanization of thought)로 불리며, 이는 문제해결을 위한 더 나은 대안이 있음에도 불구하고 익숙한 형태로 생각하고 해결하려는 방식을 말한다.

ⓗ 러친스의 갖춤새 효과는 어떤 지식이 특정 문제해결을 용이하게 할 수 있지만, 어떤 경우에는 반대로 문제해결을 방해할 수도 있음을 보여준다.

2 문제해결의 요인

(1) 유추(analogy) 중요 ★

① 유추는 특정 문제를 해결하는 데 사용된 조작자들이 다른 문제의 해결에 어떻게 사용될 수 있는지를 사상(map)하는 과정이다. 예를 들어, 수학의 특정 단원에서 푼 예제의 구조를 그 단원의 연습문제를 푸는 데 적용할 수 있다.

② 지크와 홀리오크(Gick & Holyoak, 1980)는 유추가 문제해결에 유용하다는 사실을 실험을 통해 증명하였다.

㉠ 참가자들을 두 집단으로 나누었다. 첫 번째 집단에게 던커(Duncker, 1945)의 방사선 문제만을 제시하고 해결책을 생각하도록 지시하였다. 그 결과 참가자들의 10%만이 문제에 대한 해결책을 답하였다.

> 여러분이 위에 악성 종양이 있는 환자를 치료해야 하는 의사라고 가정하자. 환자에게 수술을 하는 것은 불가능한데, 종양을 제거하지 않으면 환자는 죽게 된다. 그런데 종양을 파괴하는 데 사용할 수 있는 광선이 있다. 이 광선이 충분히 강한 강도로 종양에 도달하면 종양은 파괴된다. 그런데 불행하게도 그 강도에서는 광선이 종양에 도달하기 위해 중간에 거쳐가야 할 건강한 조직들도 파괴된다. 약한 강도에서는 그 광선이 건강한 조직에 무해하지만 종양에도 아무런 영향을 주지 못한다. 종양은 파괴하지만 건강한 조직을 파괴하는 것은 피할 수 있는 어떤 절차를 사용할 수 있을까?

㉡ 두 번째 집단에게는 먼저 '요새 이야기'를 읽고 기억하라고 요구해서 실험목적이 이야기에 대한 기억이라는 인상을 갖도록 하였다. 사실 요새 이야기는 방사선 문제와 유사하다. 독재자의 요새는 종양에 대응되고, 각기 다른 길로 보내진 소규모 병력은 종양을 향해 쪼여진 약한 강도의 광선에 대응된다. 두 번째 집단의 경우 참가자의 30%가 문제해결에 성공하였다.

> 튼튼한 요새에 살고 있는 독재자가 작은 나라를 다스리고 있다. 요새는 중앙에 위치해 있고, 주변으로 농장과 마을이 둘러싸고 있다. 또한 여러 갈래로 난 도로들이 각 지방에서 중앙의 요새로 이어져 있다. 반란군을 지휘하는 장군은 그 요새를 함락시키기로 결심했다. 그는 반란군 전체가 전면공격을 가하면 요새가 함락되리라는 것을 잘 알고 있었기에, 한쪽 길머리에 군대를 집결시키고 전면공격을 준비하였다. 그러나 그는 독재자가 도로에 지뢰를 묻어두었다는 사실을 알게 되었다. 그 지뢰는 평소 사람들이 지날 때는 터지지 않지만 한 순간에 큰 무리의 사람들이 지나가게 되면 터지도록 고안되었다. 장군은 지뢰가 터질 경우 도로는 물론 인근 마을까지 파괴될 것을 우려하였다. 그러나 장군은 묘안을 생각해 냈다. 자신의 군대를 소대들로 나누고 각 소대를 길머리마다 배치하여, 신호를 보내면 일거에 공격하도록 지시를 내린 것이다. 결국 장군과 그의 군사들은 요새를 함락시키고 독재자를 무너뜨릴 수 있었다.

㉢ 또한 참가자들에게 방사선 문제해결 중에 요새 이야기를 생각해보라고 말해준 경우 성공률이 75%에 달했다. 유추를 할 때 어려운 점은 조작자들이 유추해 낼 수 있는 적절한 예를 찾는 것이다. 유추를 성공적으로 사용하기 위해선 참가자들이 요새 이야기가 방사선 문제를 풀기 위한 유추로 쓰일 수 있다는 사실을 깨달아야 한다는 것이다.

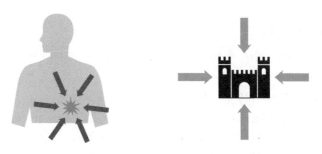

[지크와 홀리오크(Gick & Holyoak, 1980)의 유추실험 예시]

(2) 부화효과(incubation effect) 중요 ★★

① 부화효과란 문제해결 노력을 중단한 채 쉬고 있거나 다른 일을 하고 있을 때 갑자기 문제가 해결되는 효과를 의미한다.

② 사람들은 특정 문제를 해결하기 위해 여러 차례 시도를 하다가 문제의 실마리를 찾지 못할 경우 잠시 휴식을 취하게 되고, 이후 문제를 다시 풀어볼 때 그 해결책을 생각보다 쉽게 발견하기도 한다.

③ 실베이라(Silveira, 1971)는 **싸구려 목걸이 문제**(cheap necklace problem)를 통해 부화효과를 실험적으로 증명하였다.

  ㉠ 실험 참가자들에게 3개의 고리로 연결된 사슬 4개를 주고, 한 고리를 여는 데 2센트, 닫는 데 3센트가 든다고 알려주었다. 문제는 15센트 미만으로 12개의 모든 고리를 연결하여 하나의 원, 즉 목걸이를 만들어야 하는 것이다.

  ㉡ 이 문제를 해결하기 위해선 하나의 사슬 3개 고리를 모두 열고(6센트 소요), 그 열린 고리들을 이용하여 나머지 사슬들을 함께 연결하면 된다(9센트 소요).

  ㉢ 집단은 세 집단으로 나누었다. 첫 번째 통제집단은 30분간 연속적으로 문제를 풀었다. 그 결과 참가자의 55%가 문제를 해결하였다. 두 번째 실험집단은 30분 동안 문제를 풀고 30분 동안 쉬면서 다른 활동을 했다. 그 결과 64%가 문제를 해결하였다. 세 번째 실험 집단은 30분 동안 문제를 푼 뒤 4시간의 휴식시간을 가졌고, 85%가 문제를 해결하였다.

  ㉣ 통제집단보다 실험집단이 성공률이 높은 이유는 부적절한 문제해결 방식을 망각하기 때문이라고 해석된다. 즉, 문제로부터 멀리 떨어지면 부적절한 지식구조의 활성화가 사라져 그 문제에 새롭게 접근할 수 있기 때문이다.

  ㉤ 하지만 부화효과가 늘 문제해결에 도움을 주는 것은 아니며, 때로는 중단으로 인해 수행이 떨어질 수도 있다.

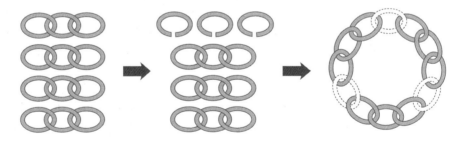

[실베이라(Silveira, 1971)의 싸구려 목걸이 문제(cheap necklace problem)]

(3) 통찰(insight) 중요 ★

① 통찰은 갑자기 올바른 해결책을 발견하게 되는 경우를 말한다. 하지만 일반적으로 어떤 문제를 갑자기 해결한 후에 외치는 '아하(aha) 경험'은 급작스러운 것처럼 느껴져도 사실은 상당한 생각과 노력의 결과인 경우가 대부분이다.

② 메트칼페와 위브(Metcalf & Wiebe, 1987)는 **통찰 문제**(insight problem)와 **비통찰 문제**(noninsight problem)로 구분하고 각 문제가 매우 다른 직관을 지니고 있다는 사실을 증명하였다.

㉠ 비통찰 문제는 하노이 탑 문제와 같이 여러 단계의 해결이 요구되는 문제로, 문제해결을 시도하기에 앞서 자신의 성공을 예측할 수 있는 반면, 통찰 문제는 싸구려 목걸이 문제와 같이 문제해결을 시도하기에 앞서 자신의 성공을 제대로 예측할 수 없는 문제이다.

㉡ 실험 참가자들에게 매 15초마다 문제해결에 얼마나 근접하였다고 생각하는지 물었다. 비통찰 문제의 경우 문제를 해결하기 15초 전에 자신이 문제해결에 근접했음을 확신한 반면, 통찰 문제의 경우에는 문제를 해결하기 15초 전까지 자신의 성공을 제대로 예측하지 못했다.

㉢ 통찰 문제는 자신이 문제해결에 근접해 있음을 의식하지 못하는 문제였다. 통찰 문제는 해결하는 데 단지 한 단계만이 요구되며, 그 한 단계는 단지 그 단계를 찾는 문제에 불과하다.

제3장 판단과 의사결정

제1절 판단과 의사결정의 특징

1 판단과 의사결정의 개념

(1) 판단(judgement)과 의사결정(decision making)

① 일상에서 끊임없이 판단과 결정을 내리며, 다수의 사상들을 일련의 방법을 통해 평가하고 궁극적으로 하나의 사상을 선택한다.

② 우리는 항상 판단을 한다. '어제 윤재를 만났는데 좋은 사람 같아.', 또한 많은 대안들 가운데 하나를 선택하는 결정을 내린다. '우리 이번 모임에 누구를 초대할까? 윤재 어때?' 이때 윤재를 초대하기로 한 결정은 윤재가 좋은 사람이라는 판단에 기초한 것이다. 이 경우 판단의 목적은 대안 중에서 선택한 기회들을 평가하는 것이다.

③ 판단과 의사결정을 구분하기는 하지만 중복되기도 하고, 상호작용을 하는 등 서로 밀접하게 관련되어 있다.

(2) 판단과 선택의 기본 요소

① **대안(A ; Alternative)** : 판단 혹은 선택의 대상을 말한다.

② **결과(C ; Consequence)** : 판단 혹은 선택의 성과를 말한다.

③ **시간(T ; Time)** : 의사결정 시기의 배열 및 시간상의 여유와 관련된다.

④ **정보(I ; Information)** : 미래 상태들 각각의 확률값을 포함한 의사결정 자료에 대한 지식을 말한다.

⑤ **목적(O ; Objective)** : 의사결정자가 추구하는 바와 관련된다.

⑥ **상태(N ; States of Natures)** : 의사결정자가 당면하는 의사결정 상황을 말한다.

⑦ **의사결정자(Decision Maker)** : 가치, 동기, 위험지각 등에서 각기 차이를 보이는 의사결정의 주제를 말한다.

(3) 의사결정의 분석

① **구조 분석(structural analysis)**

㉠ 의사결정의 기본이 되는 요소, 즉 대안, 결과, 시간, 정보, 목적, 상태, 주체 등을 규명하는 것이다.

㉡ 의사결정의 우선적인 과정으로서, 처음에 문제를 어떻게 정의하는가에 따라 문제해결 방법이 달라진다.

② **불확실성 분석(uncertainty analysis)**

    ㉠ 사건들의 불확실성에 대해 그 발생확률을 부여하는 것이다.

    ㉡ 이때 과거의 경험적 자료, 가정 사항, 확률적 모형, 전문가의 조언 등 여러 자료들을 활용한다.

③ **선호 분석(preference analysis)**

    ㉠ 대안의 결과값에 대한 선호는 사람마다 다를 수 있다.

    ㉡ 따라서 의사결정자의 선호를 의사결정에 반영하기 위해 이를 파악하여야 한다.

④ **최적화 분석(optimization)**

    ㉠ 최적 대안은 어떤 결정규칙이나 결정준거를 선정하는가에 따라 달라질 수 있다.

    ㉡ 따라서 가장 적합한 최적화의 방법을 결정하여야 한다.

⑤ **민감도 분석(sensitivity analysis)**

    의사결정 분석의 많은 입력 변수들은 주관적이므로, 그와 같은 입력 변수들이 타당한가를 확인하고 주관적인 입력 변수 값의 범위를 살펴볼 필요가 있다.

⑥ **정보 분석(information analysis)**

    적정 수준의 정보를 확보하기 위한 것으로, 추가 정보의 필요성이 제기되는 경우 이를 얻기 위해 소요되는 비용과 이득 등을 파악한다.

제 2 절   판단과 의사결정의 이론

1 초기 의사결정이론

(1) 고전적 의사결정이론 중요 ★★

① **기본 특징**

    ㉠ 의사결정과 관련된 초기 모델은 주로 심리학자가 아닌 경제학적 관점이 반영된 모형으로 **경제적 인간 모형(economic man model)**이라 불리기도 한다.

    ㉡ 판단과 결정에 관한 합리성 가정을 바탕으로, 평가하는 대상이 무엇이든 개인이 그 대상의 가치를 극대화하는 선택을 한다고 주장한다.

② **주요 가정**

    ㉠ 의사결정자는 모든 가능한 대안과 그것의 모든 가능한 결과에 대해 충분한 정보를 가진다.

    ㉡ 의사결정자는 결정 대안들 사이의 미묘한 차이에도 매우 민감하게 반응한다.

    ㉢ 의사결정자는 대안의 선택과 관련하여 온전히 합리적이다.

> **❗ 더 알아두기 🔍**
>
> **고전적 의사결정의 예**
> 연봉이 같은 A, B 회사가 있다고 하자. 조건이 다음과 같다고 할 경우 어느 회사를 선택하겠는가?
>
> - A 회사에 다니는 사람들은 첫 해에 20%의 급여 인상을 받을 기회가 50%
> - B 회사에 다니는 사람들은 첫 해에 10%의 급여 인상을 받을 기회가 90%
>
> - A : $0.5 \times 0.2 = 0.1$
> - B : $0.9 \times 0.1 = 0.09$
>
> 사람들은 기댓값 계산(확률과 해당하는 가치의 곱)을 통해 상대적으로 더 높은 A라는 회사를 선택한다. 급여가 올라갈 것이라는 것 이외에 모든 조건이 동일한 상황에서 조금이라도 이득이 되는 것을 합리적이고 이성적으로 판단을 하여 의사결정을 진행한다고 가정한다.

(2) 주관적 기대효용이론(subjective expected utility theory) 중요 ★★

① 기본 특징

㉠ 주관적 기대효용이론은 개인 의사결정자의 심리적 요인 즉, 각자의 주관적 가치를 고려하여 의사결정을 한다고 보았다.

㉡ 의사결정 시 기대되는 효용이 가장 큰 것을 선택하며 이때의 가치 기준은 사람마다 다를 수 있다.

② 의사결정의 기준

㉠ 인간 행동의 목표는 쾌락을 추구하고 고통을 피하는 것으로 의사결정을 하는데, **쾌락(정적 효용)**을 극대화하고 **고통(부적 효용)**을 최소화하고자 하는 경향을 지닌다고 가정한다.

㉡ 사람들은 객관적 판단을 하기보다는 개인이 판단한 효용의 가치와 개인의 판단 가능성 정도에 근거하여 의사결정을 내린다고 보았다.

구분	내용
주관적 효용 (subjective utility)	객관적 기준이 아닌 각자가 판단한 효용성(가치)의 가중치에 근거한다.
주관적 확률 (subjective probability)	객관적 통계 계산이 아닌 가능성에 대한 개인의 추정치에 근거한다.

③ 의사결정의 과정

㉠ 일부 관련 정보는 사용할 수 없을지도 모른다는 전제 하에 가용한 모든 정보를 최대한 사용한다.

㉡ 각 대안의 잠재적인 비용(위험)과 이득에 대한 주관적이지만 신중한 평가를 한다.

㉢ 확실한 결과는 알 수 없다는 전제 하에 다양한 결과에 대한 신중한(주관적이지만) 계산을 한다.

㉣ 언급한 모든 요인들을 고려하여 논리적으로 옳은 추론을 최대한 실시한다.

더 알아두기 🔍

주관적 기대효용이론에 근거한 의사결정의 예
연봉과 모든 조건이 같은 A, B 회사가 있다고 하자. 어느 회사를 선택하겠는가?

아이가 넷인 사람은 혼자 사는 사람에 비해 육아휴직, 가족과 관련된 복지 등의 이득에 더 높은 정적 효용을 부여하고, 긴 기간의 출장 등에 더 높은 부적 효용을 부여할 가능성이 높다. 또한 여러 잠재적 정적 또는 부적 효용에 대해 다른 주관적 확률을 부여할 것이다.

사람들은 각 일자리가 제공하는 주관적 정적 효용과 주관적 확률을 곱한 값에서 주관적 부적 효용과 주관적 확률을 곱한 것을 뺀 결과에 기초하여 자신에게 최대 이득이 되는 의사결정을 한다.

2 의사결정 패러다임의 변화

(1) 제한된 합리성 모형(bounded rationality model) 중요 ★★

① 기본 특징
- ㉠ 사이먼(Simon, 1957)은 제한된 합리성 모형을 통해 인간은 의사결정과 관련해 무제한적인 합리성을 추구하는 것은 불가능하며, 자신의 결정에 주관적 고려사항을 포함시켜 특정 범위 안에서 제한된 합리성(bounded rationality)을 추구한다고 가정하였다.
- ㉡ 즉, 인간의 합리성의 한계를 인정하고 최적의 결정이 아닌 **최소만족(satisficing)**을 충족시키는 결정을 한다고 주장하였다.

② 기본 가정
- ㉠ 최소만족 의사결정은 모든 가능한 대안을 고려하여 전체 대안 중 어느 대안이 이득을 극대화하고 손실을 최소화할지 계산하지 않는다.
- ㉡ 단지 대안을 하나씩 살펴보고 만족할 만하거나 수용할 수 있는 최소기준을 충족시키는 대안이 있으면 선택한다고 가정한다.
- ㉢ 최소기준을 만족시켜 준다고 믿는 결정에 이르기 위해 가능한 한 최소한의 대안을 고려한다.

더 알아두기 🔍

제한된 합리성 모형(bounded rationality model)에 근거한 의사결정의 예
중고차 구매 시 여러 중고차 매장 중 한 곳을 방문하여 어떤 차들이 있는지 살펴본 뒤, 구매를 위한 주요 기준에 만족할 만한 차를 발견했을 때 차를 구매한다. 마음에 들지 않으면 다음 중고차 매장에 방문하고 요구를 충족시키는 차를 찾으면 차를 구매한다. 마음에 드는 최적의 차를 고르기 위해 지역에 있는 모든 중고차 매장을 돌아보지는 않는다.

(2) 속성에 의한 제거(elimination by aspect) 중요 ★★

① **기본 특징**

트베스키(Tversky, 1972)는 제한된 합리성 개념에 기초하여 시간 안에 고려할 수 있는 것보다 더 많은 대안에 직면하게 되면 가용한 대안의 모든 속성들을 심적으로 조작하려 애쓰지 않고 속성에 의한 제거(elimination by aspect) 과정을 사용한다고 제안하였다.

② **의사결정의 과정**

㉠ 한 속성에 초점을 맞추고 그 속성에 대한 최소기준을 형성한 후, 기준을 충족시키지 않는 모든 대안을 제거한다.

㉡ 다시 추가적으로 대안을 제거할 수 있는 최소기준을 세울 두 번째 속성을 선택한 후 남은 대안을 제거한다.

㉢ 하나의 대안이 남을 때까지 일련의 속성들을 고려함으로써 순차적인 대안의 제거를 계속 실시한다.

> **더 알아두기**
>
> **속성에 의한 제거에 근거한 의사결정의 예**
> 중고차 구매 시 차를 고를 때 전체 가격을 한 속성으로 정하고 기준을 충족시키지 못한 차들을 골라낸 후, 유지비용 등의 다른 기준으로 하나의 대안이 남을 때까지 제거해 나간다.

3 확률판단

(1) 확률판단의 특징

① 사람들이 확률추정이나 문제해결을 하는 방법은 크게 **연산법(algorithm)**과 **어림법(heuristic)**으로 나뉜다.

② 연산적 방법은 모든 가능한 경우를 다 고려해서 답을 찾는 방법으로 옳은 답을 찾아낼 수는 있지만 모든 가능한 경우를 고려해야 하기 때문에 처리 부담이 매우 크다.

③ 어림법은 의사결정 시 모든 경우들을 고려하지 않고 나름대로의 기준에 따라 일부만을 고려하는 기법으로 인지적 비용은 적게 들지만 옳은 답을 보장하지 못한다는 특징을 지닌다.

④ 많은 연구들을 통해 사람들이 이전의 의사결정 연구들에서 제안한 것보다 어림법(지름길)과 편향에 근거한 결정을 내린다는 사실이 증명되었다.

(2) 어림법의 종류 중요 ★★★

① **대표성 어림법(representativeness heuristic)**

㉠ 대표성 어림법은 사람들이 어떤 사건이나 대상이 일어나거나 특정 범주에 속할 확률을 추정할 때, 실제 확률을 계산하는 것이 아니라 그 사건이나 대상이 얼마나 대표적인지를 가지고 확률을 추정하는 것을 의미한다.

ⓒ 대표성 자체가 매우 강력한 의사결정법으로 사람들은 표집의 다른 특성을 무시하는 경향성을 보인다.

> 동전을 6번 던졌을 때 어떤 순서가 더 많이 나올 것 같은가?
>
> | 앞 – 뒤 – 뒤 – 앞 – 뒤 – 앞   vs   앞 – 앞 – 앞 – 앞 – 앞 – 앞 |
>
> 대부분의 사람들은 첫 번째의 경우의 확률을 더 높게 추정한다.

ⓒ 동전의 앞면이 나오느냐 뒷면이 나오느냐는 바로 전에 동전을 던졌을 때 어느 면이 나왔는가와 상관없이 반반이기 때문에 두 순서가 나올 확률은 같다. 그럼에도 불구하고 사람들은 앞면과 뒷면이 번갈아 나오는 것이 어느 한쪽 면만 계속 나오는 것보다 더 무선적인 것처럼 생각해서 오류를 범하곤 한다.

ⓔ 우리는 불확실한 사건의 확률을 그 확률이 도출되는 모집단을 얼마나 잘 대표하는지 또는 비슷한지의 정도와, 그 확률이 생성되는 과정의 현저한 특징을 반영하는 정도에 따라 판단을 하는 경향이 있다.

더 알아두기

도박사의 오류

주사위 던지기에서 몇 판을 계속 잃은 사람은 다음 판에 자기가 이길 확률이 높다고 생각하는 오류를 범하곤 한다. 하지만 이전 주사위 던지기와 지금의 주사위 던지기는 독립된 사건이기 때문에 이전 판이 현재의 판에 영향을 주지 못한다.

사람들은 전적으로 우연히 동일한 수가 연속적으로 나오는 경우를 과소 추정하는 경향이 있다. 우연한 발생의 진정한 가능성을 고려하기보다는 우연히 발생하는 사건들이 마치 전집을 대표하는 것처럼 보이는지에 근거하여 추리를 한다는 것이다.

② **가용성 어림법(availability heuristic)**

ⓐ 가용성 어림법은 어떤 현상의 적절한 예라고 지각되는 것이 얼마나 쉽게 마음에 떠오르는지에 기초해 확률을 추정하는 것을 의미한다.

> "영어 단어들 중 'R'로 시작하는 단어와 세 번째 낱자가 'R'인 단어들 가운데 어느 것이 더 많은지 고르시오."라는 질문에 대부분 'R'로 시작하는 단어가 더 많다고 대답을 하였다.

ⓑ 대부분의 사람들은 'R'로 시작하는 단어를 세 번째 낱자가 'R'로 시작하는 단어보다 더 많다고 대답을 하지만 실제로는 세 번째 낱자가 'R'인 단어가 3배 정도 더 많다. 이는 'K', 'L', 'N', 'V'와 같은 철자도 마찬가지다.

ⓒ 이는 어떤 경우가 더 쉽게 또는 더 많이 생각이 나는지, 즉 얼마나 가용한가에 의해 사람들이 확률을 추정하기 때문에 발생한다고 볼 수 있다.

> **결합 오류**
> 두 사건이 함께 일어날 확률은 두 사건 중 어느 한 사건이 일어날 확률보다 클 수 없음에도 불구하고 결합 사건상의 확률을 단일 사상의 확률보다 더 높게 추정하는 오류이다.
> 예를 들어, 대학생들에게 7개의 낱자로 이루어진 단어들의 목록을 60초 동안 제시하면서 'ing'로 끝나는 단어(예 ___ing)와 단어의 여섯 번째 낱자가 'n'인 단어(예 ___n)의 양을 추정하도록 한 실험에서 대다수의 학생들이 'ing'로 끝나는 단어가 더 많다고 추정하였다. 물론 단어의 여섯 번째 낱자가 'n'인 단어보다 'ing'로 끝나는 단어가 더 많을 수 없음은 명확하다.

③ **기준점과 조정 어림법(anchoring and adjustment heuristic)**

    ㉠ 기준점과 조정 어림법은 어디서부터 시작하는가 또는 기준점을 무엇으로 잡았느냐에 따라 판단이 달라지는 현상을 의미한다.

> 다음 수식을 5초 내로 예상해서 대답하시오.
>
> - A조건 : $8 \times 7 \times 6 \times 5 \times 4 \times 3 \times 2 \times 1 = ?$
> - B조건 : $1 \times 2 \times 3 \times 4 \times 5 \times 6 \times 7 \times 8 = ?$
>
> A조건의 평균예측치는 '2,250'인 반면, B조건의 평균예측치는 '512'였다.

    ㉡ 두 산수문제의 경우 동일한 숫자로 이루어져 있기 때문에 정답은 동일해야 한다. 하지만 앞쪽에 제시된 숫자가 기준점이 되어 최종값을 추정하는데 영향을 미친 것이다. 즉, 특정 참조점을 사용하여 대상에 대한 평가를 조정한 것이다.

(3) 편향(bias) 중요 ★★

① **착각적 상관(illusory correlation)**

    ㉠ 사람들이 실제로는 두 사건 간에 아무런 상관이 없음에도 불구하고 상관이 있다고 생각하기 때문에 발생하는 오류를 의미한다.

    ㉡ 이러한 기대는 고정관념(stereotype)의 형태를 취하기도 한다. 고정관념은 특정 집단의 소속판단에 근거하여 집단 구성원의 특성을 판단하는 것을 의미한다. 예를 들어, 특정 정치 집단에 속하는 사람들이 지적으로 뛰어나고 기대하게 되면 그러한 특성을 보이는 사례를 더 쉽게 기억하게 된다. 그 결과 그 정치 집단과 특성 간의 상관을 착각적으로 지각하게 되고 그 집단에 대해 고정관념을 갖게 된다.

② **매몰 비용 오류(sunk-cost fallacy)**

    ㉠ 매몰 비용 오류는 이전에 투자한 것을 회수하기 위해 손해가 남에도 불구하고 투자를 계속하는 결정을 내리는 것을 의미한다.

    ㉡ 예를 들어 극장에 영화를 보러 갔을 때 영화가 너무 재미없음에도 불구하고 영화표 비용이 아까워 끝까지 영화를 보거나, 장사가 거의 되질 않음에도 불구하고 초기 투자비용이 아까워서 끝까지 장사를 계속하는 경우가 해당한다.

③ **사후 판단 편향(hind sight bias)**

    ㉠ 사람들이 상황을 되돌아볼 때 자신은 어떤 특정 결과를 가져온 모든 징후와 사건들을 사전에 알아보았다고 믿는 경우를 의미하며 '나는-이미-알고-있었어 현상(I-knew-it-all-along phenomenon)'으로 부르기도 한다.

    ㉡ 예를 들어 특정 심리학 실험의 결과를 예측하도록 하면 우연 수준으로 잘 알아차리지 못하지만, 실험의 결과를 알려주면 쉽게 예측할 수 있다고 말을 한다. 또는 주변 사람이 어떤 문제가 발생하기 전까지는 전혀 알아차리지 못하지만, 위기 사건이 발생된 후에야 그 때의 문제들을 알고 있었다고 이야기하는 경우가 해당한다.

(4) 어림법과 편향의 의의

① 일상생활에서 쉽게 판단과 의사결정에 오류를 보이며, 옳은 판단을 위해선 충분한 시간과 정신적 노력을 기울여 판단을 해야 한다.

② 판단과 의사결정에 있어서 과신을 피하고 가용한 다양한 대안에 대해 신중히 생각을 해야 함을 보여준다.

제 **4** 장 추리

제 1 절 추리의 특징

1 추리의 개념

(1) 추리(reasoning)

① 추리는 주어진 전제의 가정에 근거하여 어떤 결론을 얻고자 하는 경우에 발생하는 사고 과정을 의미한다.

② 세상은 우리에게 완벽한 정보를 주지 않기 때문에 주어진 정보를 바탕으로 그 이상을 하도록 하는 과정이 필요하다.

(2) 추리의 종류

① 연역추리(deductive reasoning)는 일반적 혹은 보편적 사실에 근거하여 결론을 도출하는 사고로서 보편적 전제에 근거하므로 하향적 추리(top-down reasoning)로 불린다.

② 귀납추리(inductive reasoning)는 확증되지 않은 전제 사실에서 결론을 유도해 내는 일종의 가설검증의 사고로서 관찰된 사실에 근거하여 보편적인 결론을 유도하므로 상향적 추리(bottom-up reasoning)로 불린다.

2 연역추리와 귀납추리의 차이점 중요 ★

(1) 전제에서의 결론 도출 과정

연역추리와 귀납추리는 전제에서 도출되는 결론이 결정론적이냐 혹은 확률적이냐에 따라 다르다.

연역추리 특징	귀납추리 특징
• 전제들이 참이면 결론 또한 항상 참이다. • 일반적인 원리를 특수한 사례에 적용하는 추리이다.	• 전제들이 참이더라도 결론이 참이 아닐 수 있다. • 몇몇 사례에서 관찰된 것을 토대로 일반 원리를 생성하는 추리이다.

(2) 신경학적 증거

① 참가자들에게 두 유형의 추리 과제를 수행하도록 한 뒤, PET(양전자 방출 단층 촬영술)을 통해 활성화되는 양상을 연구한 결과 연역추리는 우반구의 활성화를 더 크게 일으킨 반면, 귀납추리는 좌반구의 활성화를 더 크게 일으켰다(Parson & Oscherson, 2001).

② 이와 같은 뇌 활성화의 차이는 연역추리는 언어와 비교적 독립적인 논리적 분석을 포함하는 반면, 귀납추리는 언어에 기반을 둔 이해와 추리과정이 요구된다는 사실과 관련되어 있다.

제 **2** 절 　 **연역추리**

1 　연역추리의 개념

(1) 연역추리의 특징 중요 ★★

① 하나 또는 두 개의 일반적인 진술로부터 논리적으로 확실한 결론에 이르는 추리 과정이다.

② 일반적인 것에서 구체적인 것으로 진행되며, 전제들이 참이면 결론은 항상 참인 것이 보장되는 연역적으로 타당한 추리이다.

③ 전제에 없는 내용이 결론에 추가되지 않는다.

④ 대표적으로 **조건추리**(conditional reasoning)와 **삼단논법추리**(syllogistic reasoning)가 있다.

2 　조건추리 중요 ★★

(1) 조건추리(conditional reasoning)의 특징

① 연역추리의 주된 유형으로, 추론자는 **조건명제**(conditional proposition)에 기초해 결론을 도출한다.

② 조건명제는 어떤 사실의 인과관계를 기술할 때 사용되는 것으로 기본적으로 'p이면 q이다'의 형태로 표현된다. 예를 들어, "만약 학생들이 열심히 공부한다면, 그들은 좋은 성적을 받을 것이다."와 같이 선행 사건인 p가 충족되면, 결과 사건인 q가 나타난다고 진술한다.

③ 어떤 상황에서는 조건명제를 만들고 잘 추론된 결론을 도출해내기도 한다(p이면 q이다. p. 그러므로 q이다). 예를 들면, "만약 학생들이 우유를 먹는다면, 그들은 시험에서 좋은 성적을 받을 것이다. 그들은 우유를 먹었다. 그러므로 좋은 성적을 받는다."의 형식이다.

④ 추리의 **연역적 타당성**(deductive validity)은 참(진리)과 동일한 것은 아니다. 실제로는 전혀 참이 아니지만 연역적으로 타당한 결론에 도달할 수 있다. 결론이 참인지는 전제의 진실 여부에 달려 있다.

(2) 조건추리의 유형

① 조건추리에서 네 가지 추리 문제가 가능하며, 네 가지 조건추리 문제 중 두 가지 문제만 연역적으로 타당한 결론이 있다.

② 조건명제가 'p이면 q이다'일 때, 'p'를 '전건(antecedent)', 'q'를 '후건(consequent)'이라 부른다.

유형	조건명제(전제1)	제시조건(전제2)	추리(결론)	타당성 여부
긍정논법 (전건긍정)	p이면 q이다 (어머니이면 자식이 있다)	p이다 (영희는 어머니이다)	∴ q이다 (따라서 자식이 있다)	연역적으로 타당
부정논법 (후건부정)	p이면 q이다 (어머니이면 자식이 있다)	q가 아니다 (영희는 자식이 없다)	∴ p가 아니다 (따라서 어머니가 아니다)	
전건부정	p이면 q이다 (어머니이면 자식이 있다)	p가 아니다 (영희는 어머니가 아니다)	∴ q가 아니다 (따라서 자식이 없다)	연역적으로 오류
후건긍정	p이면 q이다 (어머니이면 자식이 있다)	q이다 (영희는 자식이 있다)	∴ p이다 (따라서 어머니이다)	

③ 조건명제와 전건의 긍정이 전제로 주어지는 긍정논법에서는 후건의 긍정이 타당한 결론이 된다. 또한 조건명제와 후건의 부정이 전제로 주어지는 부정논법에서는 전건의 부정이 타당한 결론이 된다.

④ 조건명제와 전건의 부정이 전제로 주어지는 전건부정 추리 문제에서는 타당한 결론이 없으며, 이와 같은 전건부정 추리에서 후건의 부정을 타당한 결론으로 받아들이는 경향을 '전건부정의 오류 (fallacy of negating the antecedent)'라 한다.

⑤ 조건명제와 후건의 긍정이 전제로 주어지는 후건긍정 추리 문제에는 타당한 결론이 없으며, 이와 같은 후건긍정 추리에서 전건의 긍정을 타당한 결론으로 받아들이는 경향을 '후건긍정의 오류 (fallacy of affirming the consequent)'라 한다.

⑥ 사람들이 연역적 타당성이 없는 전건부정의 오류와 후건긍정의 오류를 범한다는 것은 조건명제를 등가로 이해하는 경향이 있음을 시사한다. 즉, 'p이면 q이다'의 조건문을 '오직 p일 때만 q이다'와 같은 쌍조건절로 이해하는 경향이 있다는 것이다.

(3) 웨이슨(wason, 1968)의 선택과제

① 웨이슨(wason)은 추상적인 조건추론 과정을 알아보기 위해 선택과제 실험을 실시하였다.

② 참가자에게 제시된 네 장의 카드에는 한쪽 면에 숫자(짝수 또는 홀수), 다른 반대편 쪽에는 영어 낱자(자음 또는 모음)가 적혀 있었으며, 조건명제가 참인지 거짓인지를 판단하기 위해 참가자는 네 장의 양면 카드 가운데 어떤 카드를 뒤집어 보아야 하는지를 선택하도록 하였다.

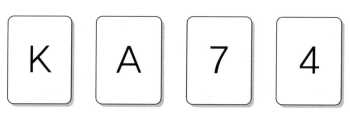

[웨이슨(wason)의 선택과제]

③ '만약 한 면에 자음이 있다면, 그 카드의 다른 면에는 짝수가 있다.'와 같은 조건문을 제시한 뒤 이 조건문의 타당성을 검증하기 위해 어떤 카드를 뒤집어야 하는지 결정하도록 하였다. 이때 참가자는 조건문을 검증하기 위해 필요한 정확한 수의 카드를 뒤집어야만 하며, 진술의 타당성을 검증하지 못하는 카드를 뒤집어서는 안 된다.

④ 사실 이 과제는 조건문의 연역적 타당성 여부를 검증하기 위해서 두 가지 검증, 즉 긍정논법(전건긍정)과 부정논법(후건부정)이 요구된다. 참가자는 자음이 있는 카드를 뒤집어서 짝수가 있는지를 보고(전건긍정), 홀수카드를 뒤집어 다른 면에 모음이 있는지 확인해야 한다(후건부정). 즉 'K' 카드와 '7' 카드를 뒤집어 확인하면 된다.

⑤ 따라서 다른 두 가지 가능한 검증을 위해 모음카드를 뒤집거나(전건부정), 짝수카드를 뒤집어 볼 필요가 없다(후건긍정). 전건이 참인 경우와 후건이 거짓인 경우에만 카드 뒷면이 참이냐 거짓이냐에 따라 조건명제의 진릿값이 달라지기 때문이다.

⑥ 실험 결과 모든 연령대에서 대부분의 사람들이 전건긍정을 인식하고 적용하는 데 어려움을 보이지 않은 반면('K' 카드 뒤집어 확인하기), 후건부정을 추론할 필요를 인식하는 사람은 거의 없었다('7' 카드를 뒤집어 확인하기).

유형	조건명제(전제1)	제시조건(전제2)	추리(결론)	타당성 여부
긍정논법 (전건긍정)	p이면 q이다 (만약 한 면에 자음이 있다면, 다른 면에는 짝수가 있다)	p이다 (한 면에 자음이 있다)	∴ q이다 (다른 면에 짝수가 있는가?)	연역적으로 타당
부정논법 (후건부정)	p이면 q이다 (만약 한 면에 자음이 있다면, 다른 면에는 짝수가 있다)	q가 아니다 (한 면에 홀수가 있다)	∴ p가 아니다 (다른 면에 모음이 있는가?)	
전건부정	p이면 q이다 (만약 한 면에 자음이 있다면, 다른 면에는 짝수가 있다)	p가 아니다 (한 면에 모음이 있다)	∴ q가 아니다 (다른 면에 홀수가 있는가?)	연역적으로 오류
후건긍정	p이면 q이다 (만약 한 면에 자음이 있다면, 다른 면에는 짝수가 있다)	q이다 (한 면에 짝수가 있다)	∴ p이다 (다른 면에 자음이 있는가?)	

(4) 일상에서의 조건추리

① 그릭스와 코스(Griggs & Cox, 1982)는 추상적인 연역추론 문제를 일상의 조건에 적용할 수 있는 문제로 바꾸어 상황적 정보가 미치는 영향을 검증하였다. 웨이슨의 선택과제와 유사하지만 문제를 논리적으로 제시하지 않고 일상적인 사례를 적용하였다.

② 참가자들이 술을 마시는 법적 나이와 관련하여 단속하는 일을 집행하는 경찰이라 가정하게 한 뒤, '어떤 사람이 맥주를 마시고 있다면, 그 사람의 나이는 반드시 19세를 넘어야 한다.'를 확인하도록 시켰다. 즉 '만약 카드의 한 면이 맥주이면, 다른 면은 19세 이상이어야 한다.'를 확인하는 것이었다.

③ 제시된 네 장의 카드에는 한쪽 면에는 음료(맥주 또는 콜라), 다른 반대편 쪽에는 나이(22 또는 16)가 적혀 있었으며, 참가자는 조건문을 검증하기 위해 네 장의 카드 중 반드시 필요한 카드를 뒤집어야 했다.

[일상에서의 조건추리]

④ 이 과제에서도 조건문의 연역적 타당성 여부를 검증하기 위해서는 긍정논법(전건긍정)과 부정논법(후건부정)이 요구되며, 그에 따라 '맥주 카드'(긍정논법)와 '16세 카드'(부정논법)를 선택하면 된다.

⑤ 즉, 한 면이 맥주인 경우 다른 면이 22세인지 아니면 16세인지에 따라 진술의 타당성이 달라지며, 한 면이 16세인 경우 다른 면이 맥주인지 콜라인지에 따라 진술의 타당성이 달라진다. 결국 한 면이 맥주이면 다른 면은 22세인지(긍정논법), 한 면이 16세이면 다른 면은 콜라인지를(부정논법) 검증하면 되는 것이다.

⑥ 실험 결과 웨이슨의 추상적인 연역문제와 달리 참가자의 72%가 옳은 수행을 보였다. 또한 추가 실험에서는 개연성에 대한 믿음이 사람들의 부정논법을 선택하는지에 영향을 준다는 사실을 발견했다. 예를 들어 '4세 카드'보다는 '18세 카드'를 더 확인하는 행동을 보였다. 이와 같이 조건명제의 내용에 따라 조건추리의 수행이 변하는 현상을 **내용효과**(content effect)라 한다.

3 삼단논법추리 [중요] ★

(1) 삼단논법추리(syllogistic reasoning)의 특징

① **삼단논법**(syllogism)은 두 개의 전제에서 결론을 도출하는 연역적 논법으로, 삼단논법추리는 전제에서 직접 관련짓지 않았던 항목들 간의 관계에 대해 결론을 내리거나 주어진 결론이 연역적으로 타당한지를 판단하는 추리를 의미한다.

② 모든 삼단논법추리는 대전제, 소전제, 그리고 결론으로 구성되어 있으며, 참으로 간주되는 2개의 전제에서 필수적으로 귀납되는 결론이 어떤 결론인지를 평가하는 작업으로 전개된다.

③ 이들 전제는 실제 세계에서 말이 되든지 되지 않든지 간에 참으로 간주된다. **타당한 연역적 결론**(valid deductive conclusion)이란 대전제와 소전제가 참일 때는 반드시 참이어야만 하는 결론을 말한다.

⚠️ 더 알아두기 🔍

삼단논법에 의한 연역추리의 진술문 해석

예시 1	• 대전제 : 모든 사람은 죽는다. • 소전제 : 대통령은 사람이다. • 결론 : 그러므로 대통령은 죽는다.
예시 2	• 대전제 : 모든 개들은 짖는다. • 소전제 : 고양이는 개가 아니다. • 결론 : 그러므로 고양이들은 짖지 않는다.
예시 3	• 대전제 : 모든 남자들은 죽는다. • 소전제 : 신사임당은 남자가 아니다. • 결론 : 그러므로 신사임당은 죽지 않는다.

예시 1의 경우 결론은 앞선 전제인 두 논증이 참이면 참이어야 하는 결론이다.

예시 2의 경우 결론이 전제로부터 나오지 않는다. 다만, 그 논증이 세상에 대한 사전지식과 일치하므로 참으로 보인다.

예시 3의 경우 논증의 구조가 사람들이 알고 있는 것과는 반대인 결론을 유도하여 거짓에 이르게 된다.

---

(2) 범주삼단논법추리(categorical syllogism reasoning)

① 범주삼단논법은 삼단논법 중 가장 잘 알려진 대표적 유형으로, 전제가 항목들의 범주 소속에 대한 것을 진술하는 것이다.

② 전형적인 범주삼단논법추리에서는 전제에 집단에 얼마나 많은 구성원들이 고려되고 있는지에 대한 정보를 제공해 주는 **양화사(量化詞, quantifier)**가 포함된다. 양화사는 '모든(all)', '어떤(some)', '어느 ～도 아니다(no)', '어떤 ～는 아니다(some～not)'로 이루어져 있으며, 네 종류의 양화사 중 하나를 이용하여 두 항목 간의 관계를 기술한 전제를 두 개 주고 이 두 전제에서 직접 연결되지 않았던 항목 간의 관계에 대해 추리한다.

범주 진술문	예시
(ㄱ) 모든 a는 b이다.	모든 의사는 부유하다. (All doctor are rich.)
(ㄴ) 어떤 a는 b이다.	어떤 변호사는 미남이다. (Some lawyers are handsome.)
(ㄷ) 어느 a도 b가 아니다.	어느 정치가도 신뢰할 만한 사람이 아니다. (No politician is trustworthy.)
(ㄹ) 어떤 a는 b가 아니다.	어떤 배우들은 미남이 아니다. (Some actors are not handsome.)

③ (ㄱ)은 한 항목의 모든 구성원에 대한 긍정진술로서 **전칭 긍정진술(universal affirmative statement)**이며, (ㄴ)은 한 항목의 일부 구성원에 대한 긍정진술로서 **특칭 긍정진술(particular affirmative**

안심Touch

statement)이다. (ㄷ)은 한 항목의 모든 구성원에 대한 부정진술로서 **전칭 부정진술**(universal negative statement)이며, (ㄹ)은 한 항목의 일부 구성원에 대한 부정진술로서 **특칭 부정진술** (particular negative statement)이다.

④ 범주삼단논법추리에서는 두 전제에 양화사가 어떤 순서로 사용되었는지, 전제에 어떤 항목들이 어떤 순서로 배열되었는지에 따라 결론의 양상이 달라진다. 또 결론이 그럴싸하냐에 따라 추리 양상이 달라지며, 문화에 따라서도 차이가 있을 수 있다.

   ㉠ 두 전제에서 양화사의 순서 영향

      ⓐ '어떤 a는 b이다. 모든 b는 c이다.'라는 두 개의 전제에 대해 '따라서 어떤 a는 c이다.'라는 결론은 타당하다.

      ⓑ '모든 a는 b이다. 어떤 b는 c이다.'라고 바꾸면 a와 c는 관련된 타당한 결론이 없음에도 불구하고 사람들은 '어떤 a는 c이다.'라는 타당하지 않은 결론을 내리는 경우가 많다.

   ㉡ 형상효과(figure effect)

      ⓐ 항목의 배열 순서가 삼단논법추리에 영향을 미치는 효과로, 전제의 형상에 따라 사람들이 내리는 결론의 형태와 타당한 결론을 내리는 정도가 다르다는 사실을 반영한다.

      ⓑ 두 전제에서 공통적으로 나오는 중간항(매개항)을 b라 하고, 첫 번째 전제의 나머지 항을 a, 두 번째 전제의 나머지 항을 c라 한다면, 두 전제는 [a-b, b-c]의 전제 형상에서는 '어떤 a는 c이다'와 같이 'a-c' 순으로 결론을 내리는 경향이 있고, [b-a, c-b]의 전제 형상에서는 '어떤 c는 a이다'와 같이 'c-a' 순으로 결론을 내리는 경향이 있다. 반면 [a-b, c-b], [b-a, b-c]에서는 특별한 경향이 나타나지 않는데, 타당한 결론을 내리는 비율도 경향성을 가진 앞선 두 형상에서 상대적으로 높게 나타난다.

   ㉢ 그럴싸함효과(believability effect)

      ⓐ 결론이 그럴싸해 보임에 따라 내용이 범주삼단논법추리에 영향을 주는 효과를 의미한다. 즉, 사람들이 잠정적으로 내린 결론이 그럴싸해 보일 경우 잠정적인 결론에 위배되는 사례가 없는지를 살펴보지도 않은 채 이를 타당한 결론으로 받아들이는 경향을 말한다.

> • 전제 1 : 모든 프랑스 사람들은 포도주를 마신다.
> • 전제 2 : 포도주를 마시는 사람 중의 어떤 사람들은 미식가이다.

      ⓑ 전제 1, 2를 주면 '어떤 프랑스 사람들은 미식가이다.'를 타당한 결론으로 받아들이지만, 전제 3, 4를 주면 '타당한 결론이 없다.'는 결론을 선택한다.

> • 전제 3 : 모든 프랑스 사람들은 포도주를 마신다.
> • 전제 4 : 포도주를 마시는 사람 중의 어떤 사람들은 이태리 사람이다.

      두 문제 모두 '모든 a는 b이다. 어떤 b는 c이다.'라는 전제에 대해 '어떤 a는 c이다.'라는 결론을 내리고 있다. 하지만 a, b, c에 어떤 내용이 들어가느냐에 따라 결론의 타당성 여부가 달라진다.

      ⓒ 사람들은 항상 논리적으로 추론을 하는 것이 아니라 결론이 그럴싸하지 않은 경우에만 분석적인 추리를 한다는 것을 보여준다.

ⓔ 분위기가설(atmosphere hypothesis)

    ⓐ 분위기가설이란 전제에 포함된 양화사가 특정한 결론을 이끌도록 분위기를 형성한다는 것이다.

    ⓑ 양화사는 앞서 언급한 바와 같이 전칭 양화사(모든 ~이다, 어느 ~도 아니다)와 특칭 양화사(어떤 ~이다, 어떤 ~는 아니다), 긍정 양화사(~이다)와 부정 양화사(~ 아니다)의 두 가지 차원으로 구분되는데, 여러 전제 중 하나에서 특칭 양화사가 사용되면 결론을 특칭으로, 여러 전제 중 하나에서 부정 양화사가 사용되면 결론을 부정으로 내리려는 분위기가 만들어지게 된다.

    ⓒ 분위기가설에 따른 수행은 엄밀한 의미에서 추리라 보기 어렵지만, 사람들이 내리는 결론의 양상은 상당부분 분위기가설에 부합한다. 다만, 이 가설은 사람들이 많은 범주삼단논법추리 문제에 '타당한 결론이 없다'는 결론을 내리는 현상이나 형상효과를 설명하는 데에 어려움이 있다.

제 3 절   귀납추리

1   귀납추리의 개념

(1) 귀납추리(inductive reasoning)의 특징 중요 ★★

① 특정한 사실이나 관찰에서 사실을 설명할 것이라고 여겨지는 결론에 이르는 추리과정이다.

② 구체적인 사례를 통해서 일반적인 결론으로 진행되며, 결론은 귀납적 강도를 가질 뿐 결코 참이라는 것이 보장되지 않고 확률적인 값만을 가진다.

③ 전제에 없는 내용이 결론에 주어지기 때문에 의미적인 정보가 증가하는 특징이 있으며, 확증되지 않은 전제 사실로부터 결론을 유도해내는 일종의 가설검증 사고가 특징이다.

④ 귀납추리에는 가설검증, 인과추리, 범주추리, 유추추리 등이 있다.

2   가설검증 중요 ★

(1) 가설검증(hypothesis testing)의 단계

① 귀납추리에는 몇 개의 사례를 바탕으로 일반원리를 도출하는 추리가 포함되는데, 가설형성 단계와 가설검증 단계를 거치게 된다.

② 가설형성은 귀납적 결론을 형성하는 단계로 어떤 세부특징들이 그 가설에 적절한지, 그리고 세부특징들이 어떻게 관련되는지를 파악하는 단계이며, 가설검증은 가설의 결론이 맞는지 판단하는 단계이다.

(2) 가설형성(hypothesis formation)

① 브루너(Bruner) 등은 가설형성에 관한 고전적 실험을 하였다. 실험에 사용된 자극판은 대상의 수 (1개/2개/3개), 윤곽선 수(1개/2개/3개), 형태(십자가/원형/사각형), 색깔(흰색/검정색/회색) 등 네 가지 차원의 속성들로 구분된다. 실험 참가자들은 제시되는 일련의 예들을 보고 그것이 기술하는 정확한 개념을 찾도록 지시받았다.

② 브루너의 실험을 통해 나타난 세부특징들의 규칙은 **결합개념**(conjunctive concept), **분리개념** (disjunctive concept), **관계개념**(relational concept)으로 설명된다.

③ 사실 이 문제에서 개념을 파악하기 위해서는 어떤 세부특징이 적절한지를 결정하고, 그 특징들을 연결 시키는 규칙의 종류를 발견하는 것이 중요한데, 전자의 문제는 속성파악(attribute identification), 후 자의 문제는 **규칙학습**(rule learning)과 연관된다.

개념 유형	규칙과 예	자극판의 예
결합개념 (conjunctive concept)	• 2가지 이상 속성들의 결합 혹은 접속(→ and)으 로 형성된 개념 예 두 개의 대상과 십자가	
분리개념 (disjunctive concept)	• 어떤 차원의 한 값 또는(→ or) 다른 차원의 어떤 값을 가지고 있느냐에 따라 정의된 개념 예 두 개의 윤곽선 또는 원	
관계개념 (relational concept)	• 두 차원 간의 관계에 의해 정의된 개념 예 동일한 윤곽선의 수와 대상의 수	

(3) 가설검증(hypothesis testing)

① 귀납적 사고를 통해 자신의 가설이 맞음을 증명할 수 있는 방법은 반증(反證)을 통해서이다. 반증은 자신이 옳지 않다고 생각하는 것이 잘못되었다는 것을 보여줌으로써 자신의 가설이 잠정적으로 옳 음을 보여준다.

② 하지만 많은 연구들을 통해 사람들이 가설검증을 할 때 그 가설을 반증하기보다는 확증하려는 경향 을 보인다는 사실이 들어났다. 이러한 자신의 가설을 확증하려는 증거만을 찾고 그렇지 않은 증거를 무시하는 경향을 **확증편향**(confirmation bias)이라 부른다.

㉠ 웨이슨(Wason, 1960)은 이러한 확증편향의 경향을 증명하기 위해 참가자들에게 '2-4-6'의 숫 자열을 제시한 뒤, 그 숫자열을 구성하는 규칙이 무엇인지 알아내도록 요구하였다. 웨이슨이 실 제 정한 규칙은 '오름차순에 의한 숫자열'이었다.

㉡ 참가자들은 자신의 가설을 증명하기 위해 다른 숫자열을 만들어 낸 뒤, 규칙과 일치하는지에 대 한 피드백을 받았다. 실험 결과 다수의 참가자들이 자기의 잠정적 가설을 검증하기 위해 반증의 논리를 사용하는 것이 아니라 자기의 가설을 확증하는 방식의 전략을 사용하였다.

㉢ 즉, 대다수의 참가자들은 그 수치가 매번 2씩 커진다는 규칙을 선택했고, 이 가설을 검증하기 위해 2씩 증가하는 배열들을 계속 제안하는 모습을 보였다. 즉, 2씩 증가하는 수열이라 생각했다 면 이를 따르지 않는 예를 만들어서 확인해 보아야 함에도 불구하고, 대부분 자기의 가설에 의해 구성될 수 있는 예를 만들어 피드백을 받으려 하였다.

② 이러한 결과는 귀납추리를 할 때 반증의 논리를 별로 사용하지 않음을 보여주는 것으로, 사람들이 자기의 가설을 확증하기 위한 확증편향이 아주 강력하게 작용함을 보여준다.

[웨이슨(Wason, 1960)의 가설검증 실험]

3 유추추리 중요★

(1) 유추추리(analogical inference)의 특징

① 유추추리란 일상에서 흔히 사용되는 귀납추리로서 친숙한 영역에서의 정보를 이용해 덜 친숙한 영역의 문제를 추리하는 것을 의미한다.

② 유추는 기억에 저장된 것 중에서 현재 입력과 유사한 개념 및 항목을 활성화시키며, 이러한 활성화를 통해 주어진 상황에서 일어날 가능성이 높은 것을 예측할 수 있도록 한다.

③ 유추추리는 관계성에 대한 지식의 정도나 유추가 이루어지는 맥락 등에 의존하는 경향성이 있다.

(2) 유추추리의 난이도

> 바다 : 땅 = 수평선 : (   )
>
> → 첫 번째 쌍의 바다와 땅의 관계성 파악을 통해 두 번째 수평선의 옆 빈칸에 '지평선'이 들어갈 것이라 추리

① 유추추리는 관계성에 대한 지식의 정도나 유추가 이루어지는 맥락 등에 의존하는 경향성이 있다.

② 항목들에 대해 얼마나 잘 아는지, 첫 번째 쌍에서 관계성을 찾아내기가 얼마나 쉬운지, 두 번째 쌍에서 빈칸에 해당하는 항목들이 얼마나 많을 수 있는지와 항목들이 얼마나 쉽게 떠오르는지 등에 따라 유추추리의 난이도가 달라질 수 있다.

4 범주추리 중요 ★

(1) 범주추리(categorical inference)의 특징

① 범주에 관한 지식이 있으면 이를 기초로 귀납적 추리를 할 수 있다. 특히 어떤 대상이 특정 속성을 가지고 있는지에 관한 속성추리 시 범주 정보를 이용한 추리를 많이 사용한다.

> 철갑상어는 주로 무엇을 먹을까?

→ 철갑상어는 상어의 종류이고 상어들은 대부분 다른 어류를 잡아먹으니까 다른 물고기를 잡아먹을 것이라고 결론

② 가끔 이런 귀납은 틀리기도 하지만 많은 경우 미지의 사건에 대해 유익한 추측을 할 수 있게 한다. 그리고 이전에 습득한 지식은 그 추리가 얼마나 그럴 듯하게 만들어졌는지 주관적으로 판단하는 데 큰 영향을 미친다.

> 철갑상어는 바다에 사는 상어와 전혀 관련이 없는 담수어류로서 평균수명이 약 150여 년으로 알려져 있으며 주로 수서곤충, 게 등을 먹는다. 우리나라에는 한강, 금강, 영산강 하구에 가끔 출현하는 것으로 알려져 있다.

(2) 범주추리의 종류

① 범주추리에는 **일반귀납**(general induction)과 **특수귀납**(specific induction)이 있다.

② 일반귀납은 전제로 하는 범주의 특징을 상위범주에 적용하는 추리이다. 예를 들어, "카나리아는 깃털이 있다."를 통해 "새는 깃털이 있다."를 추리하는 것이다. 일반귀납은 전제로 하는 범주가 전형적일수록 추리에 대한 확증도가 높다.

일반귀납	하위범주에서 상위범주에 대해 귀납하는 경우
현상 1 전제의 전형성	전제 범주가 전형적일수록 확증도가 높다. 예 제비/조류 〉 타조/조류
현상 2 전제의 다양성	전제 범주가 다양할수록 확증도가 높다. 예 하마 · 햄스터/포유류 〉 하마 · 코뿔소/포유류
현상 3 전제의 사례 증가성	전제 숫자가 많을수록 확증도가 높다. 예 물오리 · 참새 · 독수리/조류 〉 참새 · 독수리/조류
현상 4 결론의 특수성	결론 범주가 특수할수록 확증도가 높다. 예 참새 · 매/조류 〉 참새 · 매/척추동물

※ /의 왼쪽은 전제 범주, /의 오른쪽은 결론 범주를 나타낸다. 〉는 왼쪽의 추리가 오른쪽 추리보다 확증도가 높다는 것을 나타낸다.

③ 특수귀납은 전제로 하는 범주의 특징을 같은 수준의 범주에 적용하는 것을 의미한다. 특수귀납은 전제와 결론의 범주가 유사할수록 추리의 확증도가 높아진다.

특수귀납	동일계층의 범주 사이에서 귀납하는 경우
현상 1 전제와 결론의 유사성	전제 범주와 결론 범주가 유사할수록 확증도가 높다. 제비 · 매/참새 > 제비 · 매/집오리
현상 2 전제의 다양성	전제 범주가 다양할수록 확증도가 높다. 사자 · 기린/토끼 > 사자 · 호랑이/토끼
현상 3 전제의 사례 증가성	전제 숫자가 많을수록 확증도가 높다. 여우 · 돼지 · 이리/고릴라 > 돼지 · 이리/고릴라

5 인과추리 중요★

(1) 인과추리(causal inference)의 특징

① 인과추리는 어떤 것이 다른 것을 초래하는지에 관하여 사람들이 판단을 내리는 방식을 살펴보는 것이다. 이미 일어난 일을 설명하거나, 앞으로 일어날 일을 예측할 때 근거가 되는 추리이다.

② 시간에 따른 공변(covariation)은 우선 한 사건이 발생한 후 다른 사건이 발생하는 것을 관찰할 때 인과성을 추론할 가능성이 높음을 시사한다. 즉, 두 사건이 충분히 짝을 이루어 발생하는 것을 관찰하게 되면, 앞선 사건이 뒤이을 사건을 초래한 것으로 믿게 된다.

(2) 인과추리의 유형

① **일치법(method of agreement)**

㉠ 결과사상(event)이 일어날 때마다 항상 존재하는 원인 후보사상을 원인으로 귀납하는 방법이다.

㉡ 특정 사건이 일어났을 때 하나의 원인 후보사상만이 항상 있었다면 그 후보사상을 원인이라고 귀납한다. 예를 들어 홍수가 날 때마다 비가 많이 왔다면 홍수의 원인을 비가 많이 왔기 때문으로 귀납하는 것이다.

② **차이법(method of different)**

㉠ 결과사상이 일어났던 경우와 결과사상이 일어나지 않았던 경우를 비교했을 때, 어떤 원인 후보사상의 존재 여부만이 달랐다면 그 후보사상이 결과사상의 원인이라고 귀납하는 방법이다.

㉡ 실험집단과 통제집단의 수행을 비교하는 실험연구에서 사용하는 가설검증의 한 방법이다.

(3) 인과추리 과정에서의 오류

① 원인사상과 결과사상이 같이 존재하거나 둘 다 없을 경우엔 인과추리를 하는 경향이 있지만, 원인사상이나 결과사상 중 하나만 있는 경우 인과적 관계가 없는 것으로 추리하는 경향이 있다.

② 단순 상관관계를 인과관계로 잘못 추리하는 경우도 있다.

③ 하나의 사건엔 여러 개의 원인이 있을 수 있음에도 불구하고 하나의 원인을 찾으면 더 이상 원인을 찾으려 하지 않는 경향이 있다.

제 5 장 전문성과 창의성

제 1 절 전문성

1 전문성의 개념

(1) 전문성(expertise)의 특징

① 전문성이란 잘 발달하고 조직화된 지식기반을 반영하는 높은 수준의 기술 또는 성취를 의미한다.

② 어떤 영역에서 보통 사람이 흔히 할 수 있는 수준 이상의 수행능력을 보이는 것으로, 일반적으로 매우 장기적이고 체계적인 훈련을 통해 획득될 수 있는 능력이다.

(2) 전문성의 연구

① 전문성과 관련한 인지심리학의 연구는 왜 전문성이 문제해결을 증진시키는지, 그리고 전문가가 초보자들보다 더 효율적으로 문제를 해결하는지에 집중되어 있다.

② 또한 이러한 능력이 타고난 재능인지 아니면 습득된 기술인지 파악하는 문제에도 관심을 갖는다.

2 전문성의 작용

(1) 지식의 조직과 정교화

① 체이스와 사이먼(Chase & Simon, 1973)은 체스 전문가와 초보자에게 체스말이 놓여 있는 체스판을 잠깐 보여준 뒤 판 위의 말들을 기억해내도록 하였다.

② 그 결과 일반적으로 전문가가 초보자보다 수행이 좋았다. 하지만 말들의 위치가 실제 체스 경기에서 의미 있는 경우에 한해서만 전문가의 수행이 좋게 나타났다. 즉, 말들이 의미 없이 무선적으로 흩어져 있는 경우에는 전문가 특성이 드러나지 않았다.

③ 전문가와 초보자의 주된 차이점은 체스 전문가들은 수만 개의 체스말 위치를 기억하고 조직화하고 있다는 점이다. 따라서 의미 있는 체스말의 배열을 보면 기억 속에 있는 지식을 이용해 다양한 말들의 위치가 통합되고 조직화된 지식의 단위로 기억하게 된다.

④ 반면 의미 없이 배열된 체스말은 전문적 지식이 소용이 없기 때문에 전문가들도 초보자들처럼 별개의 말의 위치를 하나씩 기억해야 해서 전문적 지식이 아무런 도움이 되지 못한다.

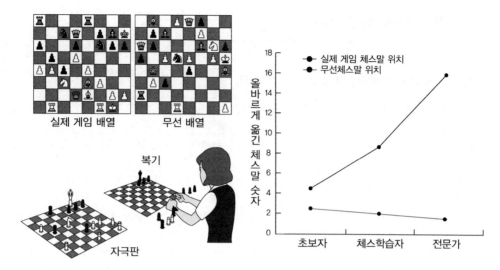

실제 게임 배열   무선 배열

복기

자극판

[체이스와 사이먼(Chase & Simon, 1973)의 체스말 옮기기 실험]

(2) 문제 이해하기

① 전문가는 문제를 어떻게 표상할지를 결정하는 데 초보자들보다 시간을 더 많이 보낸다. 즉, 전문가는 문제에서 주어진 정보를 기존의 도식과 비교하는 데 초보자들보다 상대적으로 시간을 더 많이 쓰는 것으로 나타났다.

② 하지만 해결책에 대한 전략을 실행하는 데 있어서는 초보자들보다 더 적은 시간이 걸리는 것으로 나타났다. 즉, 문제와 관련된 알맞은 내용을 찾으면 재빨리 문제전략을 인출하고 구현해내는 것이다.

(3) 자동화된 전문처리 중요 ★

① 자동화란 어떤 행동을 인식하고 자극과 반응을 처리하는 데 의식이나 주의가 거의 필요 없는 인지과정을 의미한다. 자동화의 과정은 빠르고 불수의적이며, 어떤 간섭도 받지 않는 과정이다. 일반적으로 초기엔 많은 정신적 노력이 요구되는 과제도 많은 연습과정을 통해 자동화가 이루어지게 된다.

② 문제해결을 위한 전략의 사용도 많은 연습을 통해 자동화가 이루어질 수 있다. 도식화(고도로 조직화되고, 풍부한 도식을 만드는 것), 자동화(일련의 단계를 의식적 통제를 거의 필요로 하지 않는 통합된 루틴으로 만드는 것) 과정을 통해 전문가는 제한된 작업기억 용량의 부담으로부터 벗어나 무한한 용량의 장기기억으로 옮겨 문제를 해결한다.

③ 자유롭게 된 작업기억은 문제를 해결하는 동안 진행 상태나 정확성을 더 잘 관찰할 수 있게 된다.

④ 반면 초보자들은 작업기억을 문제의 특성과 다양한 전략을 살피는 데 사용해야 하기 때문에 문제해결 과정에서 자신의 정확성과 진행 상태를 관찰하는 데 사용할 작업기억의 용량이 적어진다.

(4) 전문가와 초보자의 일반적 차이

전문가	초보자
영역에 대한 방대한 서술지식을 지닌 도식을 가지고 있다.	영역에 대한 서술지식이 상대적으로 적고 다소 빈약한 도식을 가지고 있다.
도식 내의 지식 단위는 잘 조직화되어 있고 고도로 상호 연관되어 있다.	지식 단위는 빈약하게 조직되어 있고, 느슨하게 연결되어 흩어져 있다.
문제전략을 찾고 실행하는 것보다 문제를 표상하는 것에 더 많은 시간을 사용한다.	문제의 표상보다는 전략을 찾고 실행하는 데 더 많은 시간을 사용한다.
문제들 간의 구조적 유사성에 기초한 정교한 문제표상을 구성한다.	문제들 간의 표면적인 유사성에 기초하여 다소 빈약하고 단순한 문제표상을 만든다.
주어진 정보로부터 전진풀기를 해서 알려지지 않은 것을 찾기 위한 전략을 구현한다.	알려지지 않은 것에 초점을 맞추어 역행풀기를 해서 알려진 정보를 사용할 수 있는 문제전략을 찾는다.
일반적으로 문제전략의 정교한 도식에 기초하여 전략을 선택한다. 수단-목표 분석은 보통의 문제와 다른 비전형적인 문제를 풀 때 예비 전략으로만 사용한다.	대부분의 문제를 풀 때 수단-목표 분석을 전략적으로 자주 사용한다. 때로는 문제전략에 대한 지식에 기초하여 전략을 선택한다.
도식은 영역의 문제전략에 대한 방대한 양의 절차 지식을 가지고 있다.	도식은 영역의 문제전략에 대해 상대적으로 적은 절차 지식을 가지고 있다.
문제전략의 많은 단계들이 자동화되어 있다.	문제전략의 어떠한 단계도 거의 자동화되어 있지 않다.
• 매우 효율적인 문제해결을 보인다. • 시간 제약이 있을 때 초보자보다 빨리 문제를 푼다.	• 상대적으로 비효율적인 문제해결을 보인다. • 전문가보다 문제를 늦게 푼다.
특정 문제의 난이도를 정확하게 예측한다.	특정 문제의 난이도를 정확하게 예측하지 못한다.
자신의 문제해결 전략과 과정을 신중하게 관찰한다.	자신의 문제해결 전략과 과정을 잘 관찰하지 않는다.
초기 문제표상과 맞지 않는 새로운 정보가 제공되면 더 적절한 전략을 찾는 데 융통성을 보인다.	초기 문제표상과 전략에 맞지 않는 새로운 정보에 대처하는 능력이 떨어진다.

제 2 절 **창의성**

1 창의성의 개념

(1) 창의성(creativity)의 특성

① 일반적으로 창의성은 독창적이고 가치가 있는 무엇인가를 생성하는 과정으로, 새로우면서도 적절한 산출물을 생성해낼 수 있는 능력을 의미한다.

② 창의성은 좁은 의미로는 많은 아이디어와 특출난 아이디어의 생성을, 넓은 의미로는 생각의 생산성 측면보다는 문제 상황에서 적절하고 유용하고 가치 있는 중요한 아이디어를 내는 것을 의미한다.

③ 과정으로서의 창의성은 아이디어를 어떻게 조합하고 연합하는가와 같이 인지적인 과정에 초점을 맞춘다.

(2) 창의성의 구성요소 중요 ★

구성요소	내용
민감성	주변 환경에 대해 민감한 관심을 보이고 체험 영역을 넓히려는 성향
유창성	주어진 자극에 대해 가능한 한 많은 아이디어를 생각해내는 능력
융통성	한 가지 방법에 집착하지 않고 다양한 접근방법을 취할 수 있는 태도
독특성	자신만의 독특하고 참신하고 새로운 아이디어를 산출해내는 능력
정교성	다듬어지지 않은 기존의 아이디어를 보다 치밀한 것으로 발전시키는 능력
자발성	문제 상황에서 아이디어를 스스로 자발적으로 산출하려는 태도
독자성	자신의 아이디어에 대한 가치를 인정하고 다른 사람의 평가에 구애받지 않으려는 성향과 태도
호기심 (집착성)	문제해결을 위해 다양한 정보를 수집하고 문제가 해결될 때까지 끈질기게 물고 늘어지는 성향
정직성	자신이 관찰한 것과 생각한 것을 꾸밈없이 받아들이려는 태도

2 창의성의 접근법

(1) 개인 성향으로서의 창의성

① 창의성을 독특한 사람들만이 지닐 수 있는 특별한 능력으로 본다.

② 창의성을 지닌 특별한 재능을 가진 사람들만의 것으로 한정지어 놓고 특별한 사람들이 따로 있다고 가정한다.

③ 특별한 창의적인 천재가 있다고 가정하기 때문에 실험적 연구가 아닌 사례 연구만 가능하다.

(2) 투자적 접근

① 투자적 접근은 창의적 기획에 투자하는 인지적 요인, 의욕적 요인, 환경자원으로 지능·지식·사고 양식·성격·동기·환경의 6가지 자원을 중요시 여긴다.

② 창의성을 투자의 개념으로 생각하고, 가능한 한 적게 투자하고 많은 결과를 낼 수 있어야 창의성으로 본다. 많이 투자하고 좋은 결과를 내는 것을 창의성이라 보지는 않는다.

(3) 인지적 접근

① 인지적 접근은 창의성을 타고난 독특한 능력이 아닌 인간의 일상적 사고, 일상적 생활에서 적용되는 하나의 인지적 과정의 하나로 본다.

② 즉, 창의성이란 특별한 사람만이 가지고 있는 특성이나 무의식이 작용해 처리되어 이루어지는 과정이 아닌, 모두가 지닌 인지적 심적 작용의 하나이다.

③ 경험과학으로서 창의성을 일반 인지의 하위 분야로 연구해야 하며, 실제로 인지심리실험의 접근, 신경과학적 접근, 컴퓨터 시뮬레이션을 통해 연구되고 있다.

3 창의적 과정

(1) 창의적 문제해결모형 중요 ★★

① 월러스(Wallas, 1926)가 제안한 초기 창의적 과정에 대한 대표적 모형이다. 다른 사고과정과 마찬가지로 창의적 사고도 시간상에서 진행된다고 가정하였다.

② 창의적 사고과정을 단순한 조작이나 과정으로 보고 크게 '준비, 부화, 깨달음, 실증'의 4단계로 나누었다.

③ 하지만 창의적 과정을 너무 단선적 과정으로 보았다는 한계가 있다. 이후 등장한 많은 모형들은 창의적 과정을 끊임없이 순환과 동시적 처리가 일어나는 복잡한 과정으로 보게 된다.

단계	내용
준비(preparation) 단계	공부하고 학습하고 해결책을 만들어내는 등 창작을 위한 노력이 필요한 과정이다.
부화(incubation) 단계	문제를 잠시 제쳐두고 다른 일을 해보는 단계를 의미한다.
깨달음(illumination) 단계	당면 문제의 본질 또는 해결책이 갑자기 의식을 사로잡는 단계로 통찰(insight) 단계로 불리기도 한다.
실증(verification) 단계	깨달음 단계에서 생성된 개략적인 해결책을 구체적으로 분석하고 세밀하게 검토하는 일이 벌어지는 단계이다.

(2) Geneplore 모형(Finke, Ward & Smith, 1996)

① 기존의 지식을 바탕으로 당면한 필요를 충족시키려는 노력인 창의적 과정을 두 순환적 국면으로 설명한다.

② 하나는 기존의 아이디어들의 조합이나 변용을 통해 새로운 아이디어를 떠올리는 국면이고 다른 하나는 떠오른 아이디어가 창의적일 가능성을 탐색하고 평가하는 국면이다.

③ 우리가 떠올리는 모든 아이디어가 다 창의적인 것이 아니고 극히 일부만이 창의적인 것이기 때문에 떠올린 아이디어에 대한 평가를 가정한다. 참고로 Geneplore는 생성(generative)과 탐색(exploratory)을 합쳐 만든 신조어이다.

(3) 창의적 과정 모형(creative process model) 중요 ★

① 멈포드(Mumford et al., 1991)는 창의적 과정을 '문제구성, 정보의 부호화, 범주검색, 최적범주의 명세, 최적범주의 조합과 재구성, 아이디어 평가, 구현, 점검'의 단계로 가정하였다.

② 그리고 각 단계마다 피드백 루프가 있고, 마지막 점검 단계에서 첫 단계인 문제구성 단계로 이어지는 순환적 모형을 가정하였다.

③ 하지만 이러한 창의적 과정이 다른 일반적인 문제해결 과정과 어떤 차이가 있는지와 지능이 기여하는 부분을 제외했을 때 설명력이 얼마나 되는지에 대한 설명이 부족하다는 한계가 있다.

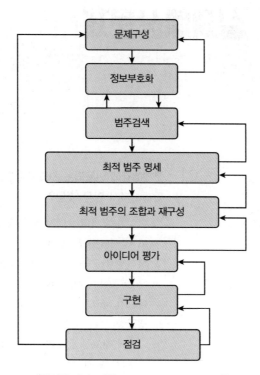

[창의적 과정 모형(creative process model)]

제**5**편 실제예상문제

01 생산적 사고는 통찰력과 창의성을 필요로 하는 정신활동을 의미하며, 문제를 새롭게 조직하는 방식, 즉 사고와 지각의 요소를 새롭게 조직하는 방식이 중요한 사고과정이다.

01 문제해결에 이용되는 사고의 유형과 그에 대한 설명이 올바르게 짝지어지지 않은 것은?

① 비지향적 사고 – 정해진 목적 없이 통상적인 제약을 받지 않고 전개되는 사고이다.

② 생산적 사고 – 절차를 기억 속에서 인출해 내어 그대로 재현하는 방식의 사고이다.

③ 확산적 사고 – 주어진 문제에 대해 가능한 해결책을 다양하게 생각해 보는 사고이다.

④ 수렴적 사고 – 문제가 명확하게 정의되는 하나의 정답을 지니고 있음을 전제하는 사고이다.

02 형태주의는 문제해결과 관련하여 마음에 어떻게 표상(representation)되는지에 달려 있다고 보았다. 정확하게 문제를 표상하고 문제해결을 위해 다른 방식으로 표상, 즉 재구조화(restructuring)를 통해 문제가 해결된다고 가정하였다.

02 문제해결과 관련한 형태주의(Gestalt)의 관점에 대한 설명으로 옳은 것은?

① 정확하게 문제를 표상하고 문제해결을 위한 재구조화를 통해 문제가 해결된다고 가정하였다.

② 문제해결을 위한 학습이 시행착오의 과정과 결과에 의해 나타난다고 보았다.

③ 문제해결을 문제공간 속에서 적절한 조작자를 찾는 검색과정으로 가정하였다.

④ 문제해결의 과정을 일종의 재생적 사고 과정으로 보았다.

정답 01 ② 02 ①

03 문제해결의 정보처리관점 중 뉴엘과 사이먼(Newell & Simon)이 제안한 개념에 대한 설명으로 옳지 <u>않은</u> 것은?

① 초기상태 – 문제가 시작될 때의 조건들
② 문제공간 – 문제를 해결할 때 일어날 수 있는 모든 가능한 상태
③ 조작자 – 문제를 해결하기 위해 한 단계가 시행된 후의 조건들
④ 수단–목표 분석 – 초기상태와 목표상태 간의 차이를 줄이는 게 목표인 문제해결방법

03 조작자(operator)는 문제를 한 상태에서 다른 상태로 이동시키는 행위를 의미하며 이러한 조작자는 규칙의 지배를 받는다.

04 다음 설명에서 괄호 안에 공통적으로 들어갈 용어로 옳은 것은?

- ( )은(는) 문제해결 과정에서 현재의 문제 상황을 심적 공간에 구성하는 것이다.
- ( )은(는) 목표해결 상황을 현재 상황과 비교하는 과정이 수반되며, ( )에서 문제의 해결자의 관련 지식이나 문제해결 전략이 작용하게 된다.

① 조작자
② 계획평가
③ 자원할당
④ 문제표상

04 문제표상은 정확하게 문제가 무엇인지를 파악하는 과정으로, 성공적인 문제해결에 있어서 핵심적인 과정이다. 문제해결의 상대적 용이성을 결정하는 일차적 요인은 문제표상의 방식에 달려 있기도 하다.

05 조작자(operator) 선정의 기준으로서 수단–목표 분석(means-end analysis)에 대한 설명으로 옳지 <u>않은</u> 것은?

① 차이 감소(difference reduction)를 정교하게 변형한 것이다.
② 현 문제상태를 목표상태로 바꾸는 목표, 차이를 줄이는 목표 등이 어떻게 달성되는지를 보여준다.
③ 쾰러(Köhler)의 닭 모이 실험에서 닭이 사용한 조작자 선정 방식이다.
④ 인간의 문제해결을 모형화한 프로그램인 일반문제해결자(GPS)에서 널리 사용되고 있다.

05 쾰러(Köhler)의 닭 모이 실험에서 닭이 사용한 조작자 선정 방식은 차이 감소(difference reduction)이다.

정답 03 ③ 04 ④ 05 ③

06 유추는 특정 문제를 해결하는 데 사용된 조작자들이 다른 문제의 해결에 어떻게 사용될 수 있는지를 사상하는 과정이다. 예를 들어, 수학의 특정 단원에서 푼 예제의 구조를 그 단원의 연습문제를 푸는 데 적용할 수 있다.

06 다음 설명과 연관된 문제해결의 영향 요인으로 옳은 것은?

> 지크와 홀리오크(Gick & Holyoak)는 실험 참가자들이 방사선 문제를 잘 풀지 못하자 던커(Duncker)의 요새 이야기를 해 주었다. 그러자 참가자들은 요새 이야기에서 방사선 문제의 해결을 위한 실마리를 얻게 되었다.

① 갖춤새효과(set effect)
② 유추(analogy)
③ 부화효과(incubation effect)
④ 기능적 고착(functional fixedness)

07 기능적 고착은 본래 특정 사물이 가장 많이 쓰이는 용도로 그 사물을 지각하는 경향을 말하는 것으로, 도식화된 지식을 있는 그대로 적용하여 문제해결을 시도함으로써 발생하는 오류이다. 유추, 부화효과, 통찰은 문제해결에 도움이 되는 요인으로 작용한다.

07 다음의 문제해결에 영향을 주는 요인 중에서 성격이 가장 다른 것은 무엇인가?

① 기능적 고착(functional fixedness)
② 유추(analogy)
③ 부화효과(incubation effect)
④ 통찰(insight)

08 ② 선호 분석이란 대안의 결과값에 대한 선호는 사람마다 다를 수 있다는 것이다. 따라서 의사결정자의 선호를 의사결정에 반영하기 위해 이를 파악해야 한다.
③ 최적화 분석은 최적 대안은 어떤 결정규칙이나 결정 준거를 선정하는가에 따라 달라질 수 있기 때문에 가장 적합한 최적화 방법을 결정하여야 한다는 것이다.
④ 불확실성 분석은 사건의 불확실성에 발생확률을 부여하는 것이다.

08 다음 설명과 연관된 의사결정의 분석방법으로 옳은 것은?

> 의사결정 분석의 많은 입력 변수들은 주관적이므로, 그와 같은 입력 변수들이 타당한가를 확인하고 주관적인 입력 변수값의 범위를 살펴볼 필요가 있다.

① 민감도 분석(sensitivity analysis)
② 선호 분석(preference analysis)
③ 최적화 분석(optimization analysis)
④ 불확실성 분석(uncertainty analysis)

정답 06 ② 07 ① 08 ①

09 다음 중 초기의 고전적 의사결정이론의 특징으로 옳지 <u>않은</u> 것은?

① 모든 가능한 대안과 그것의 모든 가능한 결과에 대해 충분히 정보를 가진다.

② 결정 대안들 사이의 미묘한 차이에도 민감하게 반응한다.

③ 대안 선택과 관련하여 온전하고 충분히 합리적이다.

④ 사람들은 가능한 한 빠르게 선택하려 한다.

09 초기 고전적 의사결정이론은 판단과 결정에 합리성을 바탕으로 평가하는 대상이 무엇이든 개인이 그 대상의 가치를 극대화하는 선택을 한다고 주장한다. 따라서 정확성을 바탕으로 상세히 문제를 파악하고 선택하는 특징을 지닌다고 가정한다.

10 다음 중 주관적 기대효용이론(subjective expected utility theory)의 의사결정기준으로 옳은 것은?

① 객관적 확률
② 최소만족
③ 최대만족
④ 주관적 효용

10 주관적 기대효용이론의 의사결정기준은 주관적 효용(subjective utility)과 주관적 확률(subjective probability)이다. 주관적 효용은 객관적 기준이 아닌 각자가 판단한 가치의 가중치에 근거한다는 의미이며, 주관적 확률은 객관적 통계 계산이 아닌 가능성에 대한 개인의 추정치에 근거한다는 의미이다.

11 다음 중 최소만족 의사결정방법을 사용하여 의사결정을 한 사례는?

① 가구 가격을 한 속성으로 정하고 기준을 충족시키지 못한 가구들을 골라낸 뒤, 또 다른 기준들을 사용하여 같은 방법으로 하나의 대안이 남을 때까지 제거해 나간다.

② 지역에 있는 모든 가구 매장을 모두 들려 가구들을 비교한 후, 가장 마음에 드는 가구를 구입한다.

③ 여러 가구 매장 중 한 곳을 방문하여 살펴본 후, 자신의 구매기준에 만족할 만한 가구를 발견했을 때 가구를 구매한다.

④ 가구에 대해 최대한 합리적이고 객관적인 정보를 취합해 결정을 한다.

11 최소만족 의사결정방법은 대안을 하나씩 살펴보며 만족할 만하거나 수용할 수 있는 최소기준을 충족시키는 대안이 있으면 선택하는 것을 말한다.

정답 09④ 10④ 11③

12 휴리스틱(heuristic)은 어림법을 의미하며, 의사결정 시 모든 경우들을 고려하지 않고 나름대로의 기준에 따라 일부만을 고려하는 기법을 의미한다.

13 가용성 어림법은 어떤 현상의 적절한 예라고 지각되는 것이 얼마나 쉽게 마음에 떠오르는지에 기초해 판단한다는 것이다. 자신이 청소를 한 일이 더 많이 기억에 남고 떠오르기 때문에 자신이 더 많이 청소를 하고 있다고 생각하는 경향을 보인 것이다.

14 귀납추론은 확증되지 않은 전제 사실로부터 결론을 유도해내는 일종의 가설검증의 사고를 말한다.

---

12 다음 중 확률추정의 방략에 대한 설명으로 옳지 <u>않은</u> 것은?

① 휴리스틱(heuristic)은 연산법을 의미한다.
② 연산법은 모든 가능한 경우들을 전부 고려하여 답을 찾는다.
③ 어림법은 처리 부담을 줄일 수 있으나 옳은 답을 보장하지는 못한다.
④ 대표성 어림법은 한 사건이 그 사건을 추출한 전집의 대표성과 유사한 정도를 토대로 사건의 확률을 판단한다.

13 다음 중 가용성 어림법에 대한 예시로 옳은 것은?

① 영수는 5만 원을 들고 물건을 산 뒤, 주머니에 남은 잔돈을 확인해보니 111,110원이 남아 영수증을 다시 한 번 확인해 보았다.
② 한 기숙사의 방에 같이 사는 철수와 윤수는 서로 자신이 일주일에 4일 이상 방청소를 한다고 주장하며 싸우고 있다.
③ 예능에서 깜짝 카메라에 당한 철수는 사실은 아까 윤수가 이상한 행동을 해서 짐작은 하고 있었다고 우겼다.
④ 동전 던지기 내기를 하던 윤수는 5번 연속으로 뒷면이 나왔기 때문에 이번에는 앞면이 나올 확률이 높다고 생각했다.

14 다음 중 추리에 대한 설명으로 옳지 <u>않은</u> 것은?

① 세상은 우리에게 완벽한 정보를 주지 않기 때문에 추리가 필요하다.
② 연역추리 능력은 확증되지 않은 전제 사실로부터 결론을 유도해내는 것과 관련되어 있다.
③ 일반적으로 귀납추론은 좌반구의 활성화를 일으키고, 연역추론은 우반구의 활성화를 일으킨다.
④ 추리는 주어진 정보를 가지고 그 이상을 하도록 만드는 일련의 과정의 집합이다.

정답 12 ① 13 ② 14 ②

15 다음 중 연역추리와 귀납추리의 차이점에 대한 설명으로 옳지 **않은** 것은?

① 연역추리와 귀납추리는 전제에서 도출되는 결론이 결정론적 이냐 혹은 확률적이냐에 따라 다르다.

② 연역추리는 전제들이 참이면 결론 또한 항상 참인 반면, 귀납 추리는 전제들이 참이더라도 결론이 참이 아닐 수 있다.

③ 연역추리는 상향적 추리 방식인 반면, 귀납추리는 하향적 추 리 방식이다.

④ 연역추리는 일반적인 원리를 특수한 사례에 적용하는 반면, 귀납추리는 몇몇 사례에서 관찰된 것을 토대로 일반원리를 생 성한다.

15 연역추리는 보편적인 전제에 근거하므 로 하향적 추리(top-down reasoning) 로 불린다. 반면 귀납추리는 관찰된 사실에 근거하여 보편적인 결론을 유 도하므로 상향적 추리(bottom-up reasoning)로 불린다.

16 다음 중 조건추리에 대한 설명으로 가장 옳지 **않은** 것은?

① 조건명제의 내용과 상관없이 조건추리 수행이 변하지 않는 현 상을 내용효과(content effect)라 한다.

② 웨이슨(Wason)의 선택과제에서 조건명제의 연역적 타당성 여부를 검증하기 위해서는 전건긍정과 후건부정이 요구된다.

③ 조건추리는 연역추리의 주된 유형 중 하나이다.

④ 전건부정 추리에서 후건의 부정을 타당한 결론으로 받아들이 는 경향을 '전건부정의 오류(fallacy of negating the antecedent)' 라 한다.

16 내용효과(content effect)란 조건명 제의 내용에 따라 조건추리의 수행 이 변하는 현상을 말한다. 특히 조건 명제의 전건과 후건이 임의적인 관 계가 아닐 때 조건추리에서의 수행 이 크게 달라지는 것과 연관된다.

정답 15 ③　16 ①

안심Touch

17 [문제 하단의 표 참조]

17 다음 중 브루너(Bruner) 등이 가설형성에 관한 고전적 실험을 위해 사용한 개념 형성의 규칙과 가장 거리가 <u>먼</u> 것은?

① 관계개념(relational concept)

② 분리개념(disjunctive concept)

③ 결합개념(conjunctive concept)

④ 확장개념(extension concept)

»»Ｑ

결합개념 (conjunctive concept)	2가지 이상 속성들의 결합 혹은 접속(→ and)으로 형성된 개념
분리개념 (disjunctive concept)	어떤 차원의 한 값 또는(→ or) 다른 차원의 어떤 값을 가지고 있느냐에 따라 정의된 개념
관계개념 (relational concept)	두 차원 간의 관계에 의해 정의된 개념

18 범주에 관한 지식이 있으면 이를 기초로 귀납적 추리를 하는데, 특히 어떤 대상이 특정 속성을 가지고 있는지에 관한 속성추리 시 범주 정보를 이용한 범주추리를 많이 사용한다.

18 다음 중 유추추리(analogical inference)에 대한 설명으로 옳지 <u>않은</u> 것은?

① 친숙한 영역에서의 정보를 이용해 덜 친숙한 영역의 문제를 추리하는 것을 의미한다.

② 유추추리는 일상에서 흔히 사용되는 귀납추리 중 하나이다.

③ 어떤 대상이 특정 속성을 가지고 있는지에 관한 속성추리 시 유추추리를 많이 사용한다.

④ 관계성에 대한 지식의 정도나 유추가 이루어지는 맥락 등에 의존하는 경향성이 있다.

정답   17 ④   18 ③

19 다음 설명과 관련이 있는 추리로 옳은 것은?

> • 이미 일어난 일을 설명하거나, 앞으로 일어날 일을 예측할 때 근거가 되는 추리이다.
> • 두 사건이 충분히 짝을 이루어 발생하는 것을 관찰하게 되면 사건이 뒤이을 사건을 초래한 것으로 믿게 된다.

① 범주추리(categorical inference)
② 유추추리(analogical inference)
③ 삼단논법추리(syllogistic reasoning)
④ 인과추리(causal inference)

19 인과추리는 어떤 것이 다른 것을 초래하는지에 관하여 사람들이 판단을 내리는 방식을 살펴보는 것으로, 시간에 따른 공변(covariation)은 우선 한 사건이 발생한 후 다른 사건이 발생하는 것을 관찰할 때 인과성이 높아진다.

20 다음 중 창의성의 구성요소에 대한 설명으로 옳지 <u>않은</u> 것은?

① 유창성 – 주어진 자극에 대해 가능한 한 많은 아이디어를 생각해 내는 능력
② 융통성 – 문제 상황에서 아이디어를 스스로 자발적으로 산출하려는 태도
③ 정직성 – 자신이 관찰한 것과 생각한 것을 꾸밈없이 받아들이려는 태도
④ 정교성 – 다듬어지지 않은 기존의 아이디어를 보다 치밀한 것으로 발전시키는 능력

20 융통성은 한 가지 방법에 집착하지 않고 다양한 접근방법을 취할 수 있는가를 의미한다.

정답 19 ④ 20 ②

checkpoint 해설 & 정답

주관식 문제

01 다음은 스턴버그(Sternberg)의 문제해결주기(problem solving cycle)를 순서대로 나열한 것이다. 괄호 안에 들어갈 내용을 순서대로 쓰시오.

> • 제1단계 – 문제 확인
> • 제2단계 – (①)
> • 제3단계 – 전략 구성
> • 제4단계 – (②)
> • 제5단계 – 자원 할당
> • 제6단계 – (③)
> • 제7단계 – 평가

01 정답
① 문제 정의와 표상
② 정보 조직화
③ 점검(감시하기)

해설
스턴버그의 문제해결주기
문제 확인 → 문제 정의와 표상 → 전략 구성 → 정보 조직화 → 자원 할당 → 점검(감시하기) → 평가

02 다음 설명에서 괄호 안에 들어갈 내용을 쓰시오.

> (   )은(는) 인슈텔룽 효과(einstellung effect) 또는 사고의 기계화(mechanization of thought)로 불리며, 이는 문제해결을 위한 더 나은 대안이 있음에도 불구하고 익숙한 형태로 생각하고 해결하려는 방식을 말한다.

02 정답
갖춤새 효과(set effect)

해설
갖춤새 효과란 문제해결에서 특정 조작자를 고집하는 선입견을 의미하며, 이러한 선입견은 사람이 이전에 경험한 것이나 이전에 효과가 있던 방법에 의해 정해진다.

03 속성에 의한 제거(elimination by aspect)의 의사결정 과정에 대해 간략히 설명하시오.

03 정답

속성에 의한 제거의 의사결정 과정은 한 속성에 초점을 맞추고 그 속성에 대한 최소기준을 형성한 후, 기준을 충족시키지 않는 모든 대안을 제거한다. 그리고 다시 추가적으로 대안을 제거할 수 있는 최소기준을 세울 두 번째 속성을 선택한 후 남은 대안을 제거한다. 하나의 대안이 남을 때까지 일련의 속성들을 고려함으로써 순차적인 대안의 제거를 계속 실시한다.

해설

트베스키(Tversky, 1972)는 제한된 합리성 개념에 기초하여 시간 안에 고려할 수 있는 것보다 더 많은 대안에 직면하게 되면 가용한 대안의 모든 속성들을 심적으로 조작하려 애쓰지 않고 속성에 의한 제거(elimination by aspect) 과정을 사용한다고 제안하였다.

04 범주삼단논법의 수행에 관한 분위기가설(atmosphere hypothesis)에 대해 간략히 설명하시오.

04 정답

분위기가설은 전제에 포함된 양화사가 특정한 결론을 이끌도록 분위기를 형성한다는 것이다. 특히 여러 전제 중 하나에서 특칭 양화사가 사용되면 결론을 특칭으로, 여러 전제 중 하나에서 부정 양화사가 사용되면 결론을 부정으로 내리려는 분위기가 만들어지게 된다는 것이다.

해설

양화사(quantifier)는 전칭 양화사(모든 ~이다, 어느 ~도 아니다)와 특칭 양화사(어떤 ~이다, 어떤 ~는 아니다), 긍정 양화사(~이다)와 부정 양화사(~ 아니다)의 두 가지 차원으로 구분된다.

05 **정답**
㉠ 일반귀납(general induction)
㉡ 특수귀납(specific induction)

해설
일반귀납은 전제로 하는 범주의 특징을 상위범주에 적용하는 추리로, 전제로 하는 범주가 전형적일수록 추리에 대한 확증도가 높다. 특수귀납은 전제로 하는 범주의 특징을 같은 수준의 범주에 적용하는 것을 의미하며, 전제와 결론의 범주가 유사할수록 추리의 확증도가 높아진다.

05 다음 설명에서 괄호 안에 들어갈 내용을 순서대로 쓰시오.

- (㉠)은(는) 전제로 하는 범주의 특징을 상위범주에 적용하는 추리이다.
- (㉡)은(는) 전제로 하는 범주의 특징을 같은 수준의 범주에 적용하는 것을 의미한다.

제 **6** 편

언어이해

단원 개요

- 언어이해는 인간의 인지과정 이해에 가장 필수적인 과정 중 하나이다. 언어의 일반적 특성과 언어의 기본 구조를 확인하고, 언어연구의 수준에 대해 알아본다.
- 말소리 지각과 단어인지 과정의 특징을 이해하고, 문장이해의 과정과 구문 및 텍스트 처리의 원리에 대해 알아본다.

출제 경향 및 수험 대책

- 언어의 일반적 특성과 기본 구조에 따른 특성을 학습한다.
- 말소리 지각이 지니는 특수성과 단어인지 과정에서 의미적 맥락이 지니는 효과에 대해 이해한다.
- 문장의 통사처리과정과 의미처리과정의 특징에 대해 학습한다.
- 구문분석의 원리와 텍스트 처리와 관련된 과정에 대해 이해한다.

잠깐!

혼자 공부하기 힘드시다면 방법이 있습니다.
시대에듀의 동영상강의를 이용하시면 됩니다.
www.sdedu.co.kr → 회원가입(로그인) → 강의 살펴보기

제 1 장 언어의 구조

제 1 절 언어의 특징

1 언어의 개념

(1) 언어의 정의

① 언어란 무한히 다양한 메시지를 만들어내는 데 이용되는 기호 및 이들 기호를 조합하는 규칙의 집합을 의미한다. 즉, 말하거나 쓰거나 수화로 나타내는 단어들 그리고 생각하고 의사소통하기 위해 단어들을 결합하는 방식을 의미한다.

② 사람들이 생각이나 아이디어를 주고받기 위해 이용하는 일종의 기호 시스템으로 볼 수 있다.

③ 인간의 지식 중 가장 큰 부분을 차지하고 있는 것이 언어지식으로 언어지식의 습득과 사용을 이해하는 것은 일반지식의 습득과 이용을 이해하는 데 중요하다.

(2) 언어의 일반적 특성 중요 ★★

① 언어는 소통적이다.

  ㉠ 언어는 같은 언어를 사용하는 사람들 간에 의사소통을 할 수 있도록 해준다.

  ㉡ 사람들 간에 무엇을 생각하고 어떻게 느끼는가를 주로 언어를 통해 전달한다.

② 언어는 임의적 상징이다.

  ㉠ 의사소통을 위해 어떤 사물이나 생각, 과정, 관계, 설명 등을 지칭하는 임의적 상징, 기호를 공유한다.

  ㉡ 상징은 어떤 것으로 어떤 것을 대신하는 것이며, 임의적이고 관습적이다.

③ 언어는 규칙적으로 구조화되어 있다.

  ㉠ 언어에는 구조가 존재한다. 특정한 방식으로 배열된 상징 기호만이 의미를 가지며, 배열을 달리하면 의미가 달라질 수 있다.

  ㉡ 무선적인 소리나 문자의 조합은 보통 의미를 갖지 못한다.

④ 언어는 여러 수준에서 구조화되어 있다.

  ㉠ 언어구조는 하나 이상의 수준, 즉 다중 수준(발음, 의미단위, 단어, 구 등)에서 분석할 수 있다.

  ㉡ 의미 있는 진술은 어느 것이든 둘 이상의 수준에서 분석할 수 있다.

⑤ 언어는 생산적이다.

  ㉠ 언어 사용자는 언어구조의 규칙 내에서 새로운 표현을 만들어낼 수 있으며, 새로운 표현의 생성 가능성은 무한대이다.

  ㉡ 거의 무한대의 서로 다른 문장을 만들어낼 수 있고, 무한한 단어의 조합을 생성해낼 수 있다.

⑥ 언어는 역동적이다.

　⑦ 언어는 끊임없이 진화한다.

　ⓛ 언어 사용자들은 새로운 단어와 구를 만들어내며, 언어 사용을 수정해나간다.

2 언어의 기본 구조 중요 ★★★

(1) 음소(phoneme)

① 음소는 말소리의 최소단위로서, 서로 다른 말소리들을 구분할 수 있게 해주는 가장 작은 단위의 소리이다.

② 음소는 음성과 구분된다. 음성이 발음기관을 거쳐 나온 순간적 현실음으로서 다소 구체성을 띤 것이라면, 음소는 특정 언어사회에서 통념적으로 굳어진 공통음으로서 다소 추상적인 존재라 할 수 있다.

③ 음소는 자음(/p/, /b/, /t/, /d/ 등)과 모음(/i/, /a/, /e/, /o/ 등)으로 구성되며 자음과 모음의 수는 언어에 따라 차이가 있다.

④ 500가지 언어를 조사한 연구를 통해 인간의 말에서 869개의 서로 다른 음소를 확인했다(Holt, 2002). 하와이 언어에는 약 13개, 아프리카 한 부족의 언어에는 60개, 영어에는 40개 음소가 사용된다.

⑤ 음소의 변화는 의미변화를 초래한다.

　⑦ 영어에서는 b와 t 사이에 모음의 변화가 12가지의 다른 의미를 만들어낸다.

　　예 bait – bat – beat – beet – bet – bit – bite – boat – boot – bought – bout – but

　ⓛ 한국어에서 ㅂ과 ㄹ 사이의 모음 변화도 다양한 의미를 만들어낸다.

　　예 발 – 벌 – 별 – 불 – 볼 등

⑥ 특정 집합의 음소를 학습하면서 성장을 하게 되면 다른 언어의 음소를 발음하는 데 어려움을 느끼기도 한다. 동양권 사람들은 'L'과 'R'을 발음하는 데 어려움을 느끼는 반면, 영어권 사람들은 'ㅓ'와 'ㅕ'를 구분하는 데 어려움을 느낀다.

(2) 형태소(morpheme)

① 형태소는 구체적인 의미를 지닌 언어의 최소단위이다.

② 예를 들어, "아이가 책을 읽는다."는 문장은 '아이가'(→ 주어부)와 '책을 읽는다'(→ 술어부)로 나눌 수 있고, 이는 다시 '아이', '가', '책', '을', '읽', '는다'로 쪼갤 수 있다. 이때 '아이', '책', '읽'은 각각 어휘적 의미를 지니는 반면, '가', '을'은 그 앞에 나오는 말이 주격과 목적격임을 나타내고, '는다'는 문법적으로 서술의 의미를 지닌다고 볼 수 있다.

③ '아이'는 음성적으로 '아'와 '이'로 나눌 수 있지만, 이 경우 본래 '아이'의 의미와는 아무런 상관이 없는 다른 의미의 조각이 되거나 혹은 의미를 가지고 있지 않은 음소나 음절이 된다.

④ 형태소는 단어이거나(아이, 책, boy, book 등), 접두사나 접미사와 같은 것일 수도 있다(비–, –적, non–, –ic 등). 이와 같이 실제적 의미가 들어 있는 형태소를 **내용 형태소**(content morphemes)라 하고, 의미보다는 내용 형태소의 의미에 구체적이고 미묘한 차이를 더하거나 내용 형태소를 문법적 맥락에 맞추어 주는 기능을 하는 형태소를 **기능 형태소**(function morphemes)라 한다.

(3) 통사(syntax)

① 통사란 특정 언어를 사용하는 사람들이 문장을 만들기 위해 단어를 배열하는 방식을 의미한다. 즉, 한 언어에서 단어들을 문법적으로 의미 있는 문장으로 결합하는 규칙이다.

② 일반적으로 문장에는 **명사구**(noun phrase)와 **동사구**(verb phase)가 포함된다. 명사구는 적어도 하나의 명사(일반적으로 주어)와 그 명사와 관련된 여러 가지 기술들이 이를 구성한다. 동사구는 적어도 하나의 동사와 그 동사가 작용하는 대상이 포함된다.

> It takes a heap of sense to write good nonsense.
> ↳ 명사구(주어부)   ↳ 동사구(술어부)

③ 통사는 언어의 구조를 이해하는 데 중요한 근본이 된다.

(4) 덩이글(discourse)

덩이글은 대화, 문단, 이야기, 책 전체처럼 문장 이상의 수준으로 사용되는 언어를 말한다.

언어구조 수준	내용	예시
음소	가능한 모든 단음 중에서 서로 구분이 가능한 소리	… /t/ + /e/ + /i/ + /k/ + /s/ …
형태소	서로 다른 형태소 어휘집에서 추출	… take(내용 형태소) + s(복수 기능 형태소)
단어	서로 다른 어휘집에서 추출	It + takes + a + heap + of + sense + to + write + good + nonsense
구	• 명사구(NP : 명사와 그에 대한 기술) • 동사구(VP : 동사와 행위의 대상)	NP = It + VP = takes a heap of sense to write good nonsense
문장	언어의 통사에 기초함 – 통사구조	It takes a heap of sense to write good nonsense.
덩이글	대화나 문단처럼 문장 이상의 수준	"It takes a heap of sense to write good nonsense." was first written by Mark Twain(Leader, 1991, p.131) …

3 언어의 연구 중요★

(1) 음운론(phonology)

① 언어의 가장 기초 단계인 음소 수준에서부터 언어구조의 규칙이 적용되는데, 이를 연구하는 학문이 음운론이다.

② 음운론은 음성이 신체 기관을 통해 생리적으로 조음·산출·인지되는 과정을 연구하는 **음성학**(phonetics)과 달리, 여러 가지 서로 다른 개인차(음색의 차이, 미세한 발음 차이 등)에도 불구하고 동일한 의미전달을 가능하게 하는 음성적 요소를 연구한다.

(2) 형태론(morphology)

① 형태론은 단어의 형태, 즉 단어의 내부 구성원리를 살펴보는 학문 분야이다.

② 단어는 더 작은 의미 단위로 쪼개질 수 있는데, 그와 같이 나뉜 최소의 유의미 단위인 형태소를 연구 대상으로 삼는다.

③ 일반적으로 명사, 동사, 형용사들은 각기 독립적으로 사용될 수 있는 반면, 접두사나 접미사와 같은 접사는 반드시 다른 형태소와 결합하여 쓰이게 된다. 명사 뒤에 붙어서 동사를 만드는 형태소, 과거 시제를 만드는 형태소 등 언어구조에서 형태소 관련 규칙이 적용되는데 이를 연구하는 학문 분야가 형태론이다.

(3) 통사론(syntax)

① 통사론은 단어가 결합하여 형성되는 구(phrase), 절(clause) 그리고 문장(sentence)의 구조나 기능을 연구하는 학문 분야이다.

② 통사론에서는 단어와 기타 형태소들이 어떻게 배열되어야 문법에 맞는 문장이 만들어지는지를 명시하는 통사 규칙(syntactic rule)을 다룬다. 즉, 통사론에서는 구성요소 간의 의미적 관계가 어떤 형태로 나타날 수 있는지가 주요 관심사이다.

③ 통사 규칙은 화자, 청자, 저자, 독자 모두로 하여금 언어를 이용한 동일한 게임을 할 수 있도록 해준다. 특정 언어를 사용하는 사람들이 유의미하게 말하는 데 이용되는 모든 규칙을 문법이라 할 때, 특정 언어를 말하거나 그 말을 이해하는 사람은 해당 언어의 문법을 학습한 사람으로 볼 수 있다.

(4) 의미론(semantics)

① 의미론은 의미 탐구에 초점을 두는 것으로, 단어나 문장이 가지는 의미의 체계를 살펴보는 학문 분야이다.

② 사람들이 자신의 생각을 말이나 글로 표현하는 일도, 독자가 저자의 생각을 이해하는 일도 심적 표상을 기초로 이루어지므로, 의미론은 사람들이 단어와 문장의 의미를 마음속에 표상하는 방식에 대해 설명을 시도한다.

③ 의미론에서는 단어의 의미를 구성하는 요소로 외연(denotation)과 내포(connotation)를 구분한다. 외연은 단어의 엄격한 사전적 정의를 말하는 반면, 내포는 단어의 정서적 함축이나 가정 등을 포함한 비명시적 의미를 말한다.

(5) 화용론(pragmatics)

① 화용론은 화자가 자신의 의도를 전달하는 방식이 사회적 맥락에 따라 다양하게 바뀌는 양상을 다루는 학문 분야이다.

② 발화행위는 정보 제공, 명령, 질문, 경고, 감사, 도전, 요구 등 다양한 기능을 수행하며, 경우에 따라 직접적인 방식보다는 간접적인 방식을 취하기도 한다.

③ 두 사람 간의 대화가 시작될 때에는 그 둘 사이의 협력의 원리(cooperative principle)라는 일종의 암묵적 계약이 이미 체결된 상태로 볼 수 있다. 불충분한 진술에서도 상대방의 말의 의미를 이해할 수 있는 것은 협력의 맥락 덕분이다.

제 2 절 언어의 습득

1 언어 습득의 단계 중요★

(1) 목울림(cooing) 단계

① 목울림 단계는 영아들이 모음 소리를 만들어 보려 시도하는 단계이다.

② 청각장애 영아를 포함한 전 세계의 모든 영아들이 목울림 단계에서 내는 소리는 모두 비슷하며, 자신의 모국어에 포함된 음소뿐만 아니라 다른 언어의 음소도 변별이 가능한 시기이다.

③ 일본 영아와 미국 영아 모두 /l/ 소리와 /r/ 소리를 구분하며, 영어권에서 구분되지 않는 힌두어의 /t/와 유사한 발음을 영어권 6~8개월 사이 영유아들이 95% 변별해낸다.

(2) 옹알이(babbling) 단계

① 옹알이 단계는 모음과 자음으로 구성된 의미 없는 말을 하는 단계이다.

② 청각장애 영아는 더 이상 목소리를 내지 않으며, 정상 영아는 모국어의 특징을 반영하는 특징적인 자모 음소를 구성한다.

③ 생후 초기에는 모든 가능한 음소들의 차이를 구분할 수 있지만, 시간이 지나면서 모국어 이외의 음소를 구분하는 능력은 사라지고 대신 모국어에 포함된 음소를 더 잘 구분하게 된다(Jusczyk, 1997).

④ 한 살 정도 되면 일본 영아는 /l/과 /r/을 변별해내지 못하며, 영어권 영아는 힌두어 /t/와 유사한 두 발음을 점차 구분하지 못하게 된다. 즉, 일반적인 능력에서 좀 더 구체적인 능력으로 발달해나가는 특징을 보인다.

(3) 한 단어 말하기 단계

① 영아가 자신의 의도, 소망, 요구를 전달하기 위해 한 단어 말하기를 사용하는 단계이다.

② 대체로 아동이 관찰했거나(자동차, 책, 공 등) 원하는(엄마, 아빠, 주스, 과자 등) 친숙한 물체에 대해 18개월까지 100여 개의 어휘를 획득하게 된다(Siegler, 1986).

③ 어휘의 절대량이 부족하기 때문에 어른 남자를 '아빠', 네발 달린 동물을 모두 '멍멍이' 등으로 부르는 '과잉 확장 오류'를 보인다.

(4) 두 단어 말하기 / 전보식 언어 사용 단계

① 1.5~2.5세 사이에 점진적으로 개별 단어들을 조합하여 두 단어 언어를 산출하기 시작한다.

② 이 시기에 통사에 대한 이해도 시작되지만 관사, 전치사 등의 기능어가 생략된 초보적인 통사구조를 갖춘 전보어(telegraphic speech)를 사용한다.

(5) 성인과 같은 언어능력 사용 단계

① 사용할 수 있는 단어 개수가 두 살 때 300단어, 세 살이 되면 3배인 1,000단어에 이르며, 네 살 아동은 성인 수준의 통사와 언어구조의 기초를 획득하게 된다.

② 다섯 살이 되면 대부분 아동들이 일상적으로 사용되지 않는 문장구조를 이해하고 산출해내며, 열 살 아동의 언어는 기본적으로 성인의 언어와 거의 유사하다.

대체적인 연령	해당 연령의 특징	정보처리와의 상호작용
태아기, 생후 6개월~1년	• 사람의 목소리에 반응함 • 대체로 모음으로 구성된 목울림 소리를 냄 • 자음과 모음으로 구성된 독특한 옹알이로서 영아의 모국어 특성이 반영된 소리를 냄	소리가 의미를 갖게 되면서 영아의 말소리 지각이 더 선택적이 되고 소리를 기억하는 영아의 능력이 증가함
약 1~3세	• 한 단어 말하기 • 두 단어 말하기 • 전보어	말의 유창성과 이해력이 증가하면서 언어적 상징을 정신적으로 조작하는 능력이 증가하고 개념이 발달
약 3~4세	급격한 어휘 확장(과잉규칙의 특성이 있음에도 불구하고)과 통사에 대한 놀라운 이해를 반영하는 단순 문장을 구사함	이해와 유창성 양 측면에서 어휘와 개념이 계속 확장되며 규칙을 내면화함
4세 이후	• 기본적인 성인의 문장구조 • 청소년기까지 구조의 복잡성이 좀 더 증가하고 어휘도 계속적으로 증가함	어휘습득을 위한 아동의 상위 인지 책략은 아동기의 전반에 걸쳐 점점 더 정교해짐

2 언어발달의 관점 중요 ★★★

(1) 행동주의 관점

① 행동주의의 대표적 심리학자였던 스키너(Skinner, 1957)는 인간의 언어발달이 강화나 연합의 행동주의 학습 원리에 의해 이루어진다고 주장하였다.

② 사물의 모습과 단어 소리 사이의 반복적인 짝짓기를 통해 단어를 학습하고, 문장에 제시되는 순서대로 단어를 연합하는 방식으로 문장을 학습한다고 보았다.

③ 또한 아동이 단어나 문장에 대해 올바르게 말했을 때 성공, 미소, 그리고 칭찬 등의 강화를 통해 언어 학습이 이루어진다고 생각했다.

④ 하지만 전 세계가 공통적으로 '한 단어 - 두 단어 - 전보어 - 완전한 문장' 단계를 거치며 언어를 습득하는 것을 잘 설명하지 못한다. 또한 아이들이 한 번도 경험하지 못했음에도 불구하고 'I went to school.'을 다른 과거형들과 마찬가지로 'go'에 '-ed'를 붙여 'I goed to school.'로 말하는 과잉규칙 현상을 설명하지 못한다.

⑤ 또한 일반적으로 부모는 아동이 구사하는 언어문법이나 발음의 정확성 여부보다는 말의 내용에 반응하는 경향을 보인다.

(2) 생득적 보편 문법

① 촘스키(Chomsky, 1959, 1987)는 인간의 언어능력이 거의 전적으로 생득적이라고 주장하였다.

② 인간에게는 **생득적인 언어습득장치**(LAD : Language Acqusition Device)가 있기 때문에 언어발달
능력은 자연적이며 신속히 일어난다고 보았다. 인간은 언어의 하드웨어와 작동체계를 가지고 태어
나며, 언어경험이 소프트웨어를 작성한다고 주장하였다.

③ 예를 들어, 4세 아동은 10개의 단어로 만들 수 있는 3,628,700가지 이상의 무의미한 배열 속에서
의미 있는 문장을 뽑아낼 수 있다.

제 2 장 지각 심리와 문법

제 1 절 말소리 지각

1 말소리 지각의 특징 중요 ★★★

(1) 말소리 지각의 기본특징

① 말소리 지각은 입말(입으로 내는 말소리)에 해당하는 주제로 말소리의 크고 작은 여러 단위를 파악하는 과정이며 일상적인 언어 사용의 기본이다.

② 일반적으로 대략 초당 50여 개의 음소를 지각할 수 있으며, 말소리 이외의 소리 자극일 경우 초당 단음의 2/3 가량만을 지각할 수 있다.

③ 말소리 지각 연구에서 어려운 점은 불변성의 결여와 말소리 분절에 관한 것이다. 말소리의 음향적 특성은 맥락에 따라, 그리고 발화자에 따라 쉽게 변함에도 우리는 같은 소리로 지각을 한다. 또한 자극으로 주어지는 말소리는 연속적인 자극이지만 우리에게는 불연속적인 언어단위의 연결로 지각이 된다는 점이다.

(2) 불변성의 결여

말소리 자극은 음향적으로 불변성이 결여되어 있다. 즉, 우리가 동일한 것으로 지각하는 말소리의 음향적 특성이 맥락에 따라서, 그리고 발화자에 따라 쉽게 변한다. 하지만 자극의 음향적 특성이 다름에도 불구하고 우리의 말소리 지각은 항상적이다.

① 음향적 특성이 맥락에 따라 달라진다.

㉠ 예를 들어 같은 /d/ 소리로 시작됨에도 불구하고 뒤에 오는 모음의 종류에 따라 음향적 특성이 크게 다르다.

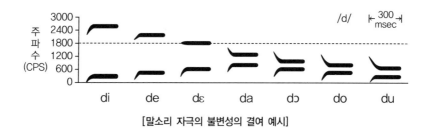

[말소리 자극의 불변성의 결여 예시]

ⓛ 자음의 음향적 특성이 변화한 것은 **동시조음(coarticulation)** 현상 때문이다. 동시조음은 우리가 발음을 할 때 편의상 여러 개의 말소리 단위를 동시에 빠르게 발음하는 것을 의미한다.

ⓒ 예를 들어 '나무'를 발음할 때 'ㄴ'을 먼저 발음한 다음 차례로 'ㅏ', 'ㅁ', 'ㅜ'를 발음하는 식으로 발화하지 않는다. 일반적으로 서너 개 말소리의 발음이 동시에 빠르게 이루어지면서 한 시점에서 여러 개의 말소리 정보가 중복되어 나타나게 된다.

② 말소리 자극의 음향적 특성은 발화자에 따라 달라질 수 있다.

ⓐ 여성이 말한 /가방/과 남성이 말한 /가방/의 음향적 특성(주파수)에는 큰 차이가 있다. 일반적으로 여성의 목소리가 남성의 목소리에 비해 기본 주파수가 높다.

ⓑ 하지만 우리는 주파수 차이에도 불구하고 /가방/을 '가방'으로 지각을 한다.

(3) 말소리의 분절(segmentation)

① 말소리 분절은 연속적으로 주어지는 발화에서 언어의 구조를 이루는 단위들을 분석해내는 과정을 말한다.

② 우리가 대화를 할 때 사용하는 말은 연속적임에도 불구하고, 우리는 음절과 음소, 단어, 문장과 같은 단위를 알아들을 수 있다.

③ 언어의 구조를 이루는 각 단위들 사이의 경계, 즉 단어와 단어의 경계, 음절과 음절의 경계 등이 말소리 자체에 존재하는 것은 아니다. 하지만 그 경계가 실재하는 것으로 인식하게 되는 이유는 우리가 언어의 음운, 어휘, 문법에 숙달되어 있는 상태에서 그에 관한 지식을 토대로 말소리를 분절하기 때문이다.

④ 우리는 처음 듣는 외국어에서 말소리의 여러 단위를 정확히 알아듣기 어려운데, 이는 외국어의 음운, 어휘, 문법에 대한 지식을 알지 못하는 상태이기 때문이다.

(4) 변별특질(distinctive feature)

① 음소들은 조음의 위치와 방법에 따라 서로 구분되는데, 음소들을 분류하는 데 사용되는 특징을 변별특질이라 한다.

② 음소는 자음과 모음으로 나누어진다. 각 언어에 따라 음소의 수는 다르지만 모든 음소는 두 가지 **조음(articulation, 말소리 산출)**의 차원에서 분류될 수 있다. 하나는 **조음의 위치**이고 다른 하나는 **조음의 방법**이다.

③ 조음의 위치는 말소리가 산출되는 **성도(vocal tract)**로 허파에서 시작된 숨(날숨)이 입이나 코로 나오기까지의 경로를 말한다. 예를 들어, 양순음은 양 입술 사이에서, 순치음은 윗니와 아랫입술 사이에서 조음이 이루어진다.

④ 조음의 방법은 말소리를 산출하는 방법으로 마찰, 폐쇄, 유성음화 등이 있다. 예를 들어, 마찰음은 구강 내의 일정한 곳에서 좁혀진 통로로 숨을 내보낼 때 생기는 마찰의 소리이며, 폐쇄음은 구강 내에서 숨의 통로를 일시적으로 폐쇄한 뒤 갑자기 폐쇄를 터뜨려 내는 소리이다. 유성음화는 음소의 산출 시 성대를 진동하도록 하는 방법이다.

⑤ 음소들 간의 변별특질이 유사할수록 혹은 변별특질을 많이 공유할수록 혼동이 일어나기 쉽다. 예를 들어, /pa/와 /ba/보다는, /pa/와 /da/에서 혼동이 적게 일어난다. 그 이유는 /pa/와 /ba/의 경우

유성음화의 차이만으로 구분되나, /pa/와 /da/의 경우 유성음화의 차이 외에는 조음의 위치에서도 차이를 보이기 때문이다.

[/p/, /b/, /t/, /d/의 4개 음소의 변별특질에 따른 분류]

구분	조음방법	
조음위치	유성음	무성음
양순음	/b/	/p/
치경음	/d/	/t/

(5) 범주적 지각(categorical perception)

① 말소리 자극은 연속적으로 변화하지만, 이에 대한 인간의 지각은 연속적으로 변화하지 않으며, 자극 변화가 일정 수준(역치)을 넘어설 때 인간의 지각 결과에 변화가 일어나게 되는데 이를 범주적 지각이라 한다.

② 변별특질의 추출은 말소리 자극 속에 들어있는 음향적 단서들의 지각에 의존한다. 예를 들어, 모음은 성대 진동의 유무에 따라 유성음(voiced)과 무성음(voiceless)으로 분류되는데, 이를 구분하는 결정적인 단서는 **성대진동시작시간**(VOT : Voice Onset Time)을 통해 확인할 수 있다.

③ VOT는 발음을 위해서 닫힌 입이 열리는 순간부터 성대의 진동이 개시되기까지의 시간을 의미한다. 일반적으로 무성음의 경우 그 시간이 긴 반면, 유성음의 경우 그 시간이 상대적으로 짧다.

④ 리스커와 앤더슨(Lisker & Anderson, 1970)은 인공적인 말소리를 합성하여 VOT를 −150ms에서 +150ms까지 연속적으로 변화(/p/를 /b/로 연속적으로 변화)시키며 지각이 어떻게 달라지는지를 실험하였다.

　㉠ /p/로 지각하느냐 /b/로 지각하느냐의 경계는 VOT 25ms 전후이며, 이 경계를 중심으로 지각의 경과가 달라졌다.

　㉡ 이는 자극은 연속적인 변화를 보이지만 지각은 연속적이지 않으며, 일정한 수준을 넘어야 지각에 변화가 발생된다는 사실을 증명한 것이다.

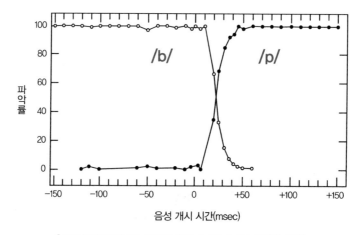

[성대진동시작시간의 길이에 따른 /b/와 /p/의 청취율 차이]

(6) 음절의 지각

① 음절은 단모음이나 복모음으로 이루어진 하나의 모음을 중심으로 그 앞이나 뒤에 혹은 양쪽으로 자음이 결합된 것이다.

② 멜러(Mehler, 1981) 등은 프랑스어 말소리 자각에 관한 연구에서, 음절의 탐지 속도가 그 음절이 포함된 단어의 음절 구조에 의해 영향을 받는다는 실험 결과를 보고하였다. 예를 들어, 'palace'는 [palas]로, 'palmier'는 [palmje]로 발음되는데, 실험 참가자들은 'palace'에서 [pa]를 [pal]보다 빨리 탐지한 반면, 'palmier'에서는 [pal]을 [pa]보다 빨리 탐지하였다.

③ 이는 'palace'의 경우 'pa + lace'의 구조를 가진 반면, 'palmier'의 경우 'pal + mier'의 구조를 가지고 있기 때문이다.

④ 멜러 등의 실험은 말소리 지각이 음절을 단위로 이루어진다는 사실을 보여주는데, 이를 **음절효과** (syllable effect)라고 한다.

⑤ 음절효과가 모든 언어에서 완전한 형태로 나타나는 것은 아니다. 예를 들어, 한국어나 스페인어에서는 음절효과가 나타나지만, 영어에서는 음절효과가 잘 나타나지 않는다. 이와 같은 음절효과의 출현 여부는 언어의 음운특성과 밀접한 관계가 있는 것으로 보인다.

(7) 말소리 단어의 인지

① 말소리 단어는 시각적 정보가 아닌 청각적(음향적) 정보를 통해 인지가 이루어진다는 점에서 책읽기를 통한 단어의 인지 상황과는 다르다.

② 마슬렌-윌슨과 타일러(Marslen-Wilson & Tyler, 1975)는 말소리 단어의 인지에 관한 실험에서, 실험 참가자들에게 특정 문장들을 계속해서 들려주면서 이를 가능한 한 빨리 따라 말하도록 요구하였다. 참가자들의 따라 말하기 간격은 평균 250ms(0.25초)로 매우 빨랐는데, 그렇게 빨리 따라 말하면서도 문장을 이해하는 데 지장이 없었다.

③ 말소리 단어에 대한 청각적 정보를 수용하여 이를 입으로 발화하는 데 걸린 시간이 250ms라고 할 때, 실제 말소리 단어의 인지에 걸린 시간은 조음 운동에 걸린 시간을 제외하면 대략 200ms(0.2초)이다. 이는 2~3개 정도의 음소가 지속하는 정도의 시간이다.

④ 이는 사람들이 단어를 끝까지 듣지 않고도 단어의 첫머리 2~3개의 음소만 듣고도 그 단어가 무엇인지를 인지할 수 있다는 것을 의미하는데 이는 논리적으로 불가능하다.

⑤ 마슬렌-윌슨과 타일러는 이러한 말소리 인지과정을 설명하기 위해 **코호트모형**(Cohort model)을 제안하였다.

    ⊙ 코호트모형은 말소리 단어인지과정을 크게 코호트 생성 단계와 단어 후보 선택 단계로 구분한다.

    ⓛ 말소리 자극이 주어지면, 초기에 200ms 정도의 음향적 정보를 분석하여 그것과 일치하는 단어들을 **심성어휘집**(mental lexicon)으로부터 활성화시킨다. 예를 들어, 초두가 /sta.../였다면 첫머리가 s-t-a로 시작되는 모든 단어들을 활성화시킨다(stag, stamina, stand, stack, stamp 등).

    ⓒ 이후 점차 코호트 멤버를 줄이고 마지막으로 남은 단어를 선택하게 된다. 이때 줄이는 기준은 통사, 의미 등 언어적 지식을 활용하며, 제거 후에 둘 이상 남아 있다면 다시 음향적 정보를 사용한다.

John was trying to get some bottles down from the top shelf.
To reach them he had **sta**······

존은 선반 꼭대기에서 병 몇 개를 꺼내려고 시도하였다.
그 병들에 손이 닿도록 하기 위해서는 ···해야 했다.

단계	구분	내용
1단계	코호트생성	심성어휘집으로부터 초두음이 /sta/인 모든 단어표상들이 활성화된다. stag, stack, stab, stagger, stagnate, stalactite, stalagmite, stamina, stammer, stamp, stampede, stand, static, ······
2단계	멤버선택	문맥정보를 이용하여 선택한다. 'had to' 다음에 동사가 온다는 지식을 이용해 동사 이외의 멤버를 제외한다. stab, stack, stag, stagger, stamp, stampede, stand
3단계	멤버선택	의미정보를 이용해 선택한다. 즉, 선반 꼭대기에서 물건을 내리기 위한 동작과 연관된 동사들만 남기고 나머지 멤버들을 제거한다. stack(쌓아올리다), stand(서다)
4단계	멤버선택	더 이상 활용정보가 없을 땐, 말소리 입력을 더 들어본다. 이때 말소리 입력의 다음 소리가 /k/로 들린다. stack

[코호트모형에 의한 말소리 단어인지과정]

제 2 절 단어인지

1 단어인지의 특징

(1) 단어인지의 기본특징

① 단어인지는 어떤 단어를 듣거나 보고 그것이 어떤 단어임을 아는 것을 의미한다. 모든 언어에서 언어의 의미는 단어 수준에서 완전하게 나타난다.

② 한 사람이 성인이 되기까지 습득하는 어휘량은 3만 개에서 8만 개 정도로, 평균적으로 5만 개 정도로 추정하고 있다. 이렇게 엄청나게 많은 단어 지식 속에서도 제시되는 단어에 대해 단어인지는 순간적으로 발생된다.

③ 한 사람이 성인이 되기까지 머릿속에 많은 수의 단어에 대한 지식이 축적되는데 이를 **심성어휘집**(mental lexicon) 또는 어휘기억(lexical memory)이라 부른다.

④ 어휘(lexical)는 단어가 기억에 표상된 상태를 의미한다. 단어를 언어적 단위라 할 때, 어휘는 심적 단위로 간주할 수 있다.

⑤ 영어 사용자의 경우 초당 6개의 단어의 속도로 대략 1분에 360개의 단어를 읽을 수 있으며, RSVP 제시법(rapid serial visual presentation ; 화면에 빠르게 단어를 연속적으로 제시하는 기법)을 사용하면 초당 28개의 단어의 의미처리가 가능하다는 결과도 있다(Fishler & Bloom, 1980).

⑥ 단어인지의 작업은 방금 보거나 들은 단어에 대한 감각표상과 그 단어에 대한 기억표상이 일치할 때 일어난다. 이때 두 표상의 일치 여부는 감각표상을 장기기억의 **심성어휘집(mental lexicon)**에 수록된 단어들과 일일이 비교해 본 후 결정 가능한 일이다.

(2) 단어인지의 과정 `중요` ★★

① 시각적 형태재인에서 벌어지는 **상향적 처리(top-down processing)**는 자극의 시각적 속성을 분석하는 일에서 시작한다.

② 단어 자극에 대한 분석은 세 가지 속성, 즉 **자소(grapheme)**, **철자 속성 또는 표기 속성(orthographic feature)**, **음운 속성(phonological feature)**을 찾는 것에서 비롯된다. 특히 자소는 단어를 시각적으로 나타낼 때 사용되는 것으로, 단어 자극은 자소로부터 두 가지 경로, 즉 **어휘경로(lexical route)**와 **음운경로(phonological route)**를 통해 재인이 이루어지게 된다.

③ 어휘경로는 이미 학습을 통해 등록된 어휘들의 목록인 **철자어휘집(orthographic lexicon)**을 거치는 것이고, 음운경로는 어떤 단어를 발음할 때 이용하는 음소들의 목록인 **음운어휘집(phonological lexicon)**을 거치는 것이다.

④ 단어 자극의 철자 속성(표기 속성)과 음운 속성이 확정되면 **상향적 처리(bottom-up processing)**에 의해 **어휘-의미 체계(lexical-semantic system)**가 활성화된다.

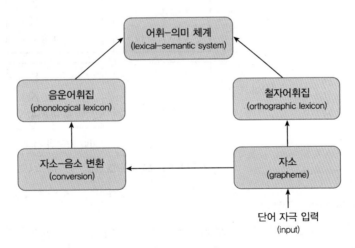

[단어인지의 과정]

2 단독으로 제시된 단어의 인지

(1) 단어우월효과 중요 ★★★

① 단어우월효과는 낱자(letter) 재인 시 낱자 단독으로 제시되거나, 무의미한 배열 속의 낱자로 제시될 때보다 단어 속의 낱자가 더 쉽게 재인되는 현상을 의미한다.

② 단어는 개개 낱자들의 조합인 만큼, 단독문자로서 먼저 인지되고 그 결과 단어가 인지되는 것으로 생각될 수 있지만, 오히려 단어를 구성하는 낱자의 인지가 그 단어의 인지에 의해 영향을 받는다.

③ 이를 증명하기 위해 라이커(Reicher, 1969)는 낱자 조건(letter condition), 단어 조건(word condition), 비단어 조건(nonword condition)의 세 조건으로 나누어 실험을 실시하였다. 참가자들은 조건에 따라 낱자, 단어, 비단어를 짧은 시간 제시받은 뒤, 차폐 자극과 함께 제시된 낱자들 중 앞서 제시된 낱자를 맞추는 검사를 받았다.

④ 그 결과 참가자들은 표적이 되는 낱자를 낱자 조건이나 비단어 조건으로 제시될 때보다 단어 조건으로 제시되었을 때 더 정확하게 인식하는 것으로 나타났다. 단어우월효과는 낱자 재인과정에서 하향적 정보의 효과를 보여주는 현상으로 볼 수 있다.

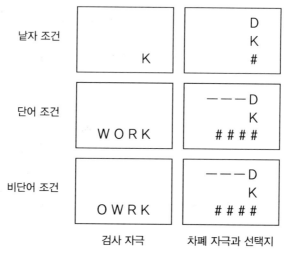

[단어우월성효과에 관한 실험]

(2) 표기 형태의 친숙도 중요 ★

① 어떤 단어의 표기에 어떤 문자 세트가 주로 이용되는가에 따라 단어인지에 영향을 미치기도 한다.

② 콜트하트와 프리먼(Coltheart & Freeman, 1974)은 영어에서 문자 혼용의 효과에 관한 실험을 실시하였다. 참가자들에게 대문자와 소문자의 표기 형태가 서로 다른 구성문자를 제시한 뒤, 어떤 표기 형태를 보다 정확하게 인지하는지를 알아보았다.

③ 그 결과 참가자들은 'snapshot', 'SNAPSHOT', 'SnapSHoT'과 같은 구성문자에서 전부 소문자인 'snapshot'을 보다 정확하게 인지하였다. 이는 표기 형태의 친숙도에서 비롯된 것으로 볼 수 있다. 이러한 결과는 'Kbs'나 'KbS'보다 'KBS'를 더 빠르게 인지하는 것과 동일한 원리이다.

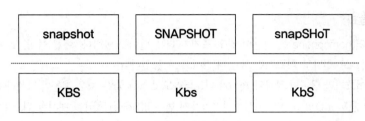

[표기형태의 친숙도 실험]

(3) 빈도효과 중요 ★

① 단어 사용의 빈도가 높은 단어일수록 낮은 단어에 비해 인지하기가 쉬운 것을 의미한다.

② 일반적으로 사용빈도가 높은 단어는 사용빈도가 낮은 단어에 비해 자극 문자열이 단어인지 아닌지를 신속하게 판단하는 어휘판단과제(lexical decision task)나 자극 문자열을 가급적 빨리 소리 내어 읽는 명명과제(naming task)에서 수행이 좋은 것으로 보고되고 있다.

③ 저스트와 카펜터(Just & Carpenter, 1987)는 안구운동 추적장치(eye tracker)를 사용하여 참가자들의 각 단어별 응시 시간을 측정한 결과, 저빈도 단어보다 고빈도 단어에서 상대적으로 더 짧은 응시시간을 보였다.

④ 이러한 결과는 고빈도 단어들에 비해 저빈도 단어들을 인지하는 시간이 더 긴 것으로 추정할 수 있다.

(4) 단어-비단어효과 중요 ★★

① 비단어(nonword)는 실제 사용되지 않는 사용빈도가 낮은 자극 문자열로서, 단어에 비해 비단어가 어휘 판단 과제 시 소요되는 시간이 일반적으로 긴 것을 단어-비단어효과라 한다.

② 하지만 비단어들 사이에서도 어휘 판단 과제 수행 시에 차이를 보이는 경우들이 있다. 예를 들어, 'crpwe'와 'brane'는 둘 다 비단어이지만 비단어 판단시간은 'brane'를 비단어로 판단하는 시간이 더 길다.

③ 이는 'brane'가 비단어이지만 문자배열이나 음소배열이 실제 영어단어의 규칙에 적합하게 구성되어 있기 때문이다. 이런 단어들을 유사단어 혹은 사이비단어(pseudoword)라 부른다.

④ 이러한 사이비단어들이 어휘판단이나 명명과제 수행에 영향을 미치는 효과를 유사단어효과(pseudoword effect)라 한다.

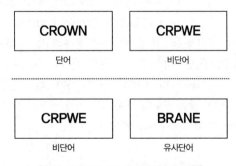

[단어-비단어효과와 유사단어효과 실험]

(5) 동음어효과

① **동음어**(homophone)는 발음이 같고 표기가 다른 단어를 말한다. 예를 들어, 'rose'와 'rows'는 의미도 다르고 철자도 다르지만 발음이 /rouz/로 동일하다.

② 동음어효과란 단어의 글자와 의미가 다르더라도 발음이 같은 경우 혼동이 발생하는 현상을 의미한다.

③ 반 오덴(Van Orden, 1987)은 참가자들에게 범주명[flower(꽃)]을 제시한 뒤, 이후 주어지는 표적단어가 그 범주에 속하는지를 판단하는 **의미 범주화 과제**(semantic categorization task)를 실시하였다.

④ 그 결과 참가자들은 'rose'와 'rows'가 동일한 /rouz/로 심상어휘집에 입력됨에 따라 'rows'에 대해서도 'flower'의 범주에 속한다고 잘못 반응하는 비율이 시각적 통제 단어인 'robs'를 제시했을 때보다 높게 나타났다.

⑤ 즉, 범주명에서 예상되는 단어와 발음이 동일한 단어에 대해 **허위긍정오류**(false positive error)의 비율이 높았다. 이러한 동음어효과는 단어재인이 이루어지기 전에 음운 정보 처리가 선행됨을 보여주는 현상으로 간주되고 있다.

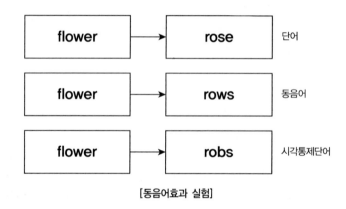

[동음어효과 실험]

(6) 단어이웃효과 중요 ★

① 단어들 중에는 철자가 유사한 것들이 있는데, 철자나 자모를 기준으로 유사한 단어들을 **철자이웃 또는 표기이웃**(orthographic neighbors)이라 한다. 반면, 단어들 중에는 음소가 유사한 것들이 있는데, 음소를 기준으로 유사한 단어들을 **음소이웃**(phonological neighbors)이라 한다.

② 어떤 단어는 이웃이 많고 어떤 단어는 이웃이 적다. 일반적으로 이웃이 많은 단어는 비교적 신속하게 인지되는 경향이 있는데, 이를 **이웃크기효과**(neighborhood size effect)라 한다.

③ 이웃크기효과는 이웃 크기가 클수록 동일한 입력에 대해서도 활성화되는 단어의 수가 많으며, 그와 같은 많은 수의 활성화된 단어들이 문자 수준의 처리를 돕는다는 의미로 볼 수 있다.

④ 그러나 개개 이웃의 특성과 관련하여 어떤 단어가 자기보다 사용빈도가 더 높은 이웃을 하나 이상 가지고 있을 경우 그렇지 않은 경우에 비해 그 단어를 인지하기 어려워지는 경향이 있는데 이를 **이웃빈도효과**(neighborhood frequency effect)라 한다.

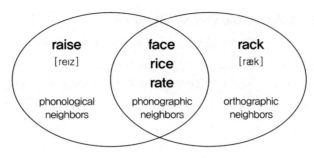

[단어이웃의 예 – race[reis]]

3 문맥과 단어인지

(1) 어휘점화효과(lexical priming effect) 중요 ★★★

① 먼저 제시된 단어가 나중에 제시된 단어의 처리에 영향을 주는 현상으로 먼저 제시된 점화단어와 나중에 제시된 표적단어 사이에 연상관계가 있을 때 일어나는 일종의 문맥효과이다.

② 예를 들어, 점화단어로 '의사(doctor)'가 제시된 후 표적단어로 '간호사(nurse)' 또는 '빵(bread)'이 제시된 조건을 비교했을 때, '간호사(nurse)' 제시 조건이 '빵(bread)' 제시 조건보다 단어에 해당되는지 여부를 더 빠르게 판단하였다.

③ 어휘점화효과는 **활성화확산(spread activation)**이나 **의미망(semantic network)**을 통해 이론적으로 설명할 수 있다. 즉, 단어들이나 개념들 간의 네트워크에 의해 어휘점화가 이루어진다고 보는 것이다.

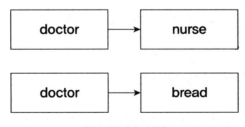

[어휘점화효과 실험]

> 💡 더 알아두기 🔍
>
> 어휘점화효과(lexical priming effect)와 의미점화효과(sematic priming effect)는 공통된 맥락을 가지고 있다. 다만, 어휘점화효과는 어휘적 측면의 단어재인을 설명할 때 주로 다루는 반면, 의미점화효과는 의미 또는 개념적 측면의 지식 표상을 설명할 때 주로 다룬다.

(2) 통사적 문맥의 효과(syntactic context effect) 중요 ★

① 문법과 같은 **통사적 문맥**(syntactic context)이 단어인지에 영향을 미치는 효과를 의미한다.

② 굿먼, 맥클렌드와 깁스(Goodman, McClelland & Gibbs, 1981)는 어휘판단과제를 사용하여 통사적으로 적절하게 연결된 조건과 부적절하게 연결된 조건을 비교하였다. 예를 들어 문법적으로 적절하게 연결된 'He said'와 부적절하게 연결된 'The said'를 제시한 뒤, 'said'가 단어인지 비단어인지를 판단하도록 지시하였다.

③ 그 결과 통사적으로 옳게 제시된 'He said' 조건의 'said'를 더 빠르게 판단하였다. 이러한 결과는 문법이라는 맥락이 단어의 인지에 영향을 미친다는 사실을 보여준다.

He said	The said

[통사적 문맥의 효과 실험]

(3) 문장문맥효과(sentential context effect) 중요 ★

① 문장문맥(sentential context)은 **의미적 문맥**(semantic context)이라 불리기도 하며, 이러한 문장의 의미적 맥락이 단어인지에 영향을 주는 현상을 문장문맥효과라 한다.

② 머튼(Morton, 1979)은 미완성 문장을 이용하여 표적단어에 대한 **인지역**(recognition threshold)을 측정하였다. 예를 들어, 'house', 'child' 등의 단어를 제시하여 해당 단어를 인지하기 위해 필요한 최소 제시시간을 측정하였다.

> They went to see the new (   ).
> 그들은 새로운 (   )을(를) 보러 갔다.

③ 어떤 단어가 문맥으로부터 예상되는 정도를 **전이확률**(transitional probability)이라 하는데, 위의 예시 문장에서 'house'의 전이확률은 20%였고, 'child'의 전이확률은 1%였다.

④ 머튼의 실험 결과 높은 전이확률로 인해 문맥상 강하게 예측되는 단어의 인지역이 그렇지 않은 경우보다 낮았다. 즉, 문장 문맥상에서 매우 기대되는 단어일수록 더 짧은 제시시간에서도 인지가 가능했다.

⑤ 문장문맥효과는 어휘점화효과와 달리 선행하는 표적단어 때문이 아니라 세상사에 대한 일반적 경험에 근거한 효과로 볼 수 있다.

> 💡 더 알아두기 🔍
>
> **문장문맥효과 예시**
> • 그 배우는 _____기를 참 잘해요.
> • 여름에는 _____기가 극성이에요.
> • 정육점에서 _____기를 사왔습니다.
> • 추운 겨울에는 _____기에 걸리기 쉬워요.

4 단어인지과정의 모형

(1) 자율적 모형과 상호작용적 모형 중요 ★★

① 단어재인을 통한 문장이해 과정은 크게 단어를 인지하는 **어휘처리기**(lexical processor), 단어들 간의 문법적 관계를 처리하는 **통사처리기**(syntactic processor), 그리고 문장 전체에 대한 의미적 해석을 하는 **의미처리기**(semantic processor)로 이루어진다고 가정된다.

② 단어재인을 통한 문장이해 과정은 하위체계의 성질에 따라 **자율적 모형**(autonomous component model)과 **상호작용적 모형**(interactive model)으로 구분된다.

③ 자율적 모형에서 정보처리의 흐름은 위로 일방적으로 나아가는 **상향적 처리**(bottom-up processing)로 전개된다. 따라서 각 체계가 하위체계로 입력을 받지만, 상위체계가 하위체계의 처리를 지시하거나 간섭할 수 없다.

④ 상호작용적 모형에서 정보처리의 흐름은 여러 체계들 간의 동시병렬적 작업과 광범위한 상호작용으로 전개된다. 즉, 어떤 처리기가 하위 처리기로부터 정보를 입력받는 동시에 상위 처리기로부터도 정보를 받음으로써 **양방향 처리**(two-way processing)가 이루어진다는 것이다.

⑤ 자율적 모형에 따르면 문맥으로부터의 정보는 단어처리의 속도 및 결과에 극히 제한적인 영향을 미친다. 반면, 상호작용적 모형에 따르면 문맥으로부터의 정보는 단어처리의 속도 및 결과에 큰 영향을 미친다.

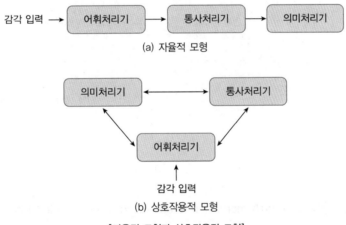

[자율적 모형과 상호작용적 모형]

(2) 로고젠 모형(logogen model) 중요 ★

① 로고젠 모형은 1960년대 말 머튼(Morton)이 제안한 모형으로 가장 널리 알려진 단어인지 모형이며, 단어인지와 관련해 **로고젠 시스템**(logogen system)과 **인지 시스템**(cognitive system)의 두 가지 체계를 가정하였다.

② 로고젠 모형은 기본적으로 어휘목록이 정신적으로 **로고젠**(logogen)으로 표상되어 있다고 가정한다. 로고젠은 하나의 단어를 표상하며, 로고젠 시스템은 로고젠의 집합으로 구성된다. 로고젠 시스템에 포함된 로고젠의 수는 개인이 태어나서 습득한 단어의 수와 동일하다고 가정된다.

③ 로고젠은 적절한 입력을 받으면 활성화되며, 이때 활성화의 강도는 감각입력의 크기에 비례한다. 특히 활성화의 수준이 어느 정도 이상이 될 때 **발화**(fire)하게 되는데 이는 단어를 사용 가능한 상태로 만든다는 의미이다. 결국 단어를 인지한다는 것은 수많은 로고젠 중에서 특정 로고젠이 발화한 상태로 볼 수 있다.

④ 로고젠은 두 방향으로 입력을 받는데, 하나는 단어 자극에 대한 감각적(시각적 및 청각적) 분석에서, 다른 하나는 인지시스템에서 온다.

⑤ 인지시스템은 개인이 가지고 있는 언어지식 또는 일반지식의 집합체로서, 문맥이나 상황을 해석하고 통사적 정보를 통해 단어를 예측한다. 특히 인지시스템은 예측된 단어를 표상하는 로고젠의 활성화 수준을 상승시킨다.

⑥ 로고젠은 출현 빈도에 따라 서로 다른 **휴지활성화수준**(resting activation level)을 가진다. 즉, 자주 사용되는 단어를 표상하는 로고젠의 경우 휴지활성화수준이 높아지므로, 상대적으로 적은 입력에 의해서도 발화가 가능하다.

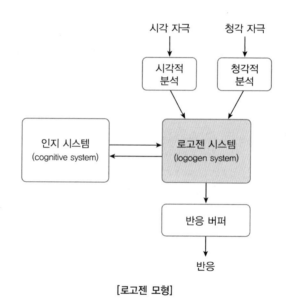

[로고젠 모형]

(3) 상호작용적 활성화 모형(IA model : interactive activation model) 중요 ★

① 맥클리랜드와 룸멜하르트(McClelland & Rumelhart, 1981)에 의해 제안된 모형으로 **연결주의**(connectionism) 또는 **병렬분산처리**(PDP : Parallel Distributed Processing)에 관한 모형의 효시로 볼 수 있다.

② IA 모형에서 기본적인 정보처리단위는 **마디**(node)와 각 마디들을 연결하는 **고리**(link)로 구성되어 있다. 마디의 활성화 수준은 입력에 따라 변하는데 **흥분성**과 **억제성**을 지닌다. 어떤 시점에서 한 마디의 활성화 수준은 그 시점에서의 모든 흥분성 입력의 총합에서 억제성 입력의 총합을 뺀 값에 비례한다.

③ IA 모형은 **세부특징 수준**(feature level), 단독문자로서 **낱자 수준**(letter level), 그리고 **단어 수준**(word level)의 3단계를 가정한다.

④ 세부특징 마디들은 시각적 자극을 분석하는 처리기로서 낱자의 특징을 이루는 직선, 사선, 곡선 등에 반응한다.

⑤ 낱자 마디는 영문자를 표상하는데, 낱자 마디가 표상하는 영문자와 세부특징 마디가 표상하는 세부특징이 전체-부분의 관계인 경우 두 마디가 **흥분성 연결**(excitatory connection)을 하는 반면, 아무런 관계가 없는 경우 **억제성 연결**(inhibitory connection)을 하게 된다. 특히 낱자 마디들은 서로 경쟁적인 상태에 놓이게 되는데, 단 하나의 마디만이 활성화가 높은 상태에 있게 되고, 다른 마디들은 활성화 수준이 기본 수준 이하로 떨어지게 된다.

⑥ 단어 마디는 단어를 표상하며, 그 수는 한 개인이 습득한 단어의 수만큼 존재한다. 단어 수준의 마디 또한 낱자 수준의 마디와 마찬가지로 흥분성 연결과 억제성 연결을 가지며, 전체-부분의 관계에서 흥분성 연결을, 나머지 관계에서는 억제성 연결을 하게 된다.

⑦ IA 모형은 **단어우월성효과**(Word superiority effect)를 잘 설명한다. 단어우월성효과는 단어 수준의 마디에서 낱자 수준의 마디로 내려오는 피드백으로 하향적 활성화의 확산에 기인하는 효과로 볼 수 있는 것이다.

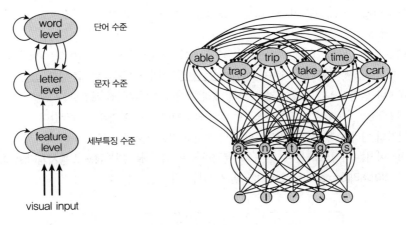

[상호작용적 활성화 모형]

제 **3** 장 문장 이해

제 1 절 문장 이해의 과정

1 문장처리과정 중요 ★★

(1) 문장처리장치

① 단어인지과정을 거쳐 한 문장 속에 포함된 단어의 의미와 문법적 범주 등의 정보가 **작업기억**(working memory)을 거치며 특별한 노력을 기울이지 않고 거의 자동적으로 문장의 의미를 파악하게 된다.

② 예를 들어 '소녀', '더페이머스램', '카페', '커피', '마신다'와 같은 단어의 의미가 파악되면 '소녀가 더페이머스램 카페에서 커피를 마신다.'는 문장의 의미가 표상될 수 있다.

③ 하지만 일반적으로 문장의 경우 여러 개의 단어들로 이루어진 복잡한 구조를 지니고 있기 때문에 개별 단어들의 단순한 조합만으로는 문장의 의미파악에 어려움이 발생한다.

④ 문장의 처리는 입력된 언어 정보와 우리가 갖고 있는 언어에 대한 지식이 함께 동원되어 의미파악이 이루어지는 과정으로 볼 수 있다. 즉, 문장처리를 위해서는 기본적으로 **통사처리**(syntactic process)와 **의미처리**(sematic process)가 필요하다는 것이다.

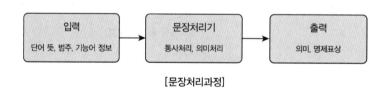

[문장처리과정]

(2) 통사처리과정

① **통사처리** 또는 **구문분석**(parsing)과정은 단어들 혹은 구성성분들이 갖는 구조적·기능적 관련성을 계산하는 과정을 의미한다.

② 예를 들어 '귀여운 아이가 사탕을 먹었다.'라는 문장에서 '귀여운'과 '아이'는 **명사구**(NP : noun phrase)를 이루고, '사탕', '먹다'는 **동사구**(VP : verb phrase)를 이루며 명사구와 동사구가 연결되어 하나의 **문장**(S : sentence)이 된다.

③ 통사처리를 통해 단어들의 계열이 위계적인 구조로 바뀌게 되는데, 이는 구 구조(구절구조)로 표현된다. 이러한 통사처리는 각 단어들이 다른 단어와 어떻게 결합되고, 서로 어떤 연관성이 있는지를 알려준다.

④ 사람들은 문장의 각 구성성분에 적합한 통사 범주(명사, 동사, 형용사 등)를 할당한다. 그리고 분석한 구성성분들의 문법적 배열을 구성하기 위해 **통사 규칙**(syntactic rule)을 사용한다.

⑤ 하지만 이러한 통사처리가 일어나는 과정은 우리가 자각할 수 없으며, 대부분 아주 빠르게 발생한다.

(3) 의미처리과정

① 문장처리장치의 두 번째 요소로 의미처리는 한 문장 속에 포함되어 개별단어의 의미에 통사구조에 관한 정보를 결합함으로써 그 문장의 의미인 명제표상을 형성하는 과정이다.

② 명제표상의 형성이 문장이해 과정에서 중요하며, 제시된 문장을 그대로 기억하는 것이 아니라 명제를 통해 저장된다는 많은 실험적 증거들이 있다.

③ 킨치와 키넌(Kintsch & Keenan, 1973)은 명제를 형성하는 의미처리과정이 실제 문장이해 과정에서 일어남을 증명하였다.

　㉠ 같은 단어 수로 이루어진 문장이지만, 명제의 수가 서로 다른 문장을 제시한 뒤 각 문장의 읽기시간을 비교하였다.

　㉡ 그 결과 명제의 수가 적을수록 더 빨리 읽는다는 사실을 증명하였다. 이는 명제 수가 적을수록 의미처리가 용이하기 때문으로 해석될 수 있다.

④ 웨너(Wanner, 1974)는 아래 문장을 참가자들에게 들려준 뒤에 문장의 특정 부분의 어순을 바꾸어 다시 들려주고 앞서 제시된 문장인지 여부를 판단시켰다.

　㉠ 의미변화가 발생되는 문장은 100% 정확하게 앞서 제시된 문장과 다른 문장임을 구별할 수 있었다. 하지만 의미변화가 발생되지 않고 동일한 명제가 표상되는 경우에는 정확 재인율이 50%였다.

　㉡ 이러한 결과는 문장에 대한 작업기억이나 장기기억에 저장되는 표상이 명제라는 것을 증명한다.

When you score the result, do nothing to **your correct** answer but **mark carefully** those answers which are wrong.

의미 변화 발생
다른 명제 　⟶　 When you score the result, do nothing to **correct your** answer but mark carefully those answers which are wrong.

의미 변화 미발생
같은 명제 　⟶　 When you score the result, do nothing to your correct answer but **carefully mark** those answers which are wrong.

[웨너의 의미처리과정 증명 실험]

제 4 장 구문분석과 텍스트 처리

제 1 절 구문분석

1 구문분석의 연구

(1) 구문분석의 연구

① 구문분석의 과정은 일반적으로 자각 없이 매우 빠르게 이루어지기 때문에 과정 연구에 어려움이 있다.

② 따라서 중의적(ambiguity) 문장이나 오인(garden path ; 길 혼동) 문장을 사용해 연구한다. 중의적 문장구조는 문장을 이해하고 처리하는 것을 어렵게 만든다. 따라서 구문처리에 관한 연구는 어떤 처리의 부담이 단어의 어느 위치에서 일어나는가를 파악하고, 그 자료를 토대로 구문분석의 과정을 밝히고자 한다.

(2) 중의적 문장구조

① **주어의 범주에 의한 중의성**

> 광수는 영희와 영수를 좋아한다.

㉠ 주어가 명확히 구분되지 않아 두 가지로 해석되는 문장이다.

㉡ 광수가 영희와 영수, 두 사람을 좋아한다는 의미로 해석될 수도 있고, 광수가 영희와 함께 영수를 좋아한다는 의미로 해석될 수도 있다.

② **비교의 범주에 의한 중의성**

> 광수는 영희보다 나를 더 좋아한다.

㉠ 비교의 대상이 명확히 한정되지 않아 두 가지로 해석되는 문장이다.

㉡ 광수가 영희를 좋아하는 것보다 나를 좋아하는 정도가 더 크다는 의미로 해석될 수도 있고, 광수가 나를 좋아하는 정도가 영희가 나를 좋아하는 강도보다 더 크다는 의미로 해석될 수 있다.

③ **수식의 범주에 의한 중의성**

> 아름다운 그녀의 목소리를 듣고 싶다.

ㄱ 수식하는 대상이 명확히 지정되지 않아 두 가지로 해석되는 문장이다.

ㄴ 그녀가 아름답다는 의미로 해석될 수도 있고, 그녀의 목소리가 아름답다는 의미로 해석될 수도 있다.

2 구문분석의 과정

(1) 구문분석의 원리 중요 ★★

① **증가처리(incremental processes)**

ㄱ 구문분석 방법이 어느 한 가지로 확정적이지 않을 경우 주어진 단어들을 가능한 한 신속히 분석하고 집단화하여 처리한다는 원리이다. 즉, 문장의 끝에 도달할 때까지 해석을 멈추고 기다리는 것이 아닌 주어진 대로 최대한 빠르게 해석을 한다.

ㄴ 이는 **지연처리(delayed processes)**와 대비되는 것으로, 개별 단어들을 작업기억에 계속적으로 유지시키는 것이 사실상 어렵고, 비효율적이라는 점을 강조한다.

② **단순구조(simple structure) 형성**

ㄱ 가능한 한 단순한 구조를 이루는 방식으로 구문분석을 수행한다는 원리이다. 단어들은 가급적 하나의 절로 처리하는 것이 단순구조를 형성하는 데 유리하다. 만약 단어들이 또 다른 절에 의해 연결(또는 수식)된다면 재분석의 처리 부담을 안게 된다.

ㄴ 단순구조 형성의 원리는 **최소부착(minimal attachment)**과 **늦은종결(late closure)**의 두 가지 구문분석전략(parsing strategies)에 의해 실현된다.

(2) 구문분석전략(parsing strategies) 중요 ★★★

① **최소부착(minimal attachment)**

ㄱ 명사구(NP)나 동사구(VP)와 같은 마디의 수를 최소로 하는 형태로 입력된 단어를 구 구조에 부착하는 것을 의미한다.

ㄴ 'and'는 명사구 접속사(에린은 마시와 그녀의 여동생에게 키스를 했고…) 또는 새로운 명사구의 시작(에린은 마시에게 키스했고, 그녀의 여동생은 …)으로 해석될 수 있다. 이런 경우 우리는 전자를 선호하는 경향이 있다.

> Erine kissed Marcie and her sister …

ㄷ 김영진(2004)은 두 문장을 읽을 때 안구 운동을 비교하였다. 그 결과 중의성이 해소되는 위치('사실이', '건축가를')에서 (b) 문장의 '건축가를' 부분이 더 긴 읽기 시간과 더 빈번한 안구의 회귀(regression)가 관찰되었다.

> (a) 그 운전사가 청소부를 설득한 <u>사실이</u> 알려졌다.
> (b) 그 운전사가 청소부를 설득한 <u>건축가를</u> 비판한다.

② **늦은종결(late closure)**

　㉠ 문법적으로 허용될 경우 새로운 항목(단어 또는 구)을 현재 처리 중인 구 구조에 부착하는 것이다.

　㉡ 다음 문장에서 부사 'yesterday'는 주절에 붙을 수도(Tom said...) 혹은 종속절에 붙을 수도 있다(Bill had taken...). 이런 경우 우리는 후자를 선호하는 경향이 있다.

> Tom said that Bill had taken the cleaning out <u>yesterday</u>.

　㉢ 다음 문장에서 전치사구 'in the library'는 동사 'put'을 수식할 수도 혹은 동사 'reading'을 수식할 수도 있다. 이런 경우 우리는 후자를 선호하는 경향이 있다.

> Jessie put the book Kathy was reading <u>in the library</u>.

제 2 절　텍스트 처리

1 텍스트의 활용

(1) 텍스트의 이해

① 우리가 보는 신문이나 소설, 웹사이트 등은 단순한 단어나 문장을 넘어서서 덩이글을 사용하며, 이때 수많은 문장들이 하나 혹은 그 이상의 주제를 중심으로 구성된다.

② 텍스트(text) 또는 **담화(discourse)**는 하나 이상의 문장으로 구성된 덩이글을 의미한다. 그러나 덩이글의 모든 단어나 문장들을 제시된 그대로 기억하는 것이 아니다.

③ 텍스트의 이해과정은 문장과 문장을 연결하여 문장 간의 연결 의미를 파악하는 과정으로 나타난다.

④ 단어나 문장은 텍스트에 있었던 그대로가 아닌 표상으로 기억되며, 그 의미와 내용은 압축되어 전체적인 의미를 대표하는 명제로 만들어진다.

⑤ 이러한 **응집된(coherent)** 표상은 텍스트에 포함되어 있는 개별 명제들이 비교적 잘 정리되어 기억 속에 저장된다는 의미로 사용되는 것이다.

(2) 연결된 명제의 표상

① 대부분의 경우 텍스트에서 응집된 표상을 형성하는 과정은 어렵지 않은 편이다. 텍스트 자체에 단서가 있기 때문이다.

② 문장들 간에 동일한 논항(명사)이 있거나 동일한 논항을 지칭하는 대명사가 있으며, 각 문장이 텍스트 이해 맥락에서 **공통-참조(co-referent)**를 중심으로 연결될 수 있기 때문이다.

③ (a)와 (b) 두 문장이 연이어 제시될 경우 대명사의 사용은 문장이해에 전혀 문제가 되지 않는다. '그녀'는 '영희'라는 사실을 바로 이해할 수 있다.

> (a) 철수가 영희를 때렸다.
> (b) 그녀가 넘어졌다.

④ 하지만 특정한 대명사가 지칭하는 명사가 몇 개의 문장 앞에 떨어져 있다면 이해가 어려워진다. 즉, 대명사와 공통참조를 이루는 명사가 멀리 떨어져 있을수록 대명사가 지칭하는 명사를 정확히 찾지 못하기 때문이다.

⑤ 이는 텍스트 이해의 중요한 요소가 공통참조를 통한 응집성 있는 표상형성이라는 점을 제안한다. 하지만 공통참조 논항이 없음에도 두 문장에 포함된 명제를 연결시킬 수도 있다.

⑥ (c)와 (d) 문장은 공통참조 논항이 없음에도 '소풍 가방에 음료수가 들어있었는데, 그것이 미지근해졌다.'라는 식의 추측이 가능하다. 이와 같이 문장들 사이에서 일정하게 형성되는 추론적 연결고리를 **연결추론**(bridging inference)이라 한다. 즉, 두 문장을 연결하기 위한 추론이다.

> (c) 철수는 소풍 가방을 차에서 꺼냈다.
> (b) 음료수가 미지근했다.

⑦ 연결추론이 가능한 것은 장기기억 속에 세상에 대한 지식이 있기 때문이다. 세상에 관한 일반지식이나 특정 영역에 관한 지식이 문장들을 연결하여 하나의 응집된 표상을 형성하는 데 관여한다.

2 텍스트의 처리 중요★

(1) 텍스트의 기저

① 실제 텍스트에 사용된 단어, 구, 문장의 언어적 관계로 이루어진 표면구조는 매우 짧은 시간 동안 기억 속에 머문 후 **텍스트 기저**(text base)로 변환된다.

② 텍스트 기저는 텍스트 의미에 관한 표상으로서 텍스트에 의해 실제로 표현되는 바를 나타낸다.

③ 텍스트 기저에서 명제적 표상이 이루어진다는 것은 텍스트에 실제로 사용된 단어나 문장 등이 정보 수준의 형태로 변형된 것으로 볼 수 있다. 이때 명제는 동사, 형용사 등으로 이루어진 **술어**(predicate)와 명사, 절 등으로 이루어진 하나 이상의 **논항**(argument)으로 구성된다.

④ 명제 수준의 표상으로 이루어진 텍스트 기저는 **소형구조**(micro-structure)와 **대형구조**(macro-structure)로 나누어 살펴볼 수 있다. 소형(미시)구조는 명제가 서로 관련을 맺고 있는 관계망으로, 장기기억 정보에 의해 보완되고 통합되며, 각 문장의 정보에 대한 국소적 표상 구조를 나타낸다. 대형(거시)구조는 소형(미시)구조로부터 조출된 대형명제가 위계적으로 조직된 것으로 텍스트에 대한 총체적 구조를 나타낸다.

(2) 대형구조의 형성

① 대형구조가 형성되기 위해서는 우선 소형구조로부터 대형명제(macro-proposition)가 도출되어야 한다.

② 대형명제는 대형규칙(macro-rule)을 통해 나오게 되는데, 이 과정은 텍스트에 제시된 중심내용에 대한 판단을 토대로 이루어진다는 점에서 텍스트를 요약하는 것으로 볼 수 있다.

③ 대형규칙을 통해 도출된 대형명제가 서로 관련성을 맺으면서 위계적으로 조직되는 것은 수사학적 도식(schema)에 의해서이다. 이때 텍스트의 장르적·관습적 특성이 텍스트의 대형구조 형성에 반영된다.

④ 결국 대형구조의 형성은 텍스트에 나타난 중심내용을 파악하고 그 정보들 간의 관계를 토대로 구조적으로 텍스트를 요약해 나가는 과정인 것이다.

(3) 대형규칙의 종류

삭제 (deletion)	일련의 명제들 중 중요하지 않은 정보와 중복되는 정보는 삭제한다.
선택 (selection)	다른 명제를 조건, 전제, 결과 등으로 함의하는 명제는 삭제되지 않고 선택된다.
일반화 (generalization)	일련의 명제들은 각각의 명제들의 확대집합을 나타내는 보다 일반적인 명제로 대체될 수 있다.
구성 (construction)	일련의 명제들은 어떤 상태, 사건, 조건, 상황, 구성요소, 결과와 같은 총체적이고 통합된 사실을 나타내는 명제로 대체될 수 있다.

(4) 상황모형(situation model)의 구축

① 텍스트를 이해하기 위해서는 소형구조와 대형구조를 형성하는 것만으로 불충분하다. 최근의 인지과학 연구에서는 텍스트의 이해를 위해 텍스트 자체에서 형성되는 명제표상 이외에 텍스트가 기술하고 있는 상황에 대한 내적 표상이 형성되어야 한다고 주장하고 있다. 이와 같은 표상을 상황모형이라 한다.

② 브랜스포드와 존슨(Bransford & Johnson, 1975)은 참가자들에게 다음 글을 읽힌 뒤 글의 이해정도 평정과 회상검사를 실시하였다. 그 결과 글의 내용을 거의 이해하지 못했으며, 전체 내용의 26% 정도만을 기억할 뿐이었다.

> 만약 풍선들이 갑자기 튀어 올라가면 소리를 운반할 수 없을 것인데, 모든 것이 알맞은 층에서 멀리 떨어지기 때문이다. 닫힌 창문도 소리의 운반을 막을 것인데, 왜냐하면 대부분의 건물들은 방음이 잘 되어 있기 때문이다. 모든 작동이 전류의 안정적인 흐름에 의존하는 것이기에 선의 중간이 잘라지면 문제를 일으킬 수 있다. 물론 그 사람이 소리를 지를 수도 있지만, 인간의 목소리는 그렇게 멀리 갈 수 있을 만큼 크지 않다. 이 큰 장치를 부술 수 있는 부가적인 문제도 있다. 그러면 내용에 반주가 없게 된다. 거리가 짧은 게 최상의 상황이라는 것은 확실하다. 그러면 훨씬 잠재적인 문제가 적어질 것이다. 면대면의 만남이라면 잘못될 것들이 최소가 될 것이다.

③ 어휘나 문장이 어렵지 않고, 대형구조 형성에도 문제가 없음에도 불구하고 이해가 어렵고 회상이
  잘 안 되는 이유는 글이 어떤 상황을 표현하고 있는지 파악할 수 없기 때문이다.

④ 실험에 제시된 글은 한 남자가 여자에게 사랑의 세레나데를 부르려고 하는 상황을 묘사한 것이다.
  다음 그림을 보고 상황을 파악한 뒤 다시 제시된 글을 읽으면 무슨 글인지 잘 파악이 될 것이다.

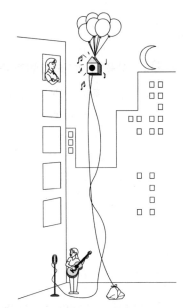

[브랜스포드와 존슨(1973)의 실험에서 사용된 그림]

⑤ 상황모형은 제시된 정보와 독자 지식이 결합되어 구성되는 일종의 지식표상이다. 즉, 글을 읽으면서
  글이 지칭하는 상황에 관해 새롭게 형성되는 지식구조이다.

⑥ 또한 일반적으로 지각적 표상 또는 **심상**(imagery)의 형태를 가진다. 추상적인 내용을 다루는 **설명
  식의 글**(expository text)의 이해가 어려운 이유는 지각적 표상이나 심상이 잘 그려지지 않기 때문
  이다.

제6편 실제예상문제

01 언어는 생산적이다. 언어 사용자는 언어구조의 규칙 내에서 새로운 표현을 만들어낼 수 있으며, 새로운 표현의 생성 가능성은 거의 무한대이다.

01 다음 중 언어의 일반적 특성을 잘못 설명하고 있는 것은?

① 소통적 – 언어는 같은 언어를 사용하는 사람들 간에 의사소통을 가능하게 함
② 규칙적인 구조화 – 언어에는 규칙적인 구조가 존재함
③ 역동성 – 언어는 시간과 장소에 따라 끊임없이 변화함
④ 생산성 – 의사소통을 위해 특정한 임의적 상징을 공유

02 음소는 가능한 모든 단음 중에서 서로 구분이 가능한 소리이며, 형태소는 의미를 갖는 최소한의 언어단위이다. 덩이글은 대화, 문단, 이야기, 책 전체처럼 문장 이상의 수준으로 사용되는 언어단위를 의미한다.

02 다음 중 언어의 기본구조를 작은 단위부터 순서대로 배열한 것은?

① 형태소 – 음소 – 덩이글
② 덩이글 – 형태소 – 음소
③ 음소 – 형태소 – 덩이글
④ 형태소 – 덩이글 – 음소

03 형태소에는 크게 실제적 의미를 지니는 내용 형태소와 접두사나 접미사와 같이 문법적 맥락에 맞추는 기능을 하는 형식 형태소가 있다.

03 언어의 기본구조로서 음소(phoneme)와 형태소(morpheme)에 대한 설명으로 옳지 않은 것은?

① 음소는 음성보다 추상적인 성격을 띤다.
② 음소는 단어의 의미를 변화시키는 데 사용할 수 있다.
③ 형태소는 구체적인 의미를 지닌 언어의 최소단위이다.
④ 문법적 기능을 하는 접사는 형태소가 아니다.

정답 01 ④ 02 ③ 03 ④

04 다음 설명에서 괄호 안에 공통으로 들어갈 용어로 옳은 것은?

> • (　　)은(는) 단어가 결합하여 형성되는 구, 절, 문장의 구조
>   나 기능을 연구하는 학문 분야이다.
> • (　　)은(는) 단어와 기타 형태소들이 어떻게 배열되어야 문
>   법에 맞는 문장이 만들어지는지를 명시하는 규칙을 다룬다.

① 음운론
② 통사론
③ 의미론
④ 화용론

04 통사론은 구성요소 간의 의미적 관계가 어떤 형태로 나타날 수 있는지가 주요 관심사로 통사 규칙을 다룬다. 통사규칙은 화자, 청자, 저자, 독자 모두가 언어를 이용한 동일한 게임을 할 수 있도록 해준다.

05 언어 습득의 단계 중 옹알이(babbling) 단계에 대한 설명으로 옳지 <u>않은</u> 것은?

① 이 시기의 영아는 모음과 자음으로 구성된 의미없는 말을 한다.
② 언어능력이 목울림 단계에 비해 더 보편적인 능력으로 획득해 나가는 특징을 보인다.
③ 본격적으로 모국어의 발음 특징에 대한 학습이 일어나는 시기이다.
④ 정상영아는 모국어의 특징을 반영하는 특징적인 자모음소로 소리를 낸다.

05 옹알이 단계는 일반적인 능력에서 좀 더 구체적인 능력으로 발달해가는 특징을 보인다.

06 다음 중 말소리 지각에 대한 설명으로 옳지 <u>않은</u> 것은?

① 같은 /ㅂ/이라도 같은 단어 속에서 전혀 다른 소리로 들릴 수 있다.
② 다른 주파수라도 같은 단어는 동일한 단어로 인지할 수 있다.
③ 말소리 자극은 음향적으로 불변성을 가지고 있다.
④ 말소리의 분절은 연속적으로 주어지는 발화에서 언어의 구조를 이루는 단위들을 분석해내는 과정이다.

06 말소리 자극은 음향적으로 불변성이 결여되어 있다. 예를 들어, 동시조음 현상은 자음의 음향적 특성의 변화를 설명한다.

정답　04 ② 　05 ② 　06 ③

07 말소리 자극은 연속적으로 변하지만 이에 대한 인간의 지각은 연속적으로 변화하지 않으며, 역치를 넘어설 때 지각 결과에 대한 변화가 발생하는데 이를 범주적 지각이라 한다.

08 단어인지의 과정은 단어 자극 입력으로부터 어휘-의미 체계의 활성화에 이르는 상향적 처리(bottom-up processing) 과정으로 설명된다. 이는 지각이 눈을 통해 받아들이는 자극의 모습으로부터 출발한다는 자료 주도적 접근(data-driven processing) 관점의 접근방법이다.

09 단어우월효과란 같은 낱자라도 단어 속에 들어 있을 때 인지 속도가 더 빨라지는 현상을 말한다.

07 말소리 자극의 자극 변화가 일정 수준을 넘어설 때 인간의 지각 결과에 변화가 일어나는 것을 말하는 개념으로 옳은 것은?

① 범주적 지각(categorical perception)
② 말소리 분절(segmentation)
③ 동시조음(coarticulation)
④ 변별특질(distinctive feature)

08 다음 중 단어인지에 대한 설명으로 옳지 <u>않은</u> 것은?

① 모든 언어에서 언어의 의미는 단어수준에서 완전하게 나타난다.
② 어휘(lexical)는 단어가 기억에 표상된 상태를 의미한다.
③ 단어 자극에 대한 분석은 자소, 철자속성, 음운속성을 찾는 것에서 비롯된다.
④ 단어인지의 과정은 단어 자극 입력으로부터 어휘-의미 체계의 활성화에 이르는 하향적 과정으로 설명된다.

09 다음 중 동일한 문자라도 비단어일 때보다 단어 속에 나올 때 그 문자를 잘 인지하는 현상은?

① 단어-비단어효과
② 단어우월효과
③ 맥락효과
④ 유사단어효과

정답 07① 08④ 09②

10 다음 설명과 연관된 단어의 인지에 관한 효과로 옳은 것은?

> 점화단어로 '의사'가 먼저 제시된 후 표적단어로 '간호사'가 제시된 조건이 표적단어로 '빵'이 제시된 조건보다 단어 판단이 더 빠르게 나타났다.

① 어휘점화효과
② 빈도효과
③ 글자의 친숙성 효과
④ 단어이웃효과

10 어휘점화효과란 먼저 제시된 단어가 나중에 제시된 단어의 처리에 영향을 주는 현상으로, 먼저 제시된 점화단어와 나중에 제시된 표적단어 사이에 연상관계가 있을 때 일어나는 일종의 문맥효과이다.

11 다음 중 같은 비단어이지만 단어와 비슷한 문자배열을 지닌 비단어에 대한 단어 판단시간이 느린 현상으로 옳은 것은?

① 단어-비단어효과
② 유사단어효과
③ 글자의 친숙성 효과
④ 단어우월효과

11 단어와 문자배열이나 음소배열이 비슷한 단어들을 유사단어 또는 사이비단어라 부른다. 이러한 사이비단어들이 어휘판단이나 명명과제 수행에 영향을 미치는 효과를 유사단어효과라 한다.

12 단어재인에 관한 모형으로서 자율적 모형의 처리 과정을 순서대로 나열한 것은?

① 감각 분석 → 단어처리기 → 통사처리기 → 의미처리기
② 감각 분석 → 통사처리기 → 의미처리기 → 단어처리기
③ 감각 분석 → 의미처리기 → 통사처리기 → 단어처리기
④ 감각 분석 → 의미처리기 → 단어처리기 → 통사처리기

12 단어의 인지는 단어처리기, 단어들 간의 문법적 관계에 대한 처리는 통사처리기, 그리고 문장 전체에 대한 의미의 해석은 의미처리기에서 이루어지는데 자율적 모형은 이를 상향적 처리 과정으로 설명한다.

정답 10 ① 11 ② 12 ①

13 로고젠 모형은 단어인지과정에 관한 모형 중 하나로 로고젠 시스템과 인지 시스템을 가정한다. 어휘목록이 정신적으로 로고젠(logogen)으로 로고젠 시스템에 표상되어 있다고 가정한다. 로고젠 시스템은 감각 자극과 인지 시스템으로부터 입력을 받는다. 인지 시스템은 예측된 단어를 표상하는 로고젠의 활성화 수준을 상승시킨다.

13 다음 설명에서 괄호 안에 들어갈 개념을 순서대로 나열한 것은?

- 로고젠 모형은 60년대 말 머튼(Morton)이 제안한 모형으로 가장 널리 알려진 단어인지 모형이며, 단어인지와 관련해 (㉠) 시스템과 (㉡) 시스템의 두 가지 체계를 가정하였다.
- (㉠) 시스템에 포함된 로고젠의 수는 개인이 태어나서 습득한 단어의 수와 동일하다고 가정된다.
- (㉡) 시스템은 개인이 가지고 있는 언어지식 또는 일반지식의 집합체로서, 문맥이나 상황을 해석하고 통사적 정보를 통해 단어를 예측한다.

	㉠	㉡
①	로고젠	코호트
②	인지	코호트
③	로고젠	인지
④	코호트	로고젠

14 상호작용적 활성화 모형은 마디의 활성화 수준은 입력에 따라 변하는데 흥분성과 억제성을 지닌다고 가정하며, 어떤 시점에서 한 마디의 활성화 수준은 그 시점에서의 모든 흥분성 입력의 총합에서 억제성 입력의 총합을 뺀 값에 비례한다고 가정한다.

14 단어인지와 관련된 상호작용적 활성화 모형에 대한 설명으로 옳지 않은 것은?

① 낱자가 단어 지각에 영향을 주고 단어가 낱자 지각에 영향을 준다.
② 세부특징/낱자/단어 수준의 활성화가 서로 상호작용한다.
③ 흥분성 연결과 억제성 연결이 존재하며 이 연결들의 절대값의 합으로 활성화가 이루어진다.
④ 단어인지와 관련하여 병렬분산처리를 이용한 최초의 모델이다.

정답 13 ③ 14 ③

15 다음 중 문장처리과정에 대한 설명으로 옳지 <u>않은</u> 것은?

① 문장처리를 위해서는 기본적으로 통사처리와 의미처리가 필요하다.

② 통사처리는 단어들 혹은 구성성분들이 갖는 구조적·기능적 관련성을 계산하는 것이다.

③ 통사처리에 의한 위계적 구조는 구 구조로 표현된다.

④ 문장의 구성성분들의 문법적 배열을 구성하기 위해 의미 규칙을 사용한다.

15 문장의 구성성분들의 문법적 배열을 구성하기 위해 통사 규칙을 사용한다.

16 다음 중 구문분석 방법이 어느 한 가지로 확정적이지 않을 때 주어진 단어들을 가능한 한 신속하게 분석하고 집단화하여 처리하는 원리는?

① 증가처리
② 지연처리
③ 최대부착
④ 빠른종결

16 구문분석 시 사람들은 문장의 끝에 도달할 때까지 해석을 멈추고 기다리는 것이 아닌 주어진 대로 최대한 빠르게 해석을 한다. 즉, 개별 단어들을 작업기억에 계속적으로 유지시키는 것이 사실상 어렵고, 비효율적이라는 점을 강조한다.

17 다음 설명과 관련된 구문분석전략은?

'Ernie kissed Marcie and her sister…'라는 문장을 접하게 되면 사람들은 'and'를 새로운 명사구의 시작이 아닌 명사구의 접속사로 해석하는 경향이 있다.

① 통사처리
② 의미처리
③ 최소부착
④ 늦은종결

17 최소부착(minimal attachment)이란 명사구(NP)나 동사구(VP)와 같은 마디의 수를 최소로 하는 형태로 입력된 단어를 구 구조에 부착하는 것을 의미한다.

정답 15 ④ 16 ① 17 ③

18 우리가 텍스트를 접하게 되면 주어진 문장 그대로 저장되는 부분이 있기도 하지만, 표상으로 기억되며 의미와 내용이 압축되어 의미를 대표하는 명제로 만들어진다.

19 [문제 하단의 표 참조]

18 다음 중 텍스트(text)의 이해와 활용에 대한 설명으로 옳지 않은 것은?

① 텍스트(text)는 하나 이상의 문장으로 구성된 덩이글을 말한다.
② 사람들은 일반적으로 제시된 텍스트의 단어나 문장을 있는 그대로만 기억하는 경향이 있다.
③ 텍스트의 이해과정은 문장과 문장을 연결하여 문장 간의 연결 의미를 파악하는 과정으로 나타난다.
④ 명제는 텍스트의 주제로서의 역할을 수행하게 된다.

19 다음 설명과 관련 있는 대형규칙의 종류는?

> 일련의 명제들은 각각의 명제들의 확대집합을 나타내는 보다 일반적인 명제로 대체될 수 있다.

① 삭제
② 선택
③ 일반화
④ 구성

[대형규칙의 종류]

삭제 (deletion)	일련의 명제들 중 중요하지 않은 정보와 중복되는 정보는 삭제한다.
선택 (selection)	다른 명제를 조건, 전제, 결과 등으로 함의하는 명제는 삭제되지 않고 선택된다.
일반화 (generalization)	일련의 명제들은 각각의 명제들의 확대집합을 나타내는 보다 일반적인 명제로 대체될 수 있다.
구성 (construction)	일련의 명제들은 어떤 상태, 사건, 조건, 상황, 구성요소, 결과와 같은 총체적이고 통합된 사실을 나타내는 명제로 대체될 수 있다.

정답 18 ② 19 ③

20 다음 중 텍스트 이해를 위한 상황모형에 대한 설명으로 옳지 <u>않은</u> 것은?

① 텍스트 이해를 위해선 텍스트 자체에 형성되는 명제표상 이외에 상황에 대한 내적 표상을 강조한다.

② 텍스트에 대한 문법적 분석을 강조하는 이론적 모형이다.

③ 영화를 본 뒤 세부사항을 잊어도 주제는 비교적 오랫동안 기억에 남는 원리를 설명한다.

④ 제시된 정보와 독자 지식이 결합되어 구성되는 일종의 지식표상이다.

20 상황모형은 텍스트를 이해하기 위해선 소형구조와 대형구조뿐만 아니라 텍스트가 기술하고 있는 상황에 대한 내적 표상이 형성되어야 한다고 주장하는 모형이다.

◆ **주관식 문제**

01 언어의 연구와 관련해서 단어가 결합하여 형성되는 구(phrase), 절(clause) 그리고 문장(sentence)의 구조나 기능을 연구하는 학문 분야가 무엇인지 쓰시오.

01 [정답]
통사론
[해설]
통사론에서는 단어와 기타 형태소들이 어떻게 배열되어야 문법에 맞는 문장이 만들어지는지를 명시하는 통사 규칙(syntactic rule)을 다룬다. 즉, 통사론에서는 구성요소 간의 의미적 관계가 어떤 형태로 나타날 수 있는지가 주요 관심사이다.

[정답] 20 ②

02 **[정답]**
범주적 지각

[해설]
범주적 지각은 말소리뿐만 아니라 색채, 밝기, 무게 등 많은 지각 영역에서 나타나는 일반적인 현상 중 하나이다.

02 다음 설명에서 괄호 안에 들어갈 내용을 쓰시오.

> 말소리 자극은 연속적으로 변화하지만, 인간의 지각은 연속적으로 변화하지 않는다. 다만 자극의 변화가 일정 수준을 넘어설 때 인간의 지각에 비로소 변화가 나타나게 되는데 이와 같은 현상을 (   )(이)라 한다.

03 **[정답]**
코호트모형(Cohort model)

[해설]
코호트모형은 말소리 인지과정을 크게 코호트 생성과 단어 후보 선택으로 구분한다. 활성화된 단어들의 집합 속에서 다양한 언어지식을 통해 코호트 구성원들을 줄여가는 과정을 말소리 인지과정으로 설명한다.

03 마슬렌-윌슨과 타일러(Marslen-Wilson & Tyler, 1975)가 말소리 단어의 인지과정을 논리적으로 설명하기 위해 제안한 이론적 모형의 명칭을 쓰시오.

04 단독으로 제시된 단어의 인지와 관련해 단어우월효과에 대해 간략히 설명하시오.

04 정답
단어우월효과는 낱자(letter) 재인 시 낱자 단독으로 제시되거나, 무의미한 배열 속의 낱자로 제시될 때보다 단어 속에 제시될 때 낱자가 더 쉽게 재인되는 현상을 의미한다.
해설
단어는 개개 낱자들의 조합인 만큼, 단독문자로서 먼저 인지되고 그 결과 단어가 인지되는 것으로 생각될 수 있지만, 오히려 단어를 구성하는 낱자의 인지가 그 단어의 인지에 의해 영향을 받는다. 이러한 현상은 낱자 재인과정에서 하향적 정보의 효과를 보여주는 현상으로 볼 수 있다.

05 통사처리의 기본 원리로서 증가처리에 대해 간략히 설명하시오.

05 정답
증가처리는 구문분석방법이 어느 한 가지로 확정적이지 않을 경우 주어진 단어들을 가능한 한 신속히 분석하고 집단화하여 처리한다는 원리이다.
해설
증가처리는 개별 단어들을 작업기억에 계속적으로 유지시키는 것이 사실상 어렵고, 비효율적이라는 점을 강조한다.

안심Touch

여기서 멈출 거예요? 근지가 바로 눈앞에 있어요.
마지막 한 걸음까지 SD에듀가 함께할게요!

合 격 으 로 가 는 가 장 똑 똑 한 선 택 S D 에 듀 !

최종모의고사

I wish you the best of luck

독학사 심리학과 3단계

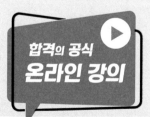

합격의 공식
온라인 강의

잠깐!

혼자 공부하기 힘드시다면 방법이 있습니다.
시대에듀의 동영상강의를 이용하시면 됩니다.
www.sdedu.co.kr ➔ 회원가입(로그인) ➔ 강의 살펴보기

제1회 최종모의고사 | 인지심리학

제한시간: 50분 | 시작 ___시 ___분 – 종료 ___시 ___분

⤷ 정답 및 해설 313p

01 다음 중 감각과 지각에 대한 설명으로 옳지 <u>않은</u> 것은?

① 감각은 물리적 에너지를 탐지하여 신경신호로 부호화하는 과정이다.
② 지각은 감각정보를 탐지하고, 선택하고 변환하는 과정을 의미한다.
③ 감각순응이란 일정한 자극에 지속적으로 노출됨으로써 자극에 대한 민감도가 줄어드는 현상을 말한다.
④ 생물의 감각은 생존에 필요한 정보를 효과적으로 획득하도록 진화되어 왔다.

02 다음 설명과 관련된 깊이지각의 단서로 옳은 것은?

> 철수와 영희는 3D 영화를 관람하기 위해 영화관을 찾았다. 영화관 입구에서 안경을 받은 두 사람은 영화가 시작되자 안경을 쓰고 3D 영화 관람을 시작하였다. 안경을 벗으면 어떻게 보일지 궁금했던 철수는 안경을 살짝 벗고 영화 화면을 보았다. 그 때 스크린 속의 화면이 2개가 겹쳐 보였다.

① 양안부등
② 시선수렴
③ 좋은형태
④ 중첩

03 다음 중 과학적 심리학의 출현 배경으로 옳지 <u>않은</u> 것은?

① 인간 마음에 대한 기능 연구
② 영국의 경험론
③ 데카르트의 기계론적 인간관
④ 연합주의 철학과 과학적 방법의 결합

04 다음 중 심리학 연구방법 중 인과관계를 가장 명확히 알 수 있는 방법으로 옳은 것은?

① 관찰연구
② 사례연구
③ 실험연구
④ 조사연구

05 다음 중 뉴런의 정보전달과정에 대한 설명으로 옳지 <u>않은</u> 것은?

① 뉴런 내 정보 전달은 전기적으로 일어나고 뉴런 간 정보전달은 화학적으로 일어난다.
② 축색 주변의 이온들은 확산력과 정전압 사이에 균형이 유지되며 분극화되어 있다.
③ 시냅스후 전위는 흥분성과 억제성 전위가 존재한다.
④ 수초는 수상돌기를 둘러싸고 있으며, 절연체 역할을 하고 정보전달 속도를 빠르게 한다.

06 다음 설명과 관련된 뇌 반구와 영역을 올바르게 나열한 것은?

> A는 교통사고로 인해 뇌 손상을 입게 되었다. 사고 이후 A는 말을 하는 데는 전혀 문제가 없었지만, 알아들을 수 없는 말을 했고, 또한 다른 사람이 하는 말을 전혀 알아듣지 못했다.

① 우반구 – 브로카 영역
② 좌반구 – 베르니케 영역
③ 좌반구 – 브로카 영역
④ 우반구 – 베르니케 영역

07 다음 중 입력된 자료에만 의존하여 주어진 문제를 해결하는 방식은?

① 상향 처리
② 개념주도적 처리
③ 하향 처리
④ 얕은 처리

08 다음 설명에서 괄호 안에 들어갈 용어를 순서대로 짝지은 것은?

> (㉠)은(는) 3차원 대상의 재인과정을 설명하기 위한 이론으로 세상 속에 존재하는 3차원 대상들이 원기둥, 원뿔, 사각기둥과 같은 총 35개의 (㉡)(으)로 묘사가 가능하며, 이를 복구하고 지각함으로써 대상을 재인할 수 있다고 보았다.

	㉠	㉡
①	성분재인이론	원형
②	세부특징분석이론	지온
③	세부특징분석이론	원형
④	성분재인이론	지온

09 다음 설명과 연관된 장애로 옳은 것은?

> ○○○는 교통사고가 나서 뇌에 큰 충격을 받았었지만 다행히 시 감각이나 지능에 전혀 문제가 없었다. 하지만 물건을 잘 알아보지 못하는 문제가 발견되었다. 제시된 반지 그림을 그대로 잘 따라 그렸지만 어떤 것을 그렸는지는 알지 못했다. 물론 ○○○는 반지가 무엇인지는 잘 알고 있었다.

① 통각시각실인증
② 기억상실증
③ 연합시각실인증
④ 전환실어증

10 다음 설명과 관련 있는 개념으로 옳은 것은?

> • 자극이 나타날 수 있는 영역에 주의를 기울이는 능력
> • 대상이 어디에서 나타날지 모르는 상황에서 적극적으로 찾는 행위

① 신호탐지
② 선택적 주의
③ 분할주의
④ 지속주의

11 다음 중 트리즈만(Treisman, 1960)의 약화모형에 대한 설명으로 옳지 <u>않은</u> 것은?

① 주의를 기울이지 않은 메시지가 여과기에 의해 완벽히 걸러지는 것이 아니라 약화되어 통과된다고 가정하였다.
② 저장되어 있는 정보는 각각 역치를 가지며 역치값이 높을수록 여과기를 통과한 메시지가 지각될 가능성이 높다고 보았다.
③ 여과기가 지각과정 이전에 위치해 있기 때문에 주의의 초기선택모형으로 구분된다.
④ 주의의 물리적 속성은 여과기 이전에 등록되어 처리된다.

12 다음 중 자동처리와 통제처리에 대한 설명으로 옳은 것은?

① 자동처리는 통제처리에 비해 주의 자원을 많이 사용한다.
② 자동처리는 통제처리에 비해 높은 수준의 처리 과정이 요구된다.
③ 자동처리는 통제처리에 비해 과제 친숙도가 높은 편이다.
④ 자동처리는 보통 계열처리가 이루어지며 특정한 순서가 있다.

13 다음 중 바틀렛(Battlet, 1932)의 기억연구에 대한 설명으로 옳지 <u>않은</u> 것은?

① 기억은 있는 그대로의 정보를 저장하는 과정이 아니다.
② 기존의 지식이 새로운 기억에 미치는 영향을 연구하였다.
③ 순수한 기억과정 연구를 위해 기억재료로 무의미 철자를 사용하였다.
④ 기억회상 시 제시된 정보의 상당부분을 생략했고, 사실을 바꾸어 기억했다.

14 다음 중 앳킨슨과 쉬프린(Akinson & Shiffrin, 1968)의 세저장소모형에서 정보가 저장되는 순서대로 바르게 나열한 것은?

① 감각기억 – 단기기억 – 장기기억
② 단기기억 – 장기기억 – 감각기억
③ 장기기억 – 단기기억 – 감각기억
④ 단기기억 – 감각기억 – 장기기억

15 다음 중 감각기억에 대한 설명으로 옳지 <u>않은</u> 것은?

① 감각기관이 포착한 거의 모든 정보가 저장된다.
② 감각기억에 들어온 정보는 아주 짧은 시간 동안만 유지된다.
③ 주의를 둔 일부의 정보만이 장기기억으로 전이된다.
④ 시각과 관련된 감각기억을 영상기억이라 한다.

16 다음 중 계열위치효과에 대한 설명으로 옳지 <u>않은</u> 것은?

① 앞쪽에 제시된 단어가 기억이 잘 되는 현상을 초두효과라 한다.
② 제시되는 단어의 순서에 따라 기억률이 달라지기 때문에 계열위치효과라 한다.
③ 뒤쪽에 나온 단어가 방금 전에 제시되었기 때문에 단기기억에 남아 있을 확률이 높은 것을 최신효과라 한다.
④ 계열위치효과는 감각기억과 장기기억의 실험적 증거이다.

17 다음 중 단기기억에 대한 설명으로 옳지 <u>않은</u> 것은?

① 단기기억 속의 정보는 시연을 통해 장기기억으로 전이된다.
② 단기기억의 지속시간은 시연을 하지 않을 경우 20초에서 30초 정도 정보가 유지된다.
③ 단기기억의 저장용량은 적게는 5개에서 많게는 9개 정도이다.
④ 단기기억의 부호화는 주로 의미적 부호화가 일어나지만 일부 음운적 부호화도 발생한다.

18 다음 예시와 관련된 기억의 종류로 옳은 것은?

> • 12월 25일은 무슨 날입니까?
> • 미국의 수도는 어디입니까?

① 의미기억
② 암묵기억
③ 일화기억
④ 절차기억

19 망각의 원인 중 기억흔적이 시간이 지남에 따라 점차 희미해진다고 보는 관점으로 옳은 것은?

① 소멸
② 인출실패
③ 동기화된 망각
④ 순행간섭

20 다음 중 '감자'라는 단어가 제시되었을 때 가장 깊은 수준에서 이 단어를 처리하게 만드는 질문으로 옳은 것은?

① 이 단어에 'ㅁ'이 있습니까?
② 이 단어는 3음절입니까?
③ 이 단어는 먹을 수 있는 겁니까?
④ 이 단어는 받침이 몇 개입니까?

21 다음 실험의 결과와 관련된 효과로 옳은 것은?

> 제시된 문장이 맞으면 '예', 틀리면 '아니오' 키를 최대한 빠르게 누르도록 지시한 뒤, 반응시간을 측정한 결과 '종달새는 새이다'와 '참새는 새이다'가 '타조는 새이다'와 '펭귄은 새이다'보다 문장 진위 판단검사에 대한 반응시간이 빠르게 나타났다.

① 전형성효과
② 유사성효과
③ 빈도효과
④ 최신효과

22 다음 중 세부특징비교모형의 특징으로 옳지 <u>않은</u> 것은?

① 개념적 지식들이 각 개념들의 세부특징들의 목록으로 기억에 표상된다.
② 정의적 세부특징과 특징적 세부특징을 객관적으로 구분하기가 애매한 경우도 있다.
③ 전형성효과가 나타나는 이유는 덜 전형적인 대상에 대해 추가적으로 특징적인 세부특징을 비교하기 때문이다.
④ 정의적 세부특징은 범주 소속성을 정의하는 데 가장 핵심적인 세부특징을 말한다.

23 다음 중 뉴엘과 사이먼(Newell & Simon)이 제안한 문제해결에 관한 용어와 그 설명으로 옳지 <u>않은</u> 것은?

① 문제공간 – 문제해결을 할 때 일어날 수 있는 모든 가능한 상태

② 목표상태 – 문제의 해결책

③ 수단–목표 분석 – 문제를 한 상태에서 다른 상태로 이동시키는 행위

④ 하위목표 – 목표 상태에 더 근접하는 중간 상태를 만드는 것을 도와주는 작은 목표

✔ 주관식 문제

01 다음 설명에서 괄호 안에 들어갈 내용을 쓰시오.

> 뉴런의 세포막 바깥쪽에 나트륨 이온이 많이 분포하고 칼륨 이온이 안쪽에 많이 분포하는 이유는 (   )(으)로 알려진 작용 때문이다. 안쪽에 있는 나트륨 이온 3개를 세포 바깥쪽으로 밀어내는 동시에 바깥쪽에 있는 칼륨 이온 2개를 안으로 밀어 넣는다.

24 다음 중 언어의 기본 구조에 대한 설명으로 옳지 <u>않은</u> 것은?

① 음성 – 단어의 의미를 변화시키는 말소리의 최소 단위

② 형태소 – 의미 부호화를 위해 언어에서 반복적으로 이용하는 말의 최소 단위

③ 통사 – 문장을 구성하기 위해 단어들을 배열하는 방식

④ 문법규칙 – 단어의 성질에 따라 단어들이 결합되는 규칙

02 명제망 조직에 대한 몇 가지 실험들은 연결 고리의 수가 증가할수록 인출 속도가 느려진다는 점을 보여주고 있다. 이는 어떤 효과와 연관된 것인지 쓰시오.

03 망각의 원인과 관련하여 간섭이론에서 제시하는 역행간섭과 순행간섭의 차이점을 설명하시오.

04 다음 설명과 연관된 단어인지 현상을 쓰시오.

'의사(doctor)'가 제시된 후 '간호사(nurse)'가 제시된 조건과 '의사(doctor)'가 제시된 후 '빵(bread)'이 제시된 조건을 비교했을 때, '간호사(nurse)' 제시 조건이 '빵(bread)' 제시 조건보다 단어 판단이 더 빠르게 나타났다.

제한시간: 50분 | 시작 ___시 ___분 – 종료 ___시 ___분

🔁 정답 및 해설 317p

01 다음 중 정신물리학(psychophysics)에 대한 설명으로 옳지 **않은** 것은?

① 정신물리학은 자극 강도와 감각 정도의 관계성을 수량적으로 연구하는 학문 분야이다.

② 절대역은 어떤 자극을 탐지할 수 있는 최소한의 자극 강도를 의미한다.

③ 두 자극 간의 차이를 지각하기 위해선 자극 강도와 상관없이 일정한 비율 이상의 차이가 나야 한다.

④ 절대역의 기준은 자극을 제시했을 때 50%보다 낮은 수준에서 탐지할 수 있는 자극의 강도를 말한다.

02 다음 중 인지심리학에 대한 설명으로 가장 옳지 **않은** 것은?

① 넓은 의미로 인간의 마음이 어떻게 작용하는가를 연구하는 학문이다.

② 언어정보 처리과정은 인지심리학의 주요 연구주제이다.

③ 인지심리학은 개인차, 성격구조, 정서발달 등에 관심을 갖는다.

④ 인지과정은 외부자극이 지니는 의미나 정보 등을 심적 표상으로 재구성하는 과정이다.

03 다음 설명에서 괄호 안에 들어갈 용어를 순서대로 나열한 것은?

> (㉠)은 독립변인이나 처치에 의해 노출되는 집단을 의미하며, (㉡)은 처치효과를 알아보기 위해 처치에 노출된 집단과 비교를 하려고 처치를 받지 않는 집단을 의미한다.

	㉠	㉡
①	실험집단	통제집단
②	독립집단	종속집단
③	통제집단	실험집단
④	종속집단	독립집단

04 다음 중 인지신경과학의 연구방법에 대한 설명으로 옳지 **않은** 것은?

① 컴퓨터단층촬영술(CT)은 여러 각도에서 뇌의 단면을 X선으로 촬영하여 재구성한다.

② 양전자방출단층촬영술(PET)은 특정부위에 혈류가 증가했는지 파악하기 때문에 활성화되는 뇌 영역 확인이 가능하다.

③ 자기공명영상법(MRI)은 뇌에서 자발적으로 발생하는 전위차 분석을 통해 활성화되는 뇌 영역을 분석한다.

④ 손상법은 사고나 질병으로 인해 뇌가 손상된 사람들을 대상으로 연구를 한다.

05 다음 중 시냅스후 전위가 역치를 넘게 되는 원리는 무엇인가?

① 실무율의 법칙
② 비율의 법칙
③ 시간적/공간적 가합
④ 탈분극 현상

06 다음 중 형판이론의 한계로 옳지 <u>않은</u> 것은?

① 정확한 비교를 위해선 모양뿐만 아니라 위치, 방위 및 크기가 똑같아야 한다.
② 세상에 존재하는 수많은 대상만큼의 형판이 필요하다.
③ 하나의 모양에도 거리와 각도에 따라 무한한 수의 형판이 필요하다.
④ 사물을 인식할 때 부분적인 모양을 먼저 처리한 뒤 전체 모양을 처리한다.

07 다음 중 형태재인 과정에서 주변 환경이 형태를 알아보는 데 영향을 미치는 것을 일컫는 효과의 명칭과 그 정보처리 방향이 옳게 연결된 것은?

① 초두효과 – 상향처리
② 부채효과 – 하향처리
③ 스트룹효과 – 상향처리
④ 맥락효과 – 하향처리

08 다음 중 연합시각실인증에 대한 설명으로 옳지 <u>않은</u> 것은?

① 일반적으로 양쪽 반구의 손상으로 발생하지만 좌반구의 손상이 결정적이다.
② 사물을 전체로 지각하는 능력은 유지되지만 지각된 대상과 의미를 연결시키지 못한다.
③ 기억이나 명칭의 장애로 인해 시각적으로 제시된 것이 무엇인지 모르는 것이다.
④ 불가능한 도형 따라 그리기 과제에서 정상인과 비교했을 때 높은 수행을 보였다.

09 다음 중 주의의 주요 기능과 예시의 연결이 옳지 <u>않은</u> 것은?

① 레이더 모니터에 이상한 징후가 나타나는지 지켜보는 것 – 경계
② 주변 소음을 무시하고 책을 읽거나 강의를 듣는 것 – 선택적 주의
③ 라디오를 들으며 동시에 운전을 하는 것 – 분할주의
④ 지진이 발생한 뒤 부엌에 가스가 새는지 지켜보는 것 – 탐색

10 다음 중 카네만(Kahneman, 1973)의 주의용량이론에 대한 설명으로 옳지 <u>않은</u> 것은?

① 인간의 정신적 작업 수행에는 한계가 존재한다고 가정한다.
② 두 개의 양립 불가능한 조작을 하나의 기제가 동시에 수행해야 하기 때문에 간섭이 발생한다.
③ 가용한 주의용량은 각성 수준에 따라 달라진다.
④ 제한된 주의용량을 어떻게 배분하느냐에 관해 사람들은 상당한 통제력을 지닌다.

11 다음 설명과 관련 있는 기억검사로 옳은 것은?

> [학습단계]
> 범주와 단어를 같이 기억하시오.
> 동물 – 코끼리 / 악기 – 첼로 / 야채 – 양파 / ……
>
> [검사단계]
> 앞서 제시된 범주에 속한 단어를 떠올리시오.
> 동물 – ___ / 악기 – ___ / 야채 – ___ / ……

① 계열회상검사
② 자유회상검사
③ 단서회상검사
④ 암묵재인검사

12 앳킨슨과 쉬프린(Akinson & Shiffrin, 1968)의 세저장소모형에 대한 설명으로 옳지 <u>않은</u> 것은?

① 기억시간과 망각과정에 따라 세 개의 구조를 가정한다.
② 기억의 구조와 과정을 컴퓨터의 정보처리 및 저장 과정에 비유하였다.
③ 단기기억의 저장용량은 5개에서 9개 정도이다.
④ 정보는 시연을 통해 단기기억에서 장기기억으로 전이된다.

13 스펄링(Sperling, 1960)이 감각기억의 저장시간을 증명하기 위해 사용한 실험에 대한 설명으로 옳은 것은?

① 자극 제시 후 제시된 자극을 모두 보고하도록 지시하였다.
② 자극 제시 후 1초 뒤에 특정 소리를 제시하여 소리 높낮이에 따라 자극열을 보고하도록 지시하였다.
③ 자극을 0.05초가 아닌 1초로 제시하였다.
④ 단어들을 제시하여 순서대로 기억하도록 지시하였다.

14 다음은 런더스(Rundus, 1971)의 정보 전이에 관한 실험 결과이다. 괄호 안에 들어갈 용어로 옳은 것은?

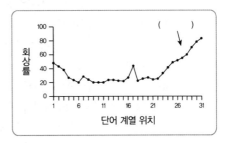

① 초두효과
② 최신효과
③ 맥락효과
④ 간섭효과

15 다음 중 단기기억의 저장용량을 증가시킬 수 있는 방법으로 가장 옳은 것은?

① 주의
② 부호화
③ 얕은처리
④ 청킹

16 배들리와 히치(Baddeley & Hitch, 1974)의 작업기억에 대한 설명으로 옳지 <u>않은</u> 것은?

① 구조에서 처리의 개념을 강조하였다.

② 무의식적인 정신적 노력이 가해지는 능동적인 정신적 작업공간을 강조한다.

③ 시공간 스케치판은 시각적이고 공간적인 정보를 처리한다.

④ 단어길이효과는 긴 단어가 짧은 단어보다 기억이 잘 되는 현상을 의미한다.

17 다음 중 섬광기억이 일반적인 기억과 다르지 않다는 증거로 옳은 것은?

① 높은 각성 수준과 사건에 대한 중요성 등에 의해 유발되는 특수한 신경기제의 결과 섬광기억이 형성된다.

② 다른 기억과 달리 전체 장면을 사진 찍듯이 그대로 보존한다.

③ 정서적인 사건은 빈번한 시연과 반복적 인출에 의한 계속적인 재구성의 산물이다.

④ 정서적 사건에 대한 기억을 사진처럼 기억하면 생존 유지의 가치가 있다.

18 다음 중 코슬린(Kosslyn)의 심상 주사에 관한 연구결과로 가장 옳은 것은?

① 심상은 공간적 관계를 유지한다.

② 심상은 시간적 흐름에 따라 변화한다.

③ 사람들은 원하는 조망을 얻기 위해 심적 회전을 한다.

④ 심상의 크기가 달라도 심상 주사 기간에는 변화가 없다.

19 다음 중 위계적망모형의 가정에 따라 문장에 대한 진위가 판단되는 시간을 빠른 순서대로 나타낸 것으로 옳은 것은?

> a. 참새는 참새이다.
> b. 참새는 조류이다.
> c. 타조는 조류이다.
> d. 참새는 동물이다.

① a < b < c < d

② a < b = c < d

③ a < b = c = d

④ a < b < c = d

20 다음 중 ACT 모형(명제망 모형)에서 기억의 인출에 관한 기본 전제로 옳지 <u>않은</u> 것은?

① 각 마디들은 연결하는 고리의 강도는 서로 다르다.

② 각 마디들의 활성화는 시간이 경과함에 따라 강해진다.

③ 지식표상 명제망의 수많은 마디들 중 극히 일부분만이 활성화 상태에 있다.

④ 하나의 마디가 활성화되면 해당 마디와 고리로 연결된 다른 마디 또한 활성화가 확산된다.

21 다음 중 정형화된 일상의 사건에 대한 조직화된 지식으로 옳은 것은?

① 산출규칙

② 스크립트

③ 명제

④ 개념

22 다음 설명에 해당하는 의사결정 방법으로 옳은 것은?

> (a) 한 속성에 초점을 맞추고 그 속성에 대한 최소 기준을 형성한 후, 기준을 충족시키지 않는 모든 대안을 제거한다.
> (b) 다시 추가적으로 대안을 제거할 수 있는 최소 기준을 세울 두 번째 속성을 선택한 후 대안을 제거한다.
> (c) 한 대안이 남을 때까지 일련의 속성들을 고려함으로써 순차적인 대안의 제거를 계속 실시한다.

① 속성에 의한 제거 전략
② 최소만족 의사결정
③ 어림법
④ 고전적 의사결정방법

23 다음 중 연역추리에 대한 설명으로 옳지 <u>않은</u> 것은?

① 전제들이 참이면 결론은 항상 참이다.
② 몇몇 사례에서 관찰된 것을 토대로 일반원리를 생성한다.
③ 전제에 없는 내용이 결론에 추가되지 않는다.
④ '새는 날 수 있다. → 카나리아는 새이다. → 카나리아는 날 수 있다.'의 방식이다.

24 다음 중 단어의 모양과 의미가 다르더라도 소리가 같을 경우 혼동할 가능성이 높은 현상으로 옳은 것은?

① 단어-비단어효과
② 동음어효과
③ 어휘점화효과
④ 표기형태친숙도효과

◆ 주관식 문제

01 다음 설명과 연관된 세부특징통합이론의 증거에 대해 쓰시오.

> 특정 대상에 대한 주의 과정을 방해한 경우 대상과 연합된 세부특징들이 다른 대상과 연합되는 현상이 나타난다.

02 다음 설명과 연관된 현상이 무엇인지 쓰시오.

> 바우어(Bower, 1981)는 참가자들에게 최면을 통해 행복한 기분과 슬픈 기분을 유도한 뒤 각각의 기분 상태에서 서로 다른 단어 목록들을 학습시켰다. 회상 검사 시 행복한 기분으로 유도한 경우 행복한 상태에서 학습한 단어들의 회상률이, 슬픈 기분으로 유도한 경우에는 슬픈 상태에서 학습한 단어들의 회상률이 높게 나타났다.

03 처리수준모형에 따르면 항목을 부호화할 때 수행된 처리의 유형에 따라 기억의 정도가 결정된다고 가정한다. 처리수준모형이 제안한 세 종류의 처리 수준에 대해 각각 간단히 설명하시오.

04 다음 설명과 연관된 현상을 쓰시오.

> 탁자 위에 양초, 성냥, 압정들이 놓여 있다. 문제는 촛농이 바닥에 떨어지지 않도록 양초를 벽에 붙여 불을 붙이는 것이다. 정답은 상자에 양초를 넣고 불을 붙인 뒤 압정으로 벽에 고정시키는 방법을 사용하는 것이다. 압정이 담긴 종이 상자와 함께 양초와 성냥을 준 참가자들의 경우 상자를 용기로 보려는 경향 때문에 문제 해결에 어려움을 겪었다.

정답 및 해설

최종
모의고사

제1회

01	02	03	04	05	06	07	08	09	10	11	12
②	①	①	③	④	②	①	④	③	①	②	③
13	14	15	16	17	18	19	20	21	22	23	24
③	①	③	④	④	①	①	③	①	③	③	①

주관식 정답			
01	나트륨-칼륨 펌프	03	역행간섭은 나중에 학습한 정보가 먼저 학습한 정보를 간섭하여 기억을 방해하는 현상을 말하며, 순행간섭은 먼저 학습한 정보가 나중에 학습한 정보를 간섭하여 기억을 방해하는 현상을 말한다.
02	부채효과	04	어휘점화효과

01 정답 ②

지각은 감각정보를 선택하고, 조직화하며 해석하는 과정이다.

02 정답 ①

양안부등은 양안단서 중 하나로 우리 두 눈은 평균 6cm 정도 떨어져 있기 때문에 거리에 따라 두 영상의 차이가 발생하며 이 단서를 통해 거리를 파악한다. 3D 영화는 이 양안부등의 원리를 이용하여 2차원 평면에서 입체감을 느끼게 만든다.

03 정답 ①

영국의 경험론, 데카르트의 기계론적 인간관, 다윈의 진화론, 연합주의 철학과 과학적 방법의 결합 등을 통해 인간 마음에 대한 과학적 연구의 배경이 형성되었다.

04 정답 ③

실험법(연구)는 인과관계를 가장 명쾌하게 분리해 낼 수 있는 방법으로, 변수들 간의 인과적 관계를 검증하기 위해 가장 적절한 방법이며, 일반적으로 인지심리학뿐만 아니라 심리학 연구 전반에서 가장 선호되는 연구방법이다.

05 정답 ④

수초는 축색을 둘러싸고 있으며, 도약전도가 발생해 정보전달 속도가 빨라지고, 지질로 이루어져 축색에서의 정보가 다른 곳으로 가지 않도록 절연체 역할을 한다.

06 정답 ②

좌반구에 위치한 베르니케 영역이 손상될 경우, 말을 할 수 있지만 의미 있는 말을 잘 하지 못하고, 언어이해에 문제가 발생한다. 이러한 언어장애를 베르니케 실어증이라 부른다.

07 정답 ①

정보처리의 방향이 위쪽으로 향하기 때문에 상향 처리라고도 하며, 입력되는 자료에만 의존하여 주어진 문제를 해결하기 때문에 자료주도적 처리라 부르기도 한다.

08 정답 ④

성분재인이론(RBC)은 세부특징분석모형과 마찬가지로 3차원 대상들도 기본적인 구성요소들로 묘사될 수 있으며, 어떤 구성요소들이 있는지와 그 관계의 파악을 통해 대상을 재인할 수 있다고 가정한다. 비더만은 구성요소를 원기둥, 원뿔, 사각기둥 등의 부피가 있는 3차원의 기하학적 형태로 보았으며 이를 지온(geon)으로 불렀다.

09 정답 ③

연합시각실인증이란 눈 등의 시각과정은 정상이지만 뇌 손상으로 인하여 사물을 전체로 지각하는 능력은 유지되는 반면, 지각된 대상과 의미를 연결시키지 못하는 증상을 의미한다.

10 정답 ①

신호의 탐지는 표적자극을 탐지하려는 시도로서 경계와 탐색 과정이 포함된다. 경계는 개인이 관심을 갖고 있는 특정한 표적자극의 출현을 탐지하려는 동안 계속 자극이 나올 수 있는 영역에 대해 주의를 기울이는 능력을 의미하며, 탐색은 특정한 세부특징을 찾기 위해 환경을 적극적으로 면밀히 살펴보는 것을 의미한다.

11 정답 ②

트리즈만의 약화모형은 두 가지 과정을 제안하였다. 약화통제란 주의 전에 물리적 속성에 대한 분석이 이루어진 뒤, 선별적 필터를 통해 정보가 처리되며 주의를 못 받은 메시지는 완전히 차단되

는 것이 아니라 약화되어 입력된다는 의미이다. 역치의 가정은 저장되어 있는 정보는 각각 역치를 가지며 입력된 정보가 역치값을 초과하면 단어가 재인된다는 것이다. 즉, 저장된 정보의 역치값이 낮을수록 지각될 가능성이 높아진다.

12 정답 ③

자동처리는 어떤 행동을 인식하고 자극과 반응을 처리하는 데 의식이나 주의가 거의 필요 없는 인지 과정으로, 의식적 제어를 수반하지 않는 인지적 처리방식을 의미하며 병렬적 처리가 가능하다. 반면 통제처리는 행하는 데 주의가 요구되고, 의식적 제어를 필요로 하는 인지적 처리방식을 의미하며 주로 계열적 처리가 이루어진다.

13 정답 ③

바틀렛은 기억을 기존의 지식과 불가분의 것으로 간주하고 기존 지식이 기억에 미치는 영향을 연구하였다. 바틀렛의 연구는 새로운 정보가 기존의 도식과 상호작용한다는 것을 보여준다.

14 정답 ①

기억의 세저장소모형은 기억시간과 용량에 따라 기억을 감각기억, 단기기억, 장기기억의 세 구조로 가정하였다. 감각기관에 등록된 정보 중 주의를 둔 일부 정보가 단기기억으로 전이되고, 단기기억 속의 정보를 시연하게 되면 장기기억으로 전이된다.

15 정답 ③

감각기억은 감각기관에 등록된 거의 모든 정보가 순간적으로 저장되었다가 사라지는 기억으로, 정보가 사라지기 전 주의를 둔 일부의 정보가 단기기억으로 전이된다고 가정하였다.

16 정답 ④

계열위치효과는 단어가 제시된 순서에 따라 기억률이 달라지는 현상을 의미한다. 앞쪽에 제시된 단어가 기억이 잘되는 이유는 상대적으로 시연의 가능성이 더 많아서 장기기억으로 전이될 확률이 높기 때문이다. 이를 초두효과라 하며 장기기억의 실험적 증거가 된다. 뒤쪽에 나온 단어는 방금 제시되었기 때문에 단기기억에 남아 있을 확률이 높다. 이를 최신효과라 하며 단기기억의 실험적 증거가 된다.

17 정답 ④

단기기억의 부호화는 주로 음운적(청각적) 부호화가 일어나지만 일부 시각적/의미적 부호화도 발생한다.

18 정답 ①

의미기억은 세상에 대한 일반적인 지식을 구성하는 개념과 사실에 대한 기억을 말한다.

19 정답 ①

망각에 관한 소멸관점은 기억흔적이 시간이 지남에 따라 점차 사라진다고 본다. 기억은 중추신경계에 어떤 변화를 일으켜 기억흔적을 남기게 된다. 하지만 사용하지 않으면 시간 경과에 따라 신진대사과정이 점차 희미해져가고 결국 사라지게 된다. 이 과정에서 망각이 발생한다고 본다.

20 정답 ③

처리수준모형은 대상에 대한 처리 수준이 기억흔적의 정도를 결정한다고 보았다. 구조적 부호화는 얕은 처리, 음운적 부호화는 중간 처리, 의미적 부호화는 깊은 처리가 일어난다고 가정하였다. 단어에 'ㅁ'이나 받침의 개수를 세는 것은 단어에 대해 얕은 처리, 음절수를 세는 것은 중간처리, 먹을 수 있는지를 묻는 것은 단어에 대해 깊은 처리를 일으킨다고 가정된다.

21 정답 ①

전형성효과란 범주 소속성 판단 시 범주의 원형과 유사한 대상에 대한 판단이 그렇지 않은 대상에 대한 판단보다 빠른 현상을 의미한다. 이는 특정 대상을 범주화할 때 걸리는 시간이 그 물체가 그 범주의 원형과 닮은 정도에 반비례함을 의미한다.

22 정답 ③

세부특징비교이론은 범주 소속성 판단 시 특징적 세부특징 판단과 정의적 세부특징 판단의 두 단계를 가정한다. 전형성효과가 나타나는 이유는 전형적인 대상에 대해서는 특징적 세부특징 판단만으로 범주 소속성이 판단되어 빠르게 판단이 일어나기 때문이라고 가정한다.

23 정답 ③

수단-목표 분석은 초기상태와 목표상태 간의 차이를 줄이는 것이 목표인 문제해결방법을 의미한다.

24 정답 ①

음성은 발음기관을 거쳐 나온 순간적 현실음으로 다소 구체성을 띤 것을 의미하며, 음소는 특정 언어사회에서 통념상 굳어진 공통음으로서 다소 추상적인 존재라 할 수 있다.

주관식 해설

01 정답

나트륨–칼륨 펌프

해설

평소 축색의 내부는 바깥쪽에 비해 부적으로 대전(帶電)되어 있다. 이러한 이유는 평소 뉴런의 축색에서 나트륨–칼륨 펌프가 작동하기 때문이다. 이 작용에 뉴런 대사 작용에 의해 생긴 에너지의 40% 이상이 사용되는 것으로 알려져 있으며 지속적으로 작동한다.

02 정답

부채효과

해설

부채효과는 본래 한 개념과 연합된 사실의 수가 늘어남에 따라 그 개념에 대한 반응시간이 증가하는 현상을 말한다.

03 정답

역행간섭은 나중에 학습한 정보가 먼저 학습한 정보를 간섭하여 기억을 방해하는 현상을 말하며, 순행간섭은 먼저 학습한 정보가 나중에 학습한 정보를 간섭하여 기억을 방해하는 현상을 말한다.

해설

간섭이론은 파지 기간 동안 일어나는 여러 정보들의 간섭으로 인해 망각이 발생한다는 관점으로, 정보들 간의 경합이 발생하여 기억이 방해받는다고 가정한다.

04 정답

어휘점화효과

해설

먼저 제시된 단어가 나중에 제시된 단어의 처리에 영향을 주는 현상으로, 먼저 제시된 점화단어와 나중에 제시된 표적단어 사이에 연상관계가 있을 때 일어나는 일종의 문맥효과이다. 어휘점화 효과는 활성화확산(spread activation)이나 의미망(semantic network)을 통해 이론적으로 설명할 수 있다. 즉, 단어들이나 개념들 간의 네트워크에 의해 어휘점화가 이루어진다고 보는 것이다.

제2회

01	02	03	04	05	06	07	08	09	10	11	12
④	③	①	③	③	④	④	③	④	②	③	①
13	14	15	16	17	18	19	20	21	22	23	24
②	②	④	④	③	①	②	②	②	①	②	②

주관식 정답			
01	착각적 결합	03	구조적인 부호화는 단어의 모양과 같은 구조적인 특징을 부호화하는 것으로 얕은 처리, 음운적 부호화는 단어의 소리 특성을 부호화하는 것으로 중간 처리, 의미적 부호화는 단어의 의미적 특성을 부호화하는 것으로 깊은 처리를 의미한다.
02	상태의존학습	04	기능적 고착

01 **정답** ④

절대역의 기준은 자극을 제시했을 때 50% 정도를 탐지할 수 있는 정도의 자극 강도를 의미한다.

02 **정답** ③

인지심리학은 인간 마음의 특성을 인지(cognition)로 보고, 인간이 어떻게 각종 대상을 인식하고, 주의하고, 기억하고, 학습하고, 언어를 사용하고, 문제를 해결하고, 판단하고, 감정을 느끼는지 과학적 방법을 사용해 연구하는 학문 분야이다.

03 **정답** ①

연구자가 보고 싶은 처치된 집단은 실험집단이 되고, 실험집단과 비교하기 위해 처치를 받지 않은 집단을 통제집단이라 한다. 독립변인에 대한 처치 후 두 집단 간의 종속변인 측정치의 차이가 발생했을 때 오로지 처치 때문인 것으로 해석할 수 있기 위해선 두 집단의 제반조건이 동일하게 유지되어야 한다.

04 **정답** ③

자기공명영상법(MRI)은 뇌에 강력한 자기장을 가해 뇌 조직을 이루고 있는 수소분자의 분포를 통해 뇌의 구조를 알 수 있는 방법이다.

05 **정답** ③

하나의 흥분성 시냅스후 전위는 역치를 넘기에는 너무 약하며, 반대로 억제성 시냅스후 전위도 존재한다. 시냅스후 전위는 짧은 간격을 두고 여러 번 흥분성 시냅스후 전위가 발생하는 시간적 가합이나, 여러 지점에서 동시에 흥분성 시냅스후 전위가 발생하면 역치를 넘는 공간적 가합의 원리에 의해 역치를 넘어 뉴런이 발화하게 된다.

06 **정답** ④

형판이론은 사물을 인식할 때 단순히 머릿속에 저장되어 있는 형판과 입력된 정보가 일치하느냐에 따라 형태재인 여부가 결정된다고 가정하였다. 반면 RBC 이론이나 세부특징비교모형은 사물의 부분을 먼저 처리한 뒤에 전체 모양을 파악한다고 가정하였다.

07 정답 ④

맥락효과란 주변 환경이 지각에 영향을 주는 것으로 같은 물리적 자극이라도 주변 맥락에 따라 다르게 재인될 수 있다는 것을 의미한다. 자극에 대한 인식 및 지각과정에서 환경적 요인의 영향을 의미하며, 하향처리 또는 개념 주도적 처리에 해당한다.

08 정답 ③

연합시각실인증은 기억이나 명칭의 장애가 아니라 시각적으로 제시된 것과 기억 속의 의미를 연결하지 못하는 것이다.

09 정답 ④

경계는 특정 자극이 나타나는 곳을 면밀히 살피는 과정이며, 탐색은 특정한 세부특징을 찾기 위해 적극적으로 면밀히 살펴보는 것으로 능동적으로 표적을 찾는 과정이다. 따라서 부엌에 가스가 새는지 지켜보는 것은 경계의 과정으로 볼 수 있다.

10 정답 ②

병목이론은 두 개의 양립 불가능한 조작을 하나의 기제가 동시에 수행해야 하기 때문에 간섭이 발생한다고 본 반면, 용량이론은 두 활동이 가용한 용량을 초과하기 때문에 간섭이 발생한다고 보았다.

11 정답 ③

쌍으로 이루어진 항목을 기억한 후, 한 항목이 제시되면 그 짝을 기억하는 과제를 단서회상검사라 한다.

12 정답 ①

기억의 세저장소모형은 기억시간과 용량에 따라 기억을 감각기억, 단기기억, 장기기억의 세 구조로 가정하였다.

13 정답 ②

스펄링은 부분보고법 실험에서 감각기억의 저장시간을 분석하기 위해 자극 제시 후 1초 뒤 제시된 소리의 높낮이에 따라 자극열을 보고하도록 하였다. 그 결과 열 평균 1.3개만을 보고하였고, 감각기억의 지속시간이 1초 이내라는 사실을 증명하였다.

14 정답 ②

계열위치효과(serial-position effect)란 자극이 제시된 순서에 따라 기억이 다르게 나타나는 현상으로, 단기기억과 장기기억의 구조가 분리되어 존재한다는 강력한 증거이다. 앞쪽에 제시된 항목들의 회상률이 높은 것을 초두효과(primacy effect), 뒤쪽에 제시된 항목들의 회상률이 높은 것을 최신효과(recency effect)라 한다.

15 정답 ④

일반적으로 단기기억의 저장 용량은 5~9개 정도이다. 하지만 자료를 의미 있는 단위로 재부호화함으로써 단기기억의 용량을 증가시킬 수 있다. 이를 군집화 또는 청킹이라 한다.

16 정답 ④

단어길이효과는 음운루프의 증거 중 하나로서 긴 단어보다 짧은 단어가 같은 시간 내에 내적되뇌기의 수가 더 많기 때문에 더 기억이 잘 되는 현상을 의미한다.

17 정답 ③

네이서(Neisser, 1982)가 챌린저호 폭발이라는 끔찍한 사건 직후 기억검사결과와 9개월 후 기억검사내용을 분석한 결과, 일반적인 기억과 마찬가지로 생략, 왜곡, 망각이 발견되었다. 이는 일반적인 기억과 섬광기억이라는 것이 크게 다르지 않다는 것을 보여주는 예이다.

18 정답 ①

코슬린의 실험들은 심상을 주사하는 데 걸리는 시간이 주사해야 할 거리에 따라 달라지며, 심상의 크기에 따라서도 차이가 있다는 점을 말해준다. 이는 심상이 공간적 관계를 유지한다는 사실을 나타낸다.

19 정답 ②

위계적망모형은 마디(node)와 고리(link)로 구성되어 있으며, 의미에 따라 개념들이 위계적으로 조직화되어 있다고 가정한다. 탐색 시 위계에 따라 연결된 고리가 늘어날수록 시간이 오래 걸리며, 같은 위계 수준에 있으면 반응시간이 같다고 보았다.

20 정답 ②

ACT 모형은 각 마디들의 활성화가 시간이 경과함에 따라 약해진다고 가정한다.

21 정답 ②

스크립트는 도식적 지식표상 중 하나로 극장가기, 식당가기 등과 같이 일상적으로 친숙한 상황에 대한 조직화된 지식을 의미한다.

22 정답 ①

속성에 의한 제거 전략은 차를 고를 때 전체 가격을 한 속성으로 정하고 기준을 충족시키지 못한 차들을 골라낸 후, 유지비용 등의 다른 기준들로 하나의 대안이 남을 때까지 제거해 나가는 방식이다.

23 정답 ②

몇몇 사례에서 관찰된 것을 토대로 일반 원리를 생성하는 추리는 귀납추리이다. 연역추리는 전제들이 참이면 결론은 항상 참인 추론으로, 일반 원리를 특수한 사례에 적용하는 추론이다.

24 정답 ②

동음어효과란 단어의 글자와 의미가 다르더라도 발음이 같은 경우 혼동이 발생하는 현상을 의미하며, 단어 처리에 있어서 음운정보의 처리가 필수적임을 보여주는 현상이다.

주관식 해설

01 정답

착각적 결합

해설

세부특징통합이론에 따르면 탐색의 과정은 전주의 단계와 초점주의 단계로 구분된다. 전주의 단계는 대상의 세부특징(예 색, 방위, 위치 등)을 분리해 탐색이 이루어지며, 주의가 요구되지 않는다. 초점주의 단계는 주의를 통해 세부특징들이 결합되어 탐색이 이루어지며, 주의가 요구되기 때문에 시간이 소요된다. 초점주의 단계가 방해받을 경우 대상의 세부특징들이 잘못 결합될 수 있는데 이를 착각적 결합이라 부른다.

02 정답

상태의존학습

해설

상태의존학습이란 부호화 시 내적 상태(기분, 생리적 상태 등)와 인출 시의 상태가 동일할 때 기억이 증가되는 현상을 의미한다. 예를 들어, 학습 시 술에 취해 있던 사람은 검사 시에 술에 취해 있을 때 더 높은 회상률을 보인다.

03 정답

구조적인 부호화는 단어의 모양과 같은 구조적인 특징을 부호화하는 것으로 얕은 처리, 음운적 부호화는 단어의 소리 특성을 부호화하는 것으로 중간 처리, 의미적 부호화는 단어의 의미적 특성을 부호화하는 것으로 깊은 처리를 의미한다.

해설

처리수준모형에 따르면 기억이 오래 유지되느냐를 결정하는 것은 시연의 횟수가 아니라 부호화 시 발생되는 처리의 수준에 따라 달라진다고 가정하였다.

04 정답

기능적 고착

해설

일상에서 흔히 경험하는 문제의 대부분은 문제해결의 지식이 결여되어 있어서라기보다는 기존 지식을 적절하게 활용하지 못하거나, 기본 지식을 한 방향으로 고착하여 적용하려는 문제해결 전략에서 비롯되는 경우가 많다. 기능적 고착이란 어떤 물체의 친숙한 기능이나 자주 쓰는 용도에 집중하여 사물을 지각하는 경향을 의미한다.

★ 수험생은 수험번호와 응시과목 코드번호를 표기(마킹)한 후 일치 여부를 반드시 확인할 것.

년도 전공심화과정
인정시험 답안지(주관식)

전공분야

성명

과목코드

| ① ② ③ ④ ⑤ ⑥ ⑦ ⑧ ⑨ ⑩ |
| ① ② ③ ④ ⑤ ⑥ ⑦ ⑧ ⑨ ⑩ |
| ① ② ③ ④ ⑤ ⑥ ⑦ ⑧ ⑨ ⑩ |
| ① ② ③ ④ ⑤ ⑥ ⑦ ⑧ ⑨ ⑩ |
| ① ② ③ ④ ⑤ ⑥ ⑦ ⑧ ⑨ ⑩ |

교시코드

① ② ③ ④

수험번호

| | | | 3 | | - | | | | | - | | | | |

번호	※1차채점 1차점수	※1차확인	응시과목 코드번호	과목	※2차확인	※2차채점 2차점수
1	⓪① ② ③ ④ ⑤ ⑥⑦⑧⑨⑩					⓪① ② ③ ④ ⑤ ⑥⑦⑧⑨⑩
2	⓪① ② ③ ④ ⑤ ⑥⑦⑧⑨⑩					⓪① ② ③ ④ ⑤ ⑥⑦⑧⑨⑩
3	⓪① ② ③ ④ ⑤ ⑥⑦⑧⑨⑩					⓪① ② ③ ④ ⑤ ⑥⑦⑧⑨⑩
4	⓪① ② ③ ④ ⑤ ⑥⑦⑧⑨⑩					⓪① ② ③ ④ ⑤ ⑥⑦⑧⑨⑩
5	⓪① ② ③ ④ ⑤ ⑥⑦⑧⑨⑩					⓪① ② ③ ④ ⑤ ⑥⑦⑧⑨⑩

답안지 작성시 유의사항

1. ※란은 표기하지 말 것.
2. 수험번호 (2)란, 과목코드, 교시코드 표기는 반드시 컴퓨터용 싸인펜으로 표기할 것.
3. 교시코드는 문제지 전면 의 교시를 해당란에 컴퓨터용 싸인펜으로 표기할 것.
4. 답란은 반드시 흑·청색 볼펜 또는 만년필을 사용할 것.
   (연필 또는 적색 필기구 사용불가)
5. 답안을 수정할 때에는 두줄(=)을 긋고 수정할 것.
6. 답란이 부족하면 해당답란에 "뒷면기재"라고 쓰고 뒷면 '추가답란'에 문제번호를 기재한 후 답안을 작성할 것.
7. 기타 유의사항은 객관식 답안지의 유의사항과 동일함.

※ 감독관 확인란

(인)

절취선

절취선

□□년도 전공심화과정
인정시험 답안지(주관식)

전공분야

성명

★ 수험생은 수험번호와 응시과목 코드번호를 표기(마킹)한 후 일치여부를 반드시 확인할 것.

과목코드

① ② ③ ④ ⑤ ⑥ ⑦ ⑧ ⑨ ⓪			
① ② ③ ④ ⑤ ⑥ ⑦ ⑧ ⑨ ⓪			
① ② ③ ④ ⑤ ⑥ ⑦ ⑧ ⑨ ⓪			
① ② ③ ④ ⑤ ⑥ ⑦ ⑧ ⑨ ⓪			

교시코드

① ② ③ ④

수험번호

(1)	3		−			−		
(2)	① ② ● ④	① ② ③ ④ ⑤ ⑥ ⑦ ⑧ ⑨ ⓪		① ② ③ ④ ⑤ ⑥ ⑦ ⑧ ⑨ ⓪	① ② ③ ④ ⑤ ⑥ ⑦ ⑧ ⑨ ⓪		① ② ③ ④ ⑤ ⑥ ⑦ ⑧ ⑨ ⓪	① ② ③ ④ ⑤ ⑥ ⑦ ⑧ ⑨ ⓪

답안지 작성시 유의사항

1. ※란은 표기하지 말 것.
2. 수험번호 (2)란, 과목코드, 교시코드 표기는 반드시 컴퓨터용 싸인펜으로 표기할 것
3. 교시코드는 문제지 전면 의 교시를 해당란에 컴퓨터용 싸인펜으로 표기할 것.
4. 답란은 반드시 흑·청색 볼펜 또는 만년필을 사용할 것. (연필 또는 적색 필기구 사용불가)
5. 답안을 수정할 때에는 두줄(=)을 긋고 수정할 것.
6. 답란이 부족하면 해당답란에 "뒷면기재"라고 쓰고 뒷면 '추가답란'에 문제번호를 기재한 후 답안을 작성할 것.
7. 기타 유의사항은 객관식 답안지의 유의사항과 동일함.

※ 감독관 확인란

㉑

채점자

응시과목

문 항 호	※ 1 차 점 수	※ 1 차 채 점	※1차확인	응 시 과 목	※2차확인	※ 2 차 채 점	※ 2 차 점 수
1	① ② ③ ④ ⑤ ⑥ ⑦ ⑧ ⑨ ⓪						① ② ③ ④ ⑤ ⑥ ⑦ ⑧ ⑨ ⓪
2	① ② ③ ④ ⑤ ⑥ ⑦ ⑧ ⑨ ⓪						① ② ③ ④ ⑤ ⑥ ⑦ ⑧ ⑨ ⓪
3	① ② ③ ④ ⑤ ⑥ ⑦ ⑧ ⑨ ⓪						① ② ③ ④ ⑤ ⑥ ⑦ ⑧ ⑨ ⓪
4	① ② ③ ④ ⑤ ⑥ ⑦ ⑧ ⑨ ⓪						① ② ③ ④ ⑤ ⑥ ⑦ ⑧ ⑨ ⓪
5	① ② ③ ④ ⑤ ⑥ ⑦ ⑧ ⑨ ⓪						① ② ③ ④ ⑤ ⑥ ⑦ ⑧ ⑨ ⓪

참고문헌

1. 김현택 외, 『심리학 : 인간의 이해』, 학지사, 2004.

2. 독학학위연구소, 『시대에듀 독학사 심리학과 3단계 인지지각심리학』, 시대고시기획, 2020.

3. 오세진 외, 『심리학이란 무엇인가』, 학지사, 1995.

4. 윤가현 외, 『심리학의 이해』, 학지사, 2019.

5. 이정모, 『인지과학』, 성균관대학교출판부, 2010.

6. 이정모 외, 『인지심리학』, 학지사, 2009.

7. 현성용 외, 『현대 심리학의 이해』, 학지사, 2020.

8. E. B. Goldstein, 『감각과 지각』, 시그마프레스, 2008.

9. E. B. Goldstein, 『인지심리학』, 센게이지러닝, 2016.

10. J. W. Kalat, 『생물심리학』, 박학사, 2019.

11. K. M. Galotii, 『인지심리학 실험실에서 실생활까지』, 시그마프레스, 2017.

12. L. T. Benjamin, Jr, 『간추린 현대심리학사』, 시그마프레스, 2016.

13. N. R. Carlson, 『생리심리학』, 박학사, 2016.

14. P. Whitney, 『언어심리학』, 시그마프레스, 1999.

15. R. J. Sternberg, 『인지심리학』, 박학사, 2005.

16. S. K. Reed, 『인지심리학 이론과 적용』, 시그마프레스 2000.

여기서 멈출 거예요? 고지가 바로 눈앞에 있어요.
마지막 한 걸음까지 SD에듀가 함께할게요!

좋은 책을 만드는 길
독자님과 함께하겠습니다.

도서나 동영상에 궁금한 점, 아쉬운 점, 만족스러운 점이
있으시다면 어떤 의견이라도 말씀해 주세요.
SD에듀는 독자님의 의견을 모아 더 좋은 책으로 보답하겠습니다.

www.sdedu.co.kr

시대에듀 독학사 심리학과 3단계 인지심리학

초 판 발 행	2022년 08월 05일 (인쇄 2022년 06월 22일)
발 행 인	박영일
책 임 편 집	이해욱
편 저	정윤재
편 집 진 행	송영진 · 양희정
표지디자인	박종우
편집디자인	차성미 · 박서희
발 행 처	(주)시대고시기획
출 판 등 록	제10-1521호
주 소	서울시 마포구 큰우물로 75 [도화동 538 성지 B/D] 9F
전 화	1600-3600
팩 스	02-701-8823
홈 페 이 지	www.sdedu.co.kr
I S B N	979-11-383-2631-5 (13180)
정 가	26,000원

1년 만에 4년제 대학 졸업

시대에듀가
All care 해 드립니다!

학사학위 취득하기로 결정하셨다면!
지금 바로 시대에듀 독학사와 함께 시작하세요!

시대에듀 교수진과 함께라면
독학사 학위취득은 반드시 이루어집니다

수강생을 위한 프리미엄 학습 지원 혜택

저자직강 명품강의 제공		기간 내 무제한 수강		모바일 강의 제공		1:1 맞춤 학습 서비스
	×		×		×	

시대에듀 동영상 강의 ┃ www.sdedu.co.kr

시대에듀 독학사

심리학과

왜? 독학사 심리학과인가? *why*

4년제 심리학 학위를 최소 시간과 비용으로 단 1년 만에 초고속 합격 가능!

1. 독학사 11개 학과 중 2014년에 **가장 최근에 신설된 학과**

2. 학위취득 후 청소년 상담사나 임상 심리사 등 **심리학 관련 자격증 응시자격 가능**

3. 심리치료사, 심리학 관련 언론사, 연구소, 공공기관 등의 **취업 진출**

심리학과 과정별 시험과목(2~4과정)

1~2과정 교양 및 전공기초 과정은 객관식 40문제 구성
3~4과정 전공심화 및 학위취득 과정은 객관식 24문제 + **주관식 4문제** 구성

2과정(전공기초)	3과정(전공심화)	4과정(학위취득)
동기와 정서	학습심리학	인지신경과학
성격심리학	심리검사	임상심리학
발달심리학	학교심리학	소비자 및 광고심리학
사회심리학	산업 및 조직심리학	심리학연구방법론(근간)
이상심리학	상담심리학	
감각 및 지각심리학	인지심리학	

시대에듀 심리학과 학습 커리큘럼

기본이론부터 실전 문제풀이 훈련까지!
시대에듀가 제시하는 각 과정별 최적화된 커리큘럼 따라 학습해보세요.

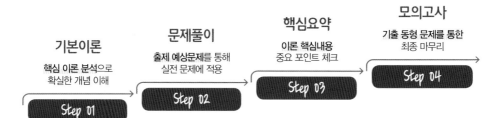

기본이론
핵심 이론 분석으로
확실한 개념 이해
Step 01

문제풀이
출제 예상문제를 통해
실전 문제에 적용
Step 02

핵심요약
이론 핵심내용
중요 포인트 체크
Step 03

모의고사
기출 동형 문제를 통한
최종 마무리
Step 04

※ 전공별·과정별 커리큘럼은 변경될 수 있습니다.

독학사 2~4과정 심리학과 교재

독학학위제 출제영역을 100% 반영한 내용과 문제로 구성된 완벽한 최신 기본서 라인업!

2과정
- 전공 기본서 [전 6종]
  - 동기와 정서 / 성격심리학 /
    발달심리학 / 사회심리학 /
    이상심리학 / 감각 및 지각심리학

3과정
- 전공 기본서 [전 6종]
  - 학습심리학 / 심리검사 /
    학교심리학 / 산업 및 조직심리학 /
    상담심리학 / 인지심리학

4과정
- 전공 기본서 [전 4종]
  - 인지신경과학 / 임상심리학 /
    소비자 및 광고심리학 /
    심리학연구방법론(근간)

독학사 심리학과 최고의 교수진

독학사 수험생 여러분의 합격을 책임질 최고의 독학사 심리학과 전문 교수진과 함께!

김윤수 교수	류소형 교수	장경은 교수	천은영 교수	정경아 교수
이상심리학	학교심리학 발달심리학 동기와 정서 사회심리학	산업 및 조직심리학 상담심리학 소비자 및 광고심리학 인지신경과학	성격심리학	심리검사

➕ 심리학과 동영상 패키지 강의 수강생을 위한 **특별 혜택**

청소년상담사
임상심리사

>

자격증 과정 강의 무료제공!
수강기간 내 학사학위 취득 시
청소년상담사 or 임상심리사 자격과정 무료제공

나는 이렇게 합격했다

여러분의 힘든 노력이 기억될 수 있도록
당신의 합격 스토리를 들려주세요.

합격생 인터뷰
상품권 증정

추첨을 통해
선물 증정

베스트 리뷰자 1등
아이패드 증정

베스트 리뷰자 2등
에어팟 증정

SD에듀 합격생이 전하는 합격 노하우

**"기초 없는 저도 합격했어요
여러분도 가능해요."**
검정고시 합격생 이*주

**"불안하시다고요?
시대에듀와 나 자신을 믿으세요."**
소방직 합격생 이*화

**"강의를 듣다 보니
자연스럽게 합격했어요."**
사회복지직 합격생 곽*수

**"선생님 감사합니다.
제 인생의 최고의 선생님입니다."**
G-TELP 합격생 김*진

**"시험에 꼭 필요한 것만 딱딱!
시대에듀 인강 추천합니다."**
물류관리사 합격생 이*환

**"시작과 끝은 시대에듀와 함께!
시대에듀를 선택한 건 최고의 선택"**
경비지도사 합격생 박*익

합격을 진심으로 축하드립니다!

합격수기 작성 / 인터뷰 신청

QR코드 스캔하고 ▷ ▷ ▷
이벤트 참여하여 푸짐한 경품받자!

합격의 공식 시대에듀
SD에듀